YINGYONGXING SHANGKE KECHENG SIZHENG
JIAOXUE GAIGE YU SHIJIAN

应用型商科课程思政
教学改革与实践

林波　张晓英　鲁朝云　张娜　主编

东北财经大学出版社
Dongbei University of Finance & Economics Press
大连

图书在版编目（CIP）数据

应用型商科课程思政教学改革与实践 / 林波等主编 . —大连 ： 东北
财经大学出版社，2025.5 . —ISBN 978-7-5654-5657-2

Ⅰ . G641

中国国家版本馆 CIP 数据核字第 2025R1172U 号

应用型商科课程思政教学改革与实践

YINGYONGXING SHANGKE KECHENG SIZHENG JIAOXUE GAIGE YU SHIJIAN

东北财经大学出版社出版

（大连市黑石礁尖山街217号　邮政编码　116025）

网　　　址：http：//www.dufep.cn

读者信箱：dufep@dufe.edu.cn

大连图腾彩色印刷有限公司印刷　　　　　　东北财经大学出版社发行

幅面尺寸：170mm×240mm　　　字数：417千字　　　印张：21.25　　　插页：1

2025年5月第1版　　　　　　　　　　　　2025年5月第1次印刷

责任编辑：孙　平　王芃南　赵　楠　惠恩乐　　　责任校对：那　欣
　　　　　周　慧　吴　茜　刘　佳

封面设计：原　皓　　　　　　　　　　　　　版式设计：原　皓

书号：ISBN 978-7-5654-5657-2　　　　　　　定价：96.00元

编写委员会

主编：

林　波　　张晓英　　鲁朝云　　张　娜

编委会成员：

马俊博　　于英含　　关建波　　尤彧聪　　方韵诗　　邓任锋　　王玙璠

师堂明　　孙水鹅　　朱彦秋　　吕　沛　　吕境仪　　刘笑帆　　刘佳敏

何　芬　　李勤昌　　李小青　　李晓玥　　易　巧　　周桂凤　　周健珊

施继华　　柴虎虎　　陶　梅　　曹明香　　程　飞　　程小阳　　曾素梅

曾莉婷　　曾银燕　　赖洁瑜　　雷　婧　　谭晓丽　　潘银坪

前言

在当今高等教育持续深化改革的新时代背景之下，各高校面临着一项极为关键且紧迫的任务，即如何培育出德才兼备的、能够精准契合社会经济发展多元需求的高素质人才。这一任务不仅关乎高校自身的教育质量与发展前景，更是与国家整体发展战略以及社会的长远进步紧密相联。对商科教育领域而言，在向学生系统传授专业知识与技能的同时，深度融入思想政治教育，全方位培育学生的道德素养、社会责任感以及正确的价值观，更是落实立德树人这一根本教育任务的必然选择，也是培养具备全球视野、创新精神以及卓越实践能力的应用型商科人才的核心所在。

广州工商学院商学院始终坚守为党育人、为国育才的初心使命，狠抓"三全"育人，扎实推进课程思政，夯实课堂教学思政铸魂主阵地，取得了良好效果。本书汇编的优秀思政案例，正是商学院课程思政改革阶段性成果的生动呈现。这些案例全方位、多层次地展现了商学院在专业课程与思政教育深度融合方面所做的积极探索与成功实践，为推动商科教育高质量发展提供了范例。其主要特征有：

一、理念领航，核心价值铸魂

从教育理念的高度来看，案例深刻且充分地体现了社会主义核心价值观的引领性作用。社会主义核心价值观作为当代中国社会的主流价值取向，宛如一面高高飘扬的精神旗帜，具有强大的凝聚力，能够有效汇聚社会各界的共识，引领积极向上的社会风尚。在商科教育体系中融入社会主义核心价值观，对于塑造学生的家国情怀、强化法治意识、树立诚信观念以及培育敬业精神具有不可估量的重要意义。本书案例注重在商科教育中融入社会主义核心价值观，培育学生家国情怀、法治意识、诚信观念与敬业精神，助力他们成长为德才兼备的社会栋梁。例如，"管理学"课程融入了华为案例，华为研发团队面对复杂国际竞争，凭借敬业精神，日夜攻坚，创新技术推动全球通信网络升级；华为投身非洲等地区公益，援建通信设施，改善当地教育、医疗条件，促进区域和谐；华为重视内部团队建设，营造互助氛围，构建和谐企业环境。将社会主义核心价值观融入专业学习，引导学生深刻理解企业需兼顾经济效益与社会效益。"宏观经济学"课程融入了为应对经济下行压力，我国政府秉持以人民为中心理念，践行"敬业"精神，经济决策部门深入调研、精准施策，制定财政与货币政策组合拳；加大基础设施建设投入，创造就业岗位，体现"友善"与"和谐"，助力经济平稳增长，保障民生。学生通过分析政策背后考量，领悟社会主义核心价值观在宏观经济调控中的践行，既掌握专业知识，又提升思想境界。

二、文化浸润，粤商精神赋能

从地域文化特色的独特视角出发，粤商精神的有机融入为商科教育注入了别具一格的文化内涵。粤商作为中国商帮中的杰出代表，凭借其敢为人先、务实进取、开放包容、诚信重义的独特精神特质，在漫长的经济发展历史长河中留下了浓墨重彩的辉煌篇章。在本书所收录的案例中，粤商精神与专业课程实现了紧密且深度的结合。通过生动讲述粤商的创业传奇故事、展现其卓越的商业智慧以及阐释其独特的经营理念，能够极大地激励学生勇于开拓创新、敢于拼搏奋进，有效培养学生的商业思维和创业精神。例如，在"电子商务概论"课程的教学中，引入粤商企业独特的电子商务模式和丰富经验，让学生深入了解粤商在诸多关键方面的独到做法。以粤商中一些领先的服装电商企业为例，在供应链整合上，它们凭借务实进取的精神，深入到服装生产源头，与众多优质面料供应商和加工厂建立长期稳定且紧密的合作关系。这种做法不仅保障了产品质量，还通过大规模采购和协同生产有效降低了成本，体现了对成本把控的务实态度。在物流配送环节，粤商电商企业敢为人先，率先在大湾区构建了密集且高效的物流配送网络，利用大数据和智能化技术实现精准库存管理和快速配送，极大提升了客户体验，展现出对市场变化的敏锐洞察与风险应对能力。在营销推广方面，它们开放包容地借鉴国内外先进的营销理念，结合自身品牌特色，通过社交媒体营销等创新方式，精准触达目标客户群体，将诚信重义的经营理念融入品牌传播，赢得消费者信任。通过这些案例，学生能深刻体会到粤商精神在电子商务领域的生动实践，潜移默化地培养起务实精神和敏锐的风险意识，为今后在商业领域的发展奠定坚实基础。

三、目标聚焦，对接湾区需求

从人才培养目标的战略层面来讲，本书中的案例紧密围绕大湾区建设对商科人才的实际需求展开。粤港澳大湾区作为我国开放程度最高、经济活力最为强劲的区域之一，其蓬勃发展对商科人才的素质和能力提出了更为严格和多元化的要求。案例精准地以大湾区的产业发展需求为导向，紧密结合学院自身的人才培养定位，通过丰富多样的教学实践活动和深入细致的案例分析，致力于培养学生的国际化视野、创新思维以及实践操作能力。例如，在"国际贸易"课程的教学实践中，针对大湾区独特的贸易特点和不断变化的发展趋势，精心设计相关的教学案例，引导学生深入分析大湾区在国际贸易格局中的重要地位和关键作用，以及所面临的诸多机遇和挑战。通过这样的教学方式，能够显著提高学生的国际贸易业务能力以及应对复杂多变国际市场的综合能力，使学生更好地适应大湾区乃至全球经济发展的需求。

四、结构完整，实用价值突出

本案例集是广州工商学院商学院教育改革成果的结晶，结构编排极具匠心。它契合商科教育逻辑，把基础理论与实践应用紧密结合，依照学生认知规律，循序渐进地引导学习。汇聚国际经济与贸易、市场营销等专业精华案例，助力专业知识与思政融合，每个案例都有完整结构体系。背景介绍展现时代、行业背景与企业挑战，激发学生探索欲，同时融入思政元素，如企业在复杂形势下坚守民族品牌，厚植家国情怀。教学目标兼顾专业与思政，为师生指明方向。教学过程记录教师挖掘思政元素，用多种方法融入思政，让学生掌握知识技能时提升思想境界。教学效果评估从专业与思政两方面入手，帮教师调整策略，让学生了解学习成效。对教师而言，案例集是实用资源库，备课能快速找到合适案例，把握思政融入点，让课堂生动高效。对学生来说，它是自主学习帮手，课后能巩固知识，在思政浸润下提升修养。不管是考试还是实践，案例集都从专业和思政维度，为师生提供清晰指引。

作为广州工商学院应用型商科人才培养改革的亲身见证者和积极参与者，我们深切感受到这些思政案例所蕴含的宝贵价值。它们的存在，极大地丰富了学院的教学资源库，显著提升了教学质量和水平。更为重要的是，在培养学生的品德修养、专业能力以及创新精神等多个关键方面发挥了不可替代的重要作用。这些案例如同点点繁星，照亮了学生的成长之路，为他们未来在商业领域乃至社会各界的发展奠定了坚实的基础。

衷心希望本书能够如同一场知识的甘霖，为广大从事商科教育的同仁提供丰富、有益的参考和借鉴。同时也期盼有更多的教育工作者积极投身到专业课程与思政教育融合的改革实践中来，共同推动商科教育高质量发展。

本书编委会
2025 年 3 月

目录

"管理学"课程思政案例
——以"中国古代管理思想"教学单元为例

一、课程简介

"管理学"是我校省一流本科专业市场营销及国际经济与贸易的专业核心课程，授课对象为大学本科一、二年级学生。本课程的设置既适应专业学生的学习特点，满足今后就业的需要，又符合国家的教育规划要求。

（一）课程内容

课程主要围绕"125"内容体系展开学习，即一个中心：决策；两大基础：管理概述和管理理论发展；五大职能：计划、组织、领导、控制和创新。通过学习课程，帮助学生树立先进的现代管理理念，掌握管理学的基本原理和技巧，培养组织、协调、沟通、创新、分析和解决管理问题等能力，为学生后续的课程学习和就业打下坚实的理论和实践基础。

（二）课程目标

1.知识目标

树立先进的现代管理意识，掌握管理基本知识和理论，加强管理前沿理论学习；掌握计划、组织、领导、控制、创新等管理职能的方法、理论和技巧；拓展学生管理视野，丰富学生的跨学科知识。

2.能力目标

能自主思考、分析和解决实际管理问题；形成良好的思维能力和自学能力；夯实新文科专业人才培养的坚实基础，形成终身受用的底层管理思维与可转换能力。

3.素质目标

以爱国主义、集体主义为主线，树立大局思维与国家、社会治理责任感。以习近平新时代中国特色社会主义思想为指导，立足于经贸类专业人才培养要求，实现思想政治建设、知识传授与能力培养的有机统一，使学生成为具有家国情怀、使命担当、正确三观、法治意识、崇高职业理想与道德的高素质应用型本科人才。

二、课程挖掘的思政资源分析

(一)课程思政教学设计思路

本课程以《高等学校课程思政建设指导纲要》《新文科建设宣言》为指导，结合学校定位、学科定位、学情分析，坚持立德树人，创新性采用"四维立体双向"课程思政教学模式，按照"定目标""挖元素""建资源""找方式""评成效"五个步骤进行总体设计（如图1所示），以国家和社会治理思想为重点，加强法治意识、文化素养、职业理想和伦理道德等教育。利用管理学在线开放课程资源，实现线上线下混合式教学，实时进行师生互动、生生互动，打造全时、全程、全空间、立体式双向教学模式，实现思政育人目标。

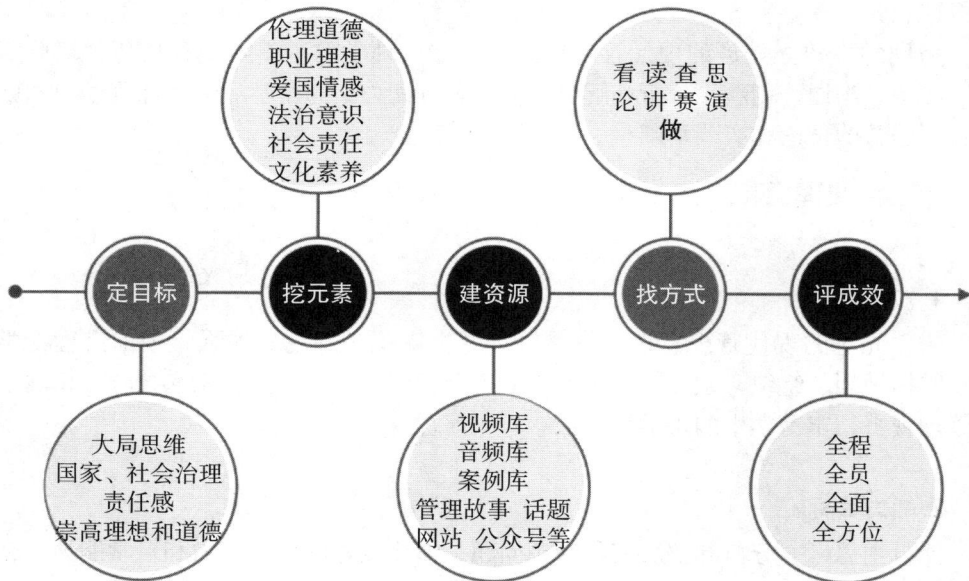

图1　"管理学"课程思政教学设计思路

(二)课程思政具体实施步骤

根据人才培养方案和课程育人目标，设计"管理学"课程思政方案，明确各章思政目标、挖掘思政元素、精选思政资源、确定融入方式，然后通过三个阶段落实（如图2所示），达到育人成效。

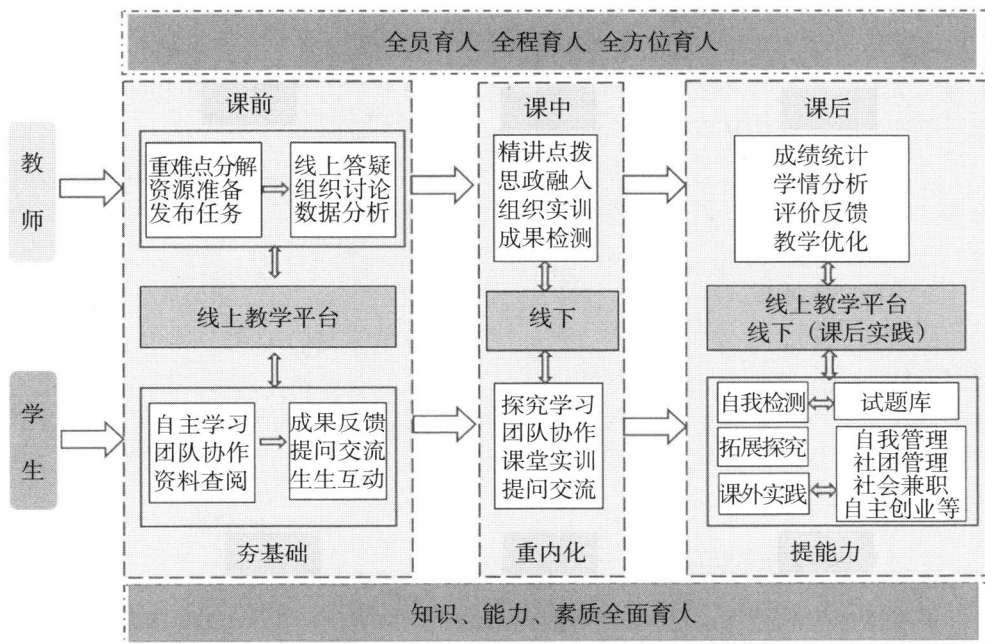

图2　课程思政实施流程图

1.课前预习阶段

此阶段主要为线上自学，课程思政融入方式主要为"看""思""论"。围绕思政主题，通过在线开放课程平台向学生推送学习任务，学生分小组多渠道查找资料，形成团队或自己的观点，通过线上讨论和课堂展示等，生生互评、师生互评，对学习效果进行检验。如在学习第三章决策内容前，通过线上教学平台推送学习视频"徐增平捐航母后宣布破产"，要求学生思考：当个人利益与国家利益发生冲突时，该如何决策？表现优秀的小组还可以制作PPT在课堂展示预习成果。视频资料生动形象，学生接受度高；通过小组讨论进行思想碰撞，印象深刻；课堂展示形成激励，积极性强；思政资料与教学内容高度一致，自然顺畅；案例反映的企业家的爱国情感，凸显家国情怀，与本章思政育人目标一致。

2.课中精讲阶段

此阶段主要为线下教学，课程思政融入方式主要为"讲""论""做"。根据学生线上预习数据反馈，对重难点内容进行精讲和点拨，适时将与教学内容高度契合的案例或故事等有机融入课堂，达到润物细无声的效果。如学习第七章激励时，与学生分享"望梅止渴"的故事,教师适时生动讲解四大名著之一的《三国演义》中的管理故事,激发学生阅读经典和学习中华优秀传统文化的兴趣。

还可以设置有高度、温度和热度的话题,先分组讨论,再综合阐述,教师正确引导。如第二章的课堂实训话题:现代企业管理中如何贯彻儒家思想?通过讨论,明辨是非,能较好地激发学生的仁爱之心和社会责任感。

在课内实训环节,运用灵活多样的教学方法,如头脑风暴法、演讲法、自由辩论法、角色扮演法等,通过"做"将思政意识内化于心。

3.课后拓展阶段

此阶段课程思政融入方式主要为"用",让学生在学中用,用中学,学用相促。具体方式是鼓励学生将所学知识运用于日常个人管理、社团管理、社会兼职、自主创业等。同时采取小组自测、社会反馈、个人汇报及教师抽查等形式对实践效果进行跟踪评价。如参加社会实践,表现优秀的学生,有社团、企业或指导老师证明的,可获得平时考核加分。

(三)课程思政方案

根据课程思政目标设计具体的课程思政方案是"管理学"课程思政教学实施的关键,表1为本案例的课程思政方案。

表1　　　　　　　　　　　　案例课程思政方案

教学内容	思政目标	思政元素	思政资源	融入方式
中国古代管理思想	具有大局思维和社会治理责任感、提升综合素养、增强文化自信	1.《道德经》《孙子兵法》等典籍中蕴含博大精深的管理思想,增强文化自信 2.学习儒家思想和法家思想,提升诚实守信、仁爱担当、法治精神等综合素养 3.学习道家思想,培养社会公德、环境保护、绿色发展理念	视频1:徐增平捐航母后宣布破产 视频2:看汉朝如何用"科层制"统治天下 案例1:邵逸夫先生的事迹(仁爱、社会责任感等) 话题1:现代企业管理中如何贯彻道家思想?	1.查、思、做:围绕思政目标,通过线上教学平台发布课前预习任务视频1,课堂上对预习效果进行检验 2.讲:老师结合视频2与案例1,将课程思政元素有机融入教学内容 3.论:教师设置思政话题1,师生互动、生生互动,教师适时引导和评价 4.做:将中国古代管理思想运用于日常实践,通过同学、企业、社团领导、老师等对实践效果进行检验评价

三、案例课信息

案例课信息见表2。

表2 案例课信息

教学目标	1.价值目标 （1）通过讲解中国古代管理思想，让学生感受中华文化的博大精深，增强文化自信和民族自豪感； （2）通过各家思想的介绍，如儒家仁义礼智信等，培养学生诚实守信、仁爱、知礼行礼等综合素养； （3）培养大局思维和社会治理责任感。 2.知识目标 （1）了解中国古代管理思想的演进和中国古代管理思想在实践中的应用； （2）掌握儒家、道家、法家和兵家几大学派的管理思想核心、管理手段、管理策略等丰富内涵。 3.能力目标 （1）能自主思考、分析和解决实际管理问题； （2）具有较强的理解能力和思维能力； （3）具有持续学习的能力
教学内容	1.教学重点 中国古代主要学派管理思想及各家蕴含的丰富内涵。 2.教学难点 中国古代管理智慧如何应用于实践解决现实管理问题？ 3.对重点、难点的处理 **重点精讲：**本次课的重点是具有代表性的四大学派的管理思想内涵。在教学上要让学生达到一个相对深刻的认识，以便为后续知识的学习和实践运用打下坚实的基础。不仅内容讲得精细，而且在讲解教学重点时，采用多种教学手段提高学生的兴趣和加深理解，如好看的影视资料、有趣的历史故事、热门的管理案例等，同时还应注意培养学生的创新意识和实践能力。 **难点精练：**本次课的难点在于如何将中国古代管理智慧应用于实践解决现实管理问题？注重课程内容的深度和广度及学生高阶能力培养，着眼于"做"。通过课堂实训、互动讨论、课后实践，让学生在学中做、做中学，巧妙、自然地突破难点，提升学习效果

教学方法	

1.教学过程

线上
超星学习通

线上
超星学习通：雨课堂

课前预习 → 预习评价 → 导入新课 → 重难点精讲 → 课内实训 → 学习总结 → 作业布置 → 课后拓展

线下
教学工具：雨课堂

线下
实践

2.教学方法

BOPPPS教学法、线上线下混合式教学法、自由辩论法、小组讨论法

3.教学活动设计

（1）课前预习

课前学生自主学习，学习任务为：自主学习第二章教学视频，完成章节测试（所有学生，100%完成）；推送学习视频"徐增平捐航母后宣布破产"，思考：徐增平为什么要捐航母？其意义何在？一是培养学生自主学习能力；二是根据数据反馈，精准设计课堂教学，提高课堂教学效率、效果。

（2）上节回顾

对上一章节的重难点内容总结回顾，为本次教学做铺垫。

（3）预习成果展示

对课前布置的学习任务进行课堂展示。学生互评、教师点评。做到教学有反馈，学习有动力。

（4）任务导入

观看视频：看汉朝如何用"科层制"统治天下，目的是理解中外管理思想的渊源与异同，增强文化自信，同时导入本节内容。

（5）内容简介

介绍本节内容、教学目标、重难点内容。形成系统性概念，提高学习效率。

（6）重点精讲、难点精练

本次课的重点是中国古代重要的管理学派：儒家的组织管理思想、道家的领导管理思想、法家的制度管理思想、兵家的战略管理思想。

难点是将管理思想用于解决现实管理问题。

在重难点知识讲解的时候，将热门案例、历史故事有机融入思政元素，注重师生互动，通过提问，随堂测试，让学生参与课堂教学。

（7）课堂实训

根据思政育人目标，挖掘思政元素，找寻思政话题，结合专业特点，引导学生深入探索，用所学知识分析和解决较为复杂管理问题。

（8）内容总结

对此次教学内容进行归纳总结，加深理解和记忆。

（9）作业布置

完成线上作业，将中国古代管理思想运用于学习、生活、社团管理、企业兼职等实践活动。目的是学为所用，重内化、提能力

续表

教学评价	1. 教学内容设计 教学内容紧扣大纲，深入讲解了中国古代管理思想的核心内容，思路清晰、条理分明、重难点突出，并结合案例加深学生对中国古代管理思想的理解和应用。 2. 教学方法与手段 能运用混合式教学、小组讨论法等多样化的教学方法和手段激发学生的学习热情，注重教学互动，激发学生学习兴趣，学生参与度较高。 3. 教学组织管理 教学组织管理有序，从课前、课中和课后三个环节实施，符合学生的认知和学习规律，能够保证教学进度和学生参与度，注重对学生进行有效的学习引导和教学反馈。 4. 学生学习效果 通过学习，学生能够对中国古代管理思想有较为全面的理解，激发了学生学习中华优秀传统文化的兴趣，树立文化自信，并能够在实际情境中进行思考和应用
教学创新	1. 教学模式创新 本案例创新性采用"四维立体双向"课程思政教学模式，较好地将思政元素融入课程教学中，实现知识传授、能力培养与思想政治建设系统融合，在提升学生的思政意识、培养德才兼备的高素质应用型人才方面效果显著。 2. 教学案例新颖 思政案例新颖，具有时代感。选取的教学案例具有高度的社会认同感，容易引起学生共鸣，代入感强，有利于培养学生的家国情怀和社会责任感，实现育人目标
课程思政的理念与内涵	作为经贸类专业占主导地位的基础课程，其思政育人目标的制定以《高等学校课程思政建设指导纲要》为标准，以《新文科建设宣言》为依据，结合学校定位、学科定位、学情分析，确定思政目标：以爱国主义、集体主义为主线，树立大局思维与国家、社会治理责任感；以习近平新时代中国特色社会主义思想为指导，立足于经贸类专业人才培养要求，使学生成为具有家国情怀、使命担当、正确三观、法治意识、崇高职业理想与道德的高素质应用型本科人才。 以课程思政目标为总领，统筹规划、全盘考虑，将目标分解为具体的指标。根据"管理学"课程思政目标，结合专业特点和社会需要，确立了五项育人指标：道德修养、文化素养、政治认同、法治素养、综合素质，并根据课程内容对各章节归类，均衡分布，重点教学，以形成清晰的思政育人思路
思政元素挖掘与思政素材选取	根据《高等学校课程思政建设指导纲要》，各学科需要围绕自己的学科特点挖掘思政元素，并做出了分类指导，如经管法：经世济民、诚信服务、德法兼修。在具体实践中，课程思政元素的挖掘必须紧紧围绕教学内容进行，可以将课程所属的学科和专业特点、学生将来从事的工作素养要求、时代认同的主流价值观、社会热点问题等作为突破口。本案例的思政元素为家国情怀、文化自信、制度自信、社会公德、法治精神等综合素养。案例思政方案如下： 一个表格见下

教学内容	思政目标	思政元素	思政资源
中国古代管理思想	具有大局思维和社会治理责任感、提升综合素养、增强文化自信	1.《道德经》《孙子兵法》等典籍中蕴含博大精深的管理思想，增强文化自信 2. 学习儒家思想和法家思想，提升诚实守信、仁爱担当、法治精神等综合素养 3. 学习道家思想，培养社会公德、环境保护、绿色发展理念	视频1：徐增平捐航母后宣布破产 视频2：看汉朝如何用"科层制"统治天下 案例1：邵逸夫先生的事迹（仁爱、社会责任感等） 话题1：现代企业管理中如何贯彻道家思想？

专业知识与思政元素的有机融合	根据学习规律，"管理学"课程思政融入方式为以学生为中心，将自主学习、探究学习和团队学习相融合，从四个环节有机实施： 第一个环节：学，即学生自主学习，通过线上发布的典型的具有感染力的视频、音频、文字资料等，让思政教育"入眼入耳"。 第二个环节：思，具体方式有查、思、论、讲，根据设置的问题，学生自主查找相关资料，深入思考分析，线上线下集体讨论，教师评价引导，通过生生互动、师生互动，让思政意识"入脑入心"。 第三个环节：做，主要方式有赛、演、做等，通过课堂辩论赛、自由演讲、头脑风暴、课内课外实践等方式，在学中做、做中学，将思政元素内化为学生的自觉行为、渗透到日常活动中，让思政理念"入心入行"。 第四个环节：用，鼓励学生将所思所学运用于个人管理、社团管理、企业实践、自主创业等，学有所用，用有所成。本案例专业知识与思政元素的有机融入如下：

思政目标	思政融入点	思政元素	融入方式	育人成效
树立绿色发展理念、增强社会责任感、培养综合素养、增强文化自信	管理典籍	文化自信	讲：老师结合历史故事和中国古代管理思想对世界的深远影响，将课程思政元素有机融入教学内容	通过对中国管理思想史的学习，使学生领会到传统文化的魅力，树立文化自信
	儒家管理思想	仁爱、担当、职业精神	讲：老师结合案例1，将课程思政元素有机融入教学内容	通过邵逸夫先生的事迹，培养仁爱、大爱精神和社会责任感
	道家管理思想	社会公德、环境保护	论：教师设置思政话题1，师生互动、生生互动，教师适时引导和评价	结合庄子的学说，培养环境保护、绿色发展理念

编写人："管理学"课程教学团队

"微观经济学"课程思政案例
——以"需求理论"教学单元为例

一、课程简介

"微观经济学"是广东省一流专业国际经济与贸易专业的核心基础课程、省级一流本科课程，针对经管类专业本科一年级学生开设，是西方经济学原理的微观部分，主要包括供求理论、消费者行为理论、生产者理论、分配理论、市场失灵及微观政策理论等内容。课程致力于奠定经济学理论基础，提升经济素养，培养经世济民的应用型人才。课程团队盯住"国标"与粤港澳大湾区人才需求，以培养经济思维为核心，提升职业能力为主线，以求在"新时代"背景下讲好中国故事，革新思政内容，在"新文科"背景下拓展经济思维，做到活学活用，在"新技术"背景下活化教学模式，激发学生动力。

二、思政教学设计

（一）思政方针

1.重体验——内容"有趣"

内容呈现多样化、学习体验多维化。将鲜活的生活实例融入隐晦难懂的课本概念中，坚持趣味引导，并且通过信息技术图表、音频、视频、漫画等多种手段激发学生的学习动力。

2.强实践——理论"有用"

采用热点分享、主题讨论、经济论坛、沙盘比赛等实践教学活动，实现理论研究与实践探索的有机衔接，达到拓展思政维度、将理论活学活用的目的。在此前提下，注重理论的前沿性，将原理的呈现与最前沿的研究相契合，用经典理论为新时代发声，强化学生的理论应用能力。

3.融思政——育人有温度

准确梳理课程中的德育元素,坚持立德树人;辩证看待西方经济学思想,在"理性人"假设的基础上,进一步追求全面发展的"社会人"目标,遵循社会主义市场经济"以人为本"的宗旨,使课程思政接地气、有温度。

(二)思政体系

根据课程特色与时代使命,侧重中国特色社会主义市场经济价值内嵌、融入中国经验与智慧,围绕"经世济民"的思政目标,将家国情怀、社会责任、文化素养、法治意识、科学精神、道德规范等六大思政元素潜移默化地融入教学中,并与需求供给、公平与效率、企业成本、市场失灵、消费者选择、垄断等微观经济学理论和共同富裕、文化强国、工匠精神等"中国故事"有机结合,完成了以"西方理论中国化应用"为特色的课程思政体系化设计(如图1所示)。

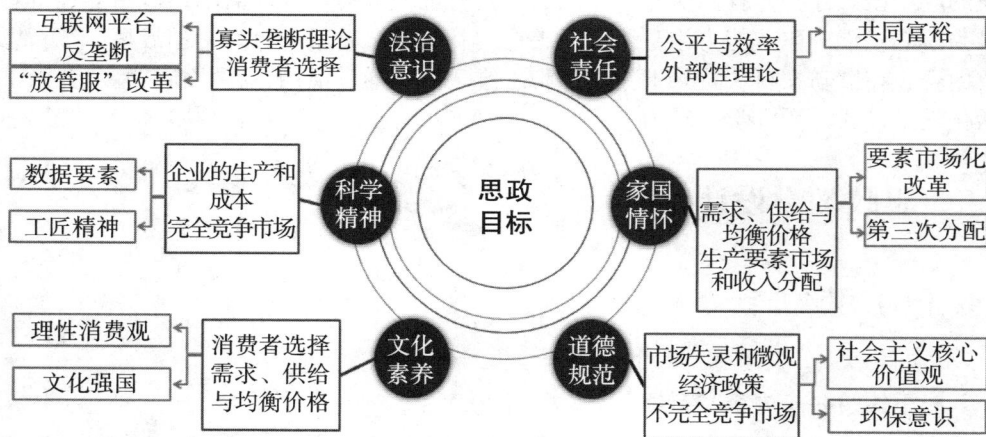

图1 目标-元素-理论-中国故事有机结合的思政体系

(三)思政落实

具体章节的思政内容安排见表1。

表1 具体章节的思政内容安排

章节	教学内容	思政元素融入点	融入方式/方法	预期成效
第一章 导论	西方经济学的由来和发展以及西方经济学的研究方法	通过中西方社会制度与经济制度的对比,坚定"四个自信"	阅读、辩论等	将个人追求与社会认可相结合,向同一方向努力奋斗,使社会更加和谐美好

续表

章节	教学内容	思政元素融入点	融入方式/方法	预期成效
第二章 需求、供给与均衡价格	①需求规律和影响因素； ②供给规律和影响因素； ③弹性的概念和分类； ④支持价格与限制价格	①政府政策对消费者需求的影响； ②政府政策对生产者供给的影响； ③基于弹性的消费人群定位； ④国家政策对经济的宏观调控作用	查阅资料、观看视频、创设情境、线上讨论等	培养爱国心、家国情怀；做到国家利益大于一切，做选择不能危害国家利益和国家尊严；保护弱势群体的利益
第三章 消费者选择	①欲望和效用； ②无差异曲线； ③预算约束线； ④消费者均衡； ⑤替代效应和收入效应	①人性的思考：欲望的有限性和无限性； ②消费者对商品的偏好特征； ③收入和价格变动对消费者收入的影响； ④如何使有限的收入发挥最大的效用； ⑤物价变动对居民生活的影响	查阅新闻、问题讨论、角色扮演、课堂分享等	培养全面思考问题的能力，树立正确的消费观，理性消费；学会感恩、学会珍惜
第四章 企业的生产和成本	①边际报酬递减； ②等产量曲线； ③生产要素的最优组合； ④规模报酬； ⑤生产成本； ⑥短期均衡与长期均衡	①正确认识生产的客观规律； ②机械化对人力劳动的替代； ③基于弹性的消费人群定位； ④国家政策对经济的宏观调控作用	观看视频、查阅资料、热点评论、线下调研等	树立社会责任感，合理安排时间，树立正确和合理的时间观；坚定政治信念；树立大国自信、创新意识；培养学生爱国，为国家、人民服务的意识
第五章 完全竞争市场	①完全竞争企业的需求曲线； ②利润最大化下的盈亏决策； ③企业规模调整和行业规模调整	①完全竞争假定的非现实性（完全受市场支配的定价策略）； ②付出与收获的关系； ③当自己获得成功时如何自处，当别人成功时如何行动	时事分享、查阅资料、观看视频等，沙盘比赛	培养社会责任心和家国情怀，树立社会效益与经济效益相统一的观点

续表

章节	教学内容	思政元素融入点	融入方式/方法	预期成效
第六章 不完全竞争市场	①垄断形成的原因、均衡条件及价格歧视；②垄断竞争及均衡；③寡头市场的典型模型；④博弈论和策略行为	①中国特色的特许垄断优势以及因人而异的营销模式；②人与人竞争的最普遍模式（现实中大量存在的人、企业和产品）；③是否成功往往取决于对手的行动以及对对手的了解；④信任危机、搭便车行为	查阅新闻、问题讨论、辩论、热点评论等	增强对党的政治认同、思想认同、情感认同；树立正确价值观和道德观
第七章 生产要素市场和收入分配	①劳动和工资；②土地和地租；③资本和利息	①生活与工作时间的平衡（生存的本质）；②土地的国有化和拆迁问题；③利率对消费的杠杆调节作用	查阅资料、小组讨论、热点评论、线下调研等	树立正确的择业就业观念，培养创新精神和团队意识，做积极创新的青年人
第八章 一般均衡与效率	①竞争性均衡与经济效率；②公平与效率	①社会资源的配置问题；②公平的标准与相对性，以及中国特色人际关系的处理	查阅资料、课程论文、主题演讲等	效率并不是竞争性市场的唯一标准，社会主义发展市场经济的目标是实现共同富裕
第九章 市场失灵和微观经济政策	①外部性；②公共物品和公共资源；③收入分配中的不平等	①市场机制的资源配置失灵；②公共物品供给的市场失灵；③中国的收入分配制度与扶贫政策	查阅新闻、问题讨论、热点评论、主题演讲等	树立正确人生观；做人要诚实、讲信用；树立制度自信

（四）思政评价

注重课程思政产出，将经世济民情怀纳入考核目标，建立了多环节、多标准、多主体、多方式的多维化思政评价体系，以线上线下为架构，过程性（线上学习、课堂学习）与终结性（期中论文、期末考试）评价相结合，融知识、能力、素质考核为一体，在评价环节上注重过程性评价，把激励落到实处，并根据不同的环节量化了评价标准，规避了偶然性因素，突出 OBE 理念，在评价主体上将教师、学生、平台相结合，做到全面、客观、可回溯，评价方式灵活多变，实时反馈（如图 2 所示）。

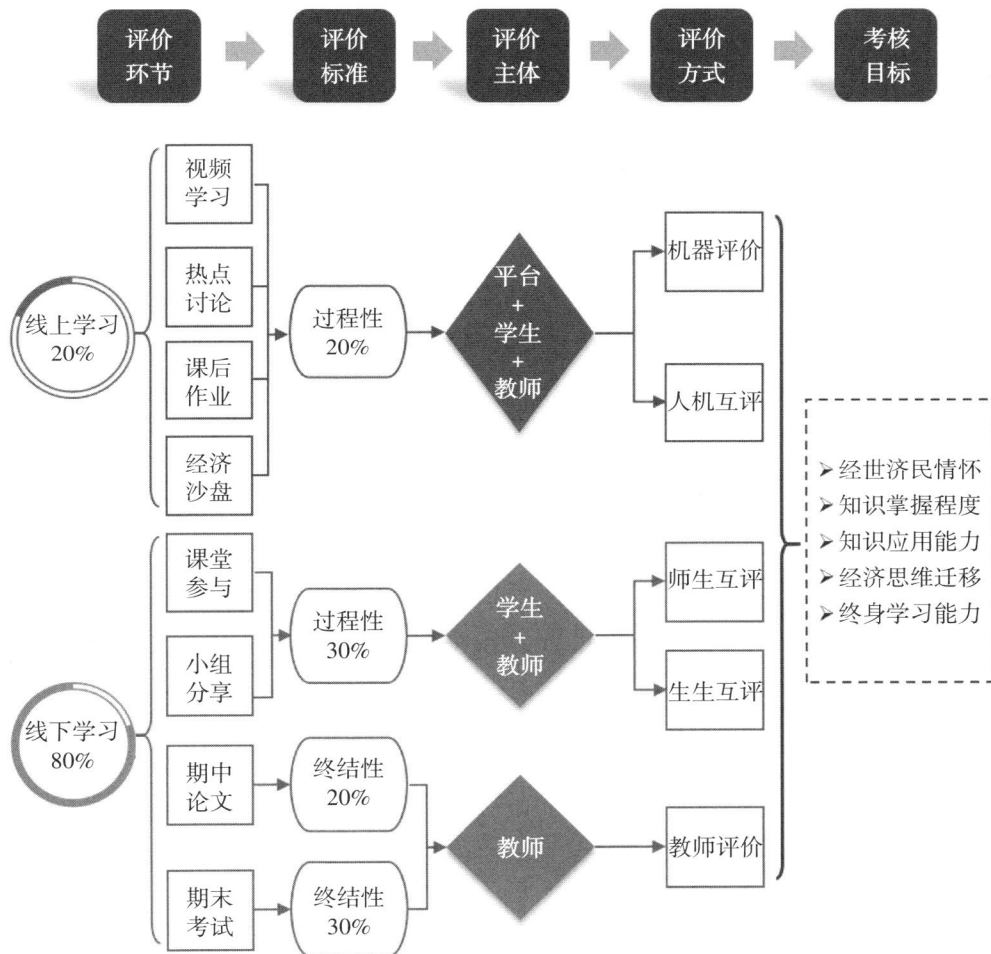

图 2　评价体系

三、教学实施——以"需求理论"一节为例

教学实施——以"需求理论"一节为例，见表 2。

	表2　　　　　　　　　　教学实施——以"需求理论"一节为例
教学目标	**1.知识目标** 了解需求的含义；掌握需求影响因素；理解需求函数和需求曲线的内容，学会运用需求定理解释经济现象。 **2.能力目标** 明确需求基本理论，理解需求规律，具备一定的对经济现象以及政策结果进行解释的能力，且能够举一反三，运用需求定理分析相关事例。 **3.价值目标** 加深对需求定理的理解，把握共同富裕的内涵，提升对市场运行的认识，增强学生对社会主义市场经济体制的认同感
教学内容	**1.课堂设计思路** **2.教学重点** 需求的概念和需求影响因素。 **3.教学难点** 需求函数和需求曲线；运用需求定理解释经济现象。 **4.对重点、难点的处理** （1）重点讲够：通过热点分享引出经济数据解读的维度，并精选大量经济数据与案例，师生共同探究，激发探索兴趣。同时通过设问，开展启发式教学，让学生在辨析中牢牢掌握教学重点。 （2）难点讲透：通过线上讨论经济指标的缺陷，启发学生的辩证思维，拓宽教学难点学习的时间和空间，同时引入经典理论、名言警句、趣味经济现象辅助讲解，深入浅出地解构教学难点

教学方法	1.教学过程 【课前线上】 　　通过线上导学单预习需求及其概念，由小组查找与需求（近期热卖商品分享）相关的经济热点，制作课件，留待课上分享。以达到培养学生关注热点时事的习惯，锻炼自学能力、提高课堂效率、减轻线下压力的目的。 【导入新课】 　　通过小组热点分享，教师点评引出"需求理论"教学主题，并引导学生关注我国文化创新赋能高质量发展取得的成绩，通过动态数据活化学生对经济指标的理解，并有机融入课程思政，树立家国情怀、制度自信，设置问题：需求理论为何如此重要？我们应该如何从经济学角度认识它，把握它？激发学生的好奇心与探索欲望，引发学生对经济理论的学习兴趣。 【新知探究】 　　第一步 设置两大知识点精讲："需求的概念"与"影响需求的因素"，通过对需求理论关键词的提取，需求与需要的区分、对比，锻炼学生的理论知识解构能力，最终达到掌握关键名词，熟悉核心准则的目的。 　　第二步 在第一步的基础上，对抽象知识做具象化展现，提升学生"从一般到具体"的思维能力，引入教学案例"假设要到一家商场的电影院看电影，哪些商品是电影票的互补品呢？哪些是替代品呢？""消费者信心指数""聊斋-牛飞""新能源汽车销量增长背后的政策与偏好"等，以具体的经济生活呈现来加深学生对知识点的理解，通过展示有关"心理预期"的重要论述，帮助学生理解人民"对美好生活的向往"对需求的重要作用。更好地理解经济现象背后的本质规律，最终达成教学重点的学习目标，并完成思政目标：制度自信。 　　第三步 在前两步的基础上，进行"从具象到抽象"的演进，着重培养学生的经济学思维方式，精讲知识点：需求表达、需求曲线的变动、需求曲线的推导，并采用头脑风暴、学生板书演练等方式，完成教学难点。 【学以致用】 　　布置线上学习任务：进入线上学习平台，阅读相关资料，回答以下问题并在线上讨论任务中提交：什么是价格歧视？ 　　大数据杀熟是价格歧视吗？你认为应如何治理大数据杀熟？你能否举出其他价格歧视的例子？ 　　引导学生关注商业动态，并学会用所学知识解释、看待、理解现实问题，提出解决方案，并实现思政目标：关注经济动态，厚植社会责任。 【知识拓新】 　　布置课后任务——经济沙盘比赛 　　根据上一节的政府竞选和政策结果，开始订单竞标，在竞标时，注意模拟并画出需求曲线，分析广告费、当年政府政策对需求曲线的影响，形成分析报告并提交。 2.教学方法 案例教学法、BOPPPS教学法、PBGS教学法、启发式教学法、头脑风暴法 3.教学活动设计 小组热点分享、线上讨论、沙盘比赛、线上自查

考核阶段及权重	考核类型	评分办法	分值
教学评价			
过程性评价 30%	线上观看导学单要求的教学视频	观看时长	10
	线上作业	线上学习平台自动赋分	10
	知识测验	线上学习平台根据结果赋分	10
过程性评价 40%	考勤	线上学习平台检测考勤	10
	热点分享	生生互评	10
	课堂参与度	教师根据学生表现打分	20
终结性评价 30%	电子报告	教师打分	20
	思政评分	教师打分	10

教学创新

　　1.教学素材时代化：采用全国最新的经济数据、经济政策，并将当下热点引入课堂教学，厚植社会责任，增强道路自信，同时引导学生关注家乡民生，培养经世济民之才。

　　2.教学内容高阶化：注重需求现象背后的经济原理与本质的探寻和展现，在"现象—本质—现象"的过程中实现学以致用。

　　3.教学方式互动化：注重问题发展逻辑与教育教学规律，课前线上、课中线下、课后线上全程有问题有任务开展有效互动，创设了小组经济热点分享的特色活动，引导学生积极参与讨论和思辨，帮助学生变被动学习为主动思考，提升学生经济思维

课程思政的理念与内涵

　　以《高等学校课程思政建设指导纲要》文件精神为指导，秉承了"立德树人，产出导向，本土应用"的教学理念，坚持"三个突出"：突出经济学思维、突出问题的发展路径、突出中国宏观经济实践，全程将价值塑造、知识传授和能力培养三者融为一体，帮助学生塑造正确的世界观、人生观、价值观。本课程的课程思政紧紧围绕坚定学生理想信念，以爱党、爱国、爱社会主义、爱人民、爱集体为主线，围绕政治认同、家国情怀、文化素养、道德修养等重点优化课程思政内容供给，系统进行社会主义核心价值观和党的经济建设成就教育。坚持不懈用习近平新时代中国特色社会主义思想铸魂育人，帮助学生增强对党的经济理论与实践的政治认同、思想认同、情感认同，坚定中国特色社会主义道路自信、理论自信、制度自信、文化自信，引导学生了解中国经济动态，读懂中国经济故事，唤醒建设中国经济内驱力

续表

思政元素挖掘与思政素材选取	思政元素——思政素材 文化自信——案例：冰墩墩背后的文化创新与高质量发展 制度自信——论述：共同富裕的需求理论解释 家国情怀——论述：关于"心理预期"的重要论述 环保意识——案例：新能源汽车销量背后的政策与偏好 社会责任——案例：大数据杀熟

专业知识与思政元素的有机融合	坚持"寓德于教、寓乐于教、以赛促教、以器兴教"，重育人，重体验，学思结合，运用线上平台、公众号等信息技术器具，通过灵动的教学策略启发思维、激活思想，通过丰富的实践活动引导关注社会现实问题为民生问题献计献策，从而实现需求理论知识和思政元素的无缝对接和有机融合，达到固化于制、内化于心、外化于行的育人效果。具体如下：

授课内容	课程思政融入点	融入方式	预期成效
需求的概念	文化创新赋能高质量发展	小组热点分享	增强文化自信
需求的概念：中等收入群体与需求	制度自信	讲解、展示	增强制度自信
需求的影响因素：预期的重要性	家国情怀	讲解、展示	提升家国情怀
新能源汽车背后的政策与偏好	绿色环保	讲解、展示	树立环保意识
价格歧视：大数据杀熟	社会责任	小组讨论	厚植社会责任

四、教学反思

本次教学基本实现了专业知识讲授与思政教育的深度融合，帮助学生理解 GDP 在宏观经济学体系中的作用，同时引导他们对经济增长的可持续性、社会公平及环境影响等问题进行深入思考。经过课堂实践与教学评价的反馈，我们对本次教学设计进行了全面反思，并总结出以下几点经验和改进方向。

（一）课堂特色与教学亮点

本次课堂教学贯彻了"一个中心，两层聚焦，三重落实"的课程思政特色模式，确保教学目标清晰，思政教育扎实有效（如图 3 所示）。

图3 课堂特色与教学亮点

1.一个中心

紧扣学校定位与课程特色，确立了以学生为中心的应用型人才培养目标，强调学生的主动学习和实践能力。

2.两层聚焦

专业内部——围绕西方经济学理论与技能的重构和优化，帮助学生深刻理解GDP的概念及其经济学意义。

专业外部——融入社会主义核心价值观、绿色发展理念等，实现专业教育与思政教育并重。

3.三重落实

高阶式学习——通过案例分析、数据研究和情境模拟，培养学生的批判性思维。

体验式学习——组织讨论、角色扮演和小组辩论，使学生在互动中深化理解。

任务式学习——通过课后拓展任务，让学生在实践中感悟经济理论和制度优势。

此外，课堂教学还凝练了"点线面三维一体"的混合式教学模式，使学习过程更加系统化：

知识点学习（点）：构建"启智增慧"机制，结合信息技术和数据分析工具，使学生能够在线上自主学习。

知识链构建（线）：确立以评促学的"强识铸魂"机制，通过线上线下过程性评价和任务驱动式学习，提高学生的参与度。

知识网络拓展（面）：利用课堂内外的综合实践活动，将理论学习扩展到实际应用场景，如社会调查、政策分析等。

（二）课程思政目标的达成效果

本课程较好地完成了思政目标的融入，使学生在学习知识的过程中，不仅掌握了经济学的基本理论，还对我国经济发展成就、可持续发展理念及国家政策有了更深刻的认识。课堂讨论环节尤其体现了思政教育的价值，例如，在新能源汽车政策的分析中，学生能够从经济增长、收入分配、环境保护等多个角度进行思考，展现了较强的批判性思维能力。

在教学过程中，我们采用了区域经济数据分析的方法，使学生更加关注本土经济发展。例如，通过新能源汽车市场数据、冬奥相关商品销量走势等本土市场的数据展示，学生能够结合自身经验理解本土微观经济时事热点，增强本土情怀。这种教学策略有效提升了学生的学习兴趣，也增强了课程的现实关联性。

（三）教学方法反思

"三环节+六层次"的教学模式在本次课堂教学中得到了较好的应用。课前线上学习部分，使学生能够初步掌握需求的基本概念，提高了课堂学习的效率；课中线下讨论和案例分析环节，让学生能够更深入地理解知识点，并锻炼逻辑思维能力；课后线上拓展任务，进一步培养了学生自主学习和批判性思考的能力。

然而，在实际教学过程中，我们发现部分学生在课前预习阶段的参与度不够高，导致他们在课堂讨论中缺乏必要的知识储备。针对这一问题，可以尝试在课前增加测试环节，或通过小组合作学习的方式提升学生的课前学习积极性。

（四）课堂互动与学生反馈情况

从课堂反馈来看，案例教学与小组讨论是学生最感兴趣的环节。通过现实案例，如"冰墩墩背后的文化创新""大数据杀熟"等，学生能够更直观地理解微观经济学理论，并提高学习的参与度。许多学生表示，案例分析和数据解读的结合，使得抽象的GDP概念更加易于理解。

但教师也注意到，在课堂互动中，部分学生的表达能力仍需进一步提升，尤其是在小组汇报与辩论环节，一些学生难以清晰地陈述自己的观点。这说明未来的教学中，需要进一步加强学生的表达能力训练，例如引入"即兴演讲"或"课堂辩论赛"等教学活动，以帮助学生提升口头表达和逻辑论证能力。

（五）评价体系的优化方向

本次课堂教学评价体系结合了过程性评价、终结性评价和增值性评价，并采用了线上线下结合的方式，基本达到了预期的评价目标。AI智能评价、师生互评、生生互评等方式，使评价更加全面、客观，学生也能够更直观地看到自己的进步。

　　然而，我们发现目前的评价体系对"思政目标的达成情况"尚缺乏更具量化的衡量标准。例如，如何衡量学生的家国情怀、环保意识等思政教育成效，仍需进一步探索。未来的改进方向可以包括：

　　（1）设计专门的思政目标调查问卷，定期收集学生对课程思政内容的反馈。

　　（2）在课程结课时，安排思政目标相关的论文写作或演讲比赛，以更直观地反映学生的思政学习成果。

（六）课程改进与未来展望

　　总体来看，本次课程实现了知识讲授与思政教育的有效结合，学生在学习专业知识的同时，也增强了社会责任感和可持续发展意识。然而，仍有以下改进空间：

　　（1）进一步优化案例教学：选择更加贴合学生兴趣的案例，如结合当前热点经济事件，激发学生的学习兴趣。

　　（2）加强数据分析能力培养：在课堂上增加数据分析的实践任务，让学生通过亲自处理和解读经济数据，提升经济学应用能力。

　　（3）提升学生的自主学习能力：优化课前学习任务，增加课前测试和小组合作学习环节，提升学生的预习效果。

　　（4）完善思政目标评价体系：探索更科学的评价方法，使思政目标的达成情况能够被量化和追踪。

编写人："微观经济学"课程教学团队

"宏观经济学"课程思政案例

——以"失业"教学单元为例

一、课程简介

宏观经济学是教育部规定的经管类专业的专业基础课程，主要开设对象为经管类专业本科一年级学生。该门课程是学习和理解其他经济类课程的前提和基础，先修课程是微观经济学，宏、微观经济学共同在经管类人才培养中发挥着奠基的重要作用，同时肩负着帮助学生初步形成专业规范和打好专业素养底色的两大责任。课程旨在引领学生深刻领悟习近平新时代中国特色社会主义思想，全程注重用宏观经济学语言来讲述中国经济故事，挖掘中国经济奇迹的逻辑，培养学生经济分析思维，促进学生对中国经济形成"我知、我信、我行"的坚定信念，激发学生为祖国经济发展而奋斗。

（一）主要内容

以整体国民经济作为研究对象，主要通过对国民经济总量相互关系的研究，揭示宏观经济运行中的矛盾、规律以及政府的经济政策对国民经济的影响。教学内容主要包括宏观经济指标、宏观经济模型、宏观经济运行、宏观经济调控和宏观经济前沿与流派五大模块，具体包括国民收入核算指标、简单收入-支出模型、IS-LM模型、AD-AS模型、开放条件下的宏观经济、宏观经济政策、经济增长等。

（二）课程特色

第一，创建了经济理论活学活用的双向式三联动本土化实践教学模式（如图1所示）。

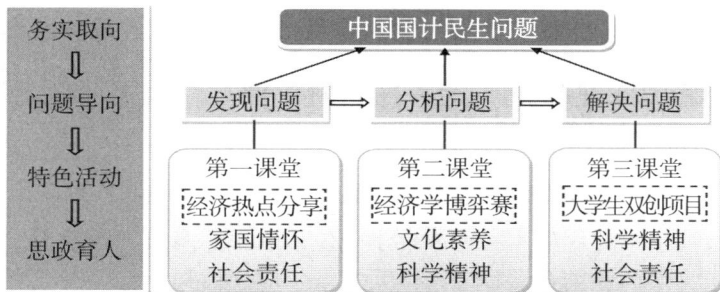

图1　"宏观经济学"双向式三联动本土化实践教学模式

第二，形成了教学"新四观"：育人观、学术观、协作观和发展观（如图2所示）。

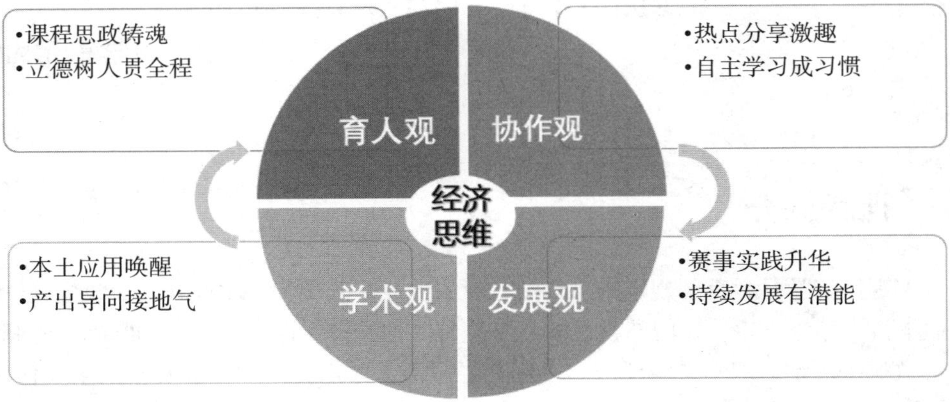

- 课程思政铸魂
- 立德树人贯全程

育人观

协作观

- 热点分享激趣
- 自主学习成习惯

经济思维

- 本土应用唤醒
- 产出导向接地气

学术观

发展观

- 赛事实践升华
- 持续发展有潜能

图2 "宏观经济学"教学"新四观"

二、课程挖掘的思政资源分析

（一）设计理念及思路

本课程以《高等学校课程思政建设指导纲要》文件精神为指导，贯彻OBE教育理念，以培养粤港澳大湾区德才兼备的应用型创新人才为目标来组织教学设计与实施。

针对目前应用型本科高校"宏观经济学"课程思政教学中存在的两大典型问题：一是学生三"不"（责任担当意识不浓、科学文化素养不高、道德法治观念不强）；二是教师三"弱"（思政知识弱、挖掘方法弱、融入能力弱），通过"定目标—挖元素—促融合—重评价"四大流程（如图3所示），使学生在掌握宏观经济学理论、研究方法和最新前沿的同时，坚持以爱党、爱国、爱社会主义、爱人民、爱集体为主线，围绕家国情怀、文化素养、道德规范等重点优化课程思政内容供给，从而形成专业教育与思政教育协同效应，帮助学生形成对中国经济"我知、我信、我行"的坚定信念。

（二）课程思政的实施：定—挖—融—评

1.定：紧盯学校办学定位，战略精神品质齐抓

立足我校高水平应用型本科人才办学定位，以粤港澳大湾区经济发展的新文科经管人才需求为导向，结合课程理论体系复杂、应用性强、与国家战略联系紧密的特点，针对学生存在的"三不"问题，凝练了"一战略三精神四品质"的课程思政

目标，即了解相关专业和行业领域的国家战略，加强科学精神、创新精神和人文精神培养，注重爱国、励志、求真、力行的品质塑造（如图4所示）。

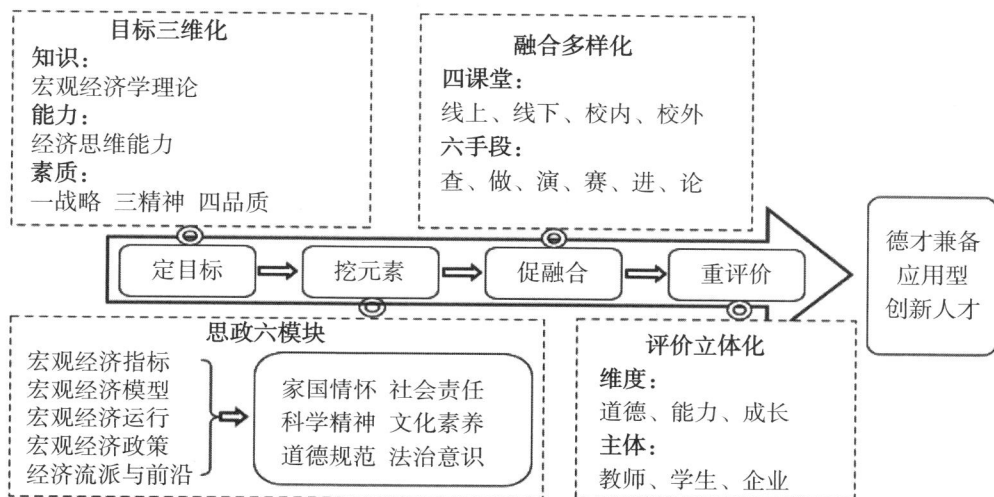

图3 "宏观经济学"课程思政设计思路

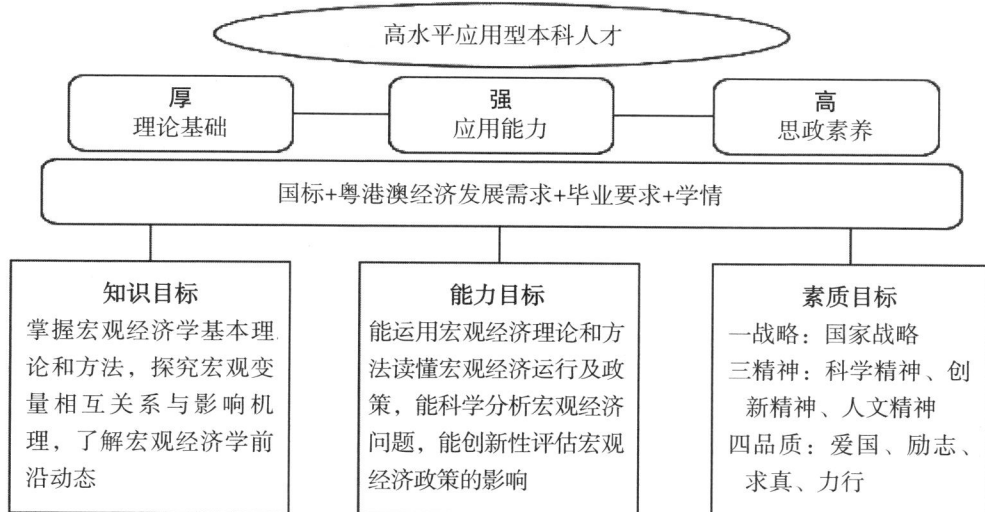

图4 "宏观经济学"课程思政三维目标图

2.挖：依据德育元素准则，筑思政模块形成导图

瞄准"一战略三精神四品质"目标，遵循"思政"与"专业"相长、德育元素系统化等原则，深钻宏观经济学内容，构筑了六大思政模块（如图5所示）。

图5　"宏观经济学"思政模块图

　　基于六大思政模块，采用知识要点、知识溯源、知识发展、本土应用、知识组合等多视角，精选符合学科特点，具有应用性、时代性、前沿性的课程思政内容，形成课程思政导图（如图6所示）。

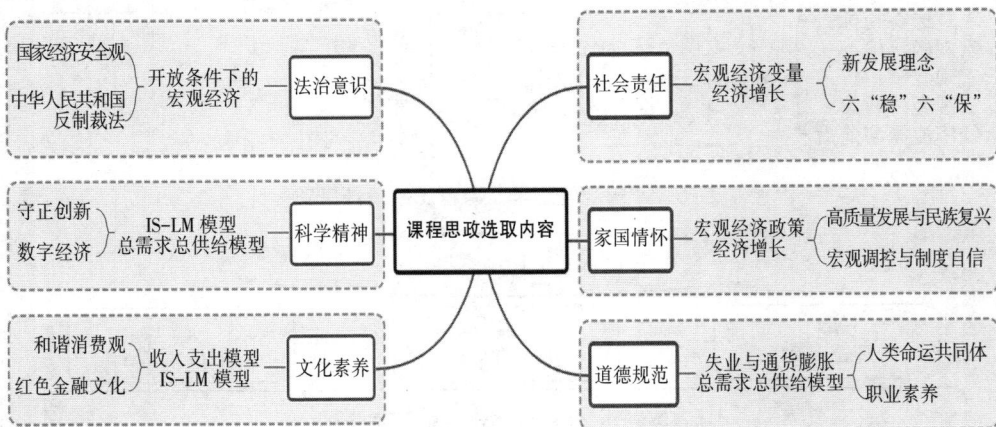

图6　"宏观经济学"课程思政导图

3. 融：利用多元组合课堂，推行六大措施促融

　　坚持"寓德于教、寓乐于教、以赛促教、以器兴教"，重育人，重体验，学思结合，充分运用现代信息技术，线上线下、校内校外，四课堂联动，打造现代化开放式课堂。通过"查、做、演、赛、进、论"等六大举措实现思政元素与专业教育无缝对接和有机融合，达到固化于制、内化于心、外化于行的育人效果（如图7所示）。

4. 评：重视持续反馈改进，坚持"三三"立体评价

　　构建"三（道德、能力、成长）三（学生、教师、企业）"立体化课程评价体系，将过程性评价、诊断性评价和总结性评价相结合，以"道德、能力、成长"三要素为考核内容，综合评价学生的学习态度、理论知识、职业素养和道德品质，培养"德才兼备"的应用型创新人才（如图8所示）。

图7 "宏观经济学"专业教学与课程思政融合图

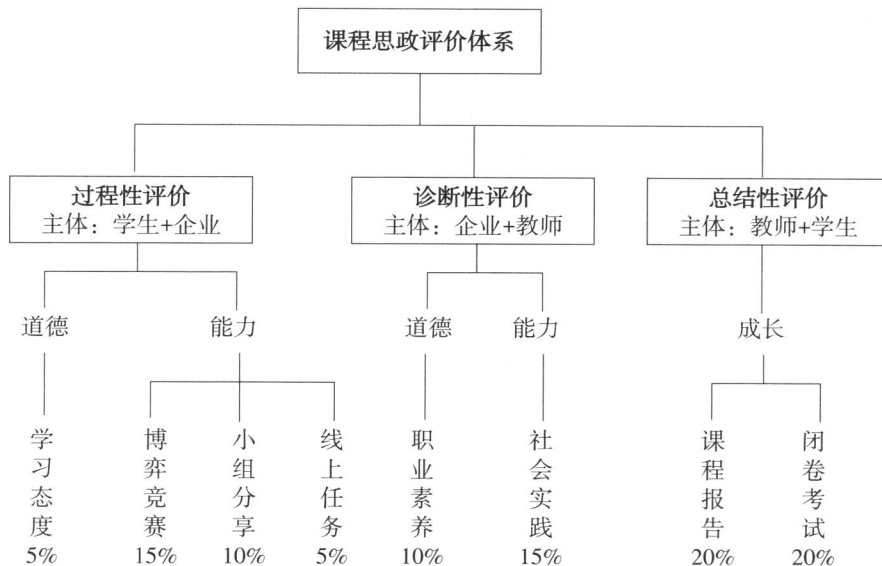

图8 "宏观经济学"课程思政 "三三"评价体系图

三、案例课信息

案例课信息见表1。

表1	案例课信息
教学目标	1.知识目标 （1）了解失业的概念及影响； （2）掌握失业的类型及产生原因； （3）理解失业的治理措施。 2.能力目标 （1）能够识别身边失业现象的类型； （2）能够读懂失业相关的宏观经济数据； （3）能够灵活运用失业理论提出失业的治理措施。 3.素质目标 （1）关注民生，理解就业是最大的民生，厚植家国情怀； （2）了解就业政策，认清就业形势，树立科学就业观； （3）感悟"以人民为中心"的治理观，志存高远，坚定制度自信
教学内容	1.教学重点 失业的类型及产生原因。 2.教学难点 失业的治理措施。 3.对教学重点、难点的处理 （1）重点讲够：精选经典失业图片创设具象化失业场景，运用多媒体技术制作经济模型动态图，增强学生的视觉体验，激发探索兴趣。同时通过设问，开展启发式教学，让学生在辨析中牢牢掌握教学重点。 （2）难点讲透：通过课前布置线上研读与查找资料等任务，拓宽教学难点学习的时间和空间，同时通过小组作品展示了解学生对难点的理解情况，最后通过教学视频和经济热点研讨来帮助学生在学以致用中突破教学难点
课堂组织与实施	1.教学设计思路

<table>
<tr><td rowspan="30">课堂组织与实施</td><td>

2.教学方法

启发式教学法、讲授法、小组讨论法、案例教学法、探究式教学法

3.教学活动流程

【课前线上】

分小组查找资料结合线上教学的三则资料（资料1：我国2022年就业形势与就业举措；资料2：稳就业，我们有这些招；资料3：月薪9 660元都招不到人，人口大国再遇用工荒），线上分享我国失业治理经验。通过该教学活动培养学生的自主学习能力和团队合作精神，同时为教学难点的讲授做铺垫。

【导入新课】

通过中美两国失业率走势对比，从我国失业率"稳中有降"的走势点明我国政府治理有方，在我国就业是最大的民生，树立制度自信，有机融入课程思政。引出"失业"教学主题，接着展示目前我国劳动力市场存在一种奇怪现象的图片并进一步设问：一边有活没人干，一边有人没活干，为何会出现这种招工难、就业难并存的情况？如何化解？激发学生的好奇心和探索欲望，让他们有兴趣更深入地了解失业，积极地思考和解决失业问题。

【新知探究】

第一步　通过设问：到底什么是失业？没有工作就是失业吗？例如在校学生、退休老人，他们都没有工作，他们是失业者吗？启发学生可以自主地构建知识和理解，提高学生的思维能力和学习兴趣。

第二步　通过三幅图片将生活中不同的失业场景带到课堂，开展探究式学习，鼓励学生对失业原因进行探究和思考。同时设置两个进阶的思考问题：三类失业中，哪种失业是政府治理的重点？哪种失业是政府治理的难点？开展互动式教学，引导学生对不同类型失业进行思辨。通过学生的参与和互动，加深学生对失业类型重点知识的理解和掌握，同时建立学习的愉悦感，让学生在愉悦的氛围中学习和成长。

第三步　从现象再过渡到本质探究，通过讲授法进一步学习经济学家如何看待失业的原因。主要介绍典型的三个代表性观点：古典学派失业理论、凯恩斯主义失业理论和马克思主义失业理论。结合动态的经济模型图来展示学者失业理论背后的经济规律，帮助学生消除对数理模型的恐惧，更好地理解失业现象背后的本质规律，从而达成教学重点的学习目标。

【学以致用】

第一步　引入美国经济学家的名言：失去工作给人带来的痛苦，不亚于失去亲人。让学生认识到失业的负面影响，激发学生积极探索治理失业的内驱力。

第二步　通过课中展示与反馈小组任务的成果，分享学生们的优秀作品，增强学生自信心，同时带领学生进一步从搜集到的我国政府暖民心的举措中，从情感上认可我国政府治理失业的决心，更从学理上认同我国政府治理失业的成效，真切感悟到在我国"就业是最大的民生"，从而形成制度自信，同时激发社会责任。

第三步　通过展示我国新增就业规模和速度的数据，让学生从我国新就业创造能力的成绩单中，领略中国发展的新奇迹，激发民族自豪感。

【热点研讨】

探讨完宏观失业治理，再转入微观失业治理的探讨。通过观看"2023年大学生就业形势"的小视频，同时回应课前我国劳动力市场的问题，开展如何解决大学生就业难与民工荒的问题探究，进一步突破教学难点。引入不同年龄阶段失业率走势图和目前我国大学生就业市场景气指数走势图，引导学生理性认识当前大学生就业形势，进一步融入世界年轻人失业率高的鲜活事例，引导学生发现年轻人失业率高的世界性热点及经济难题，并启发在第三课堂分组开展双创赛事和大学生失业调查研究。一方面帮助学生树立科学择业观，另一方面培养学生经世济民的情怀，用所学治理失业知识服务社会献计献策，报效祖国，同时实现理论活学活用的教学目标。

【知识拓新】

布置课后研讨任务，线上发布小资料"无人工厂"实现生产效率翻番，感受无人经济的发展，给传统的劳动力市场带来了前所未有的挑战。引导学生关注劳动力市场前沿动态，激发其思考"AI+"来袭，会带来大量失业潮吗？哪些工种最容易被"AI"取代？新时代的我们又该如何应对？并鼓励学生将课后探索的新发现在线上热点经济讨论区分享交流，从而达成升华理论的教学目标

</td></tr>
</table>

教学评价	以三维教学目标为导向，主要通过三个环节开展教学评价： 1.课前线上驱动评价：运用线上平台记录学生的讨论参与度、个人视频学习进度等，观测学生自主学习习惯等素质目标的达成情况，同时依据分享观点的质量评价识记和理解层知识目标及家国情怀等素质目标的达成情况。 2.课中线下促成评价：通过观察学生在线下课堂中的听讲、提问、合作等表现，评估学生的参与度和积极性，同时结合师生互动问答、课堂小测等方式评价学生应用与分析层的知识、能力目标达成情况，再根据小组讨论、生生互动观测树立科学就业观、制度自信等素质目标达成情况。 3.课后实践发展评价：根据课后经济热点主题讨论和其他拓展任务完成情况，评估学生的评价与创造层知识、能力目标达成情况，同时结合问卷、面谈、观察学习行为变化等方式，了解学生素质目标达成情况
教学创新	1.教学素材时代化：融入疫情下失业及失业治理的当代话题，把最新的失业率数据、最新的大学生就业形势、最新的就业治理政策、最热的年轻人就业难事件引入到教学中，厚植家国情怀，增强道路自信，同时引导学生做好职业规划。 2.教学手段信息化：多媒体技术创设失业场景和模型动态图，帮助学生理解抽象的理论与模型，开展线上线下混合式教学，方便学生随时随地学习和互动，也方便教师对学生进行定期反馈和评估。 3.教学方式互动化：注重问题发展逻辑与教育教学规律，课前线上、课中线下、课后线上全程有问题有任务开展有效互动，引导学生积极参与讨论和思辨，帮助学生变被动学习为主动思考，培养学生经济思维
课程思政的理念与内涵	以《高等学校课程思政建设指导纲要》文件精神为指导，秉承了"立德树人，产出导向，本土应用"的教学理念，坚持"三个突出"：突出经济学思维、突出问题的发展路径、突出中国宏观经济实践，全程将价值塑造、知识传授和能力培养三者融为一体，帮助学生塑造正确的世界观、人生观、价值观。 本课程的课程思政紧紧围绕坚定学生理想信念，以爱党、爱国、爱社会主义、爱人民、爱集体为主线，围绕政治认同、家国情怀、文化素养、道德修养等重点优化课程思政内容供给，系统进行社会主义核心价值观和党的经济建设成就教育。坚持不懈用习近平新时代中国特色社会主义思想铸魂育人，帮助学生增强对党的经济理论与实践的政治认同、思想认同、情感认同，坚定中国特色社会主义道路自信、理论自信、制度自信、文化自信，引导学生了解中国经济动态，读懂中国经济故事，唤醒建设中国经济内驱力

续表

思政元素挖掘与思政素材选取	通过钻研失业理论的教学内容，确定本次课的思政目标： 1.关注民生，厚植家国情怀； 2.了解就业政策，认清就业形势，树立科学就业观； 3.感悟"以人民为中心"的治理观，志存高远，坚定制度自信。从知识要点、本土应用、知识发展、知识组合四个视角全面深入地进行思政元素的挖掘，精选具有应用性、时代性、前沿性的课程思政素材。具体如下：

把准挖掘视角	挖掘思政元素	精选思政素材
知识要点	家国情怀	图片：近两年失业率走势图片及"就业难与招工难"对比图
	人文关怀	案例：1.我国2022年就业形势与就业举措 2.稳就业，我们有这些招 3.月薪9 660元都招不到人，人口大国再遇用工荒
本土应用	制度自信	政策：《"十四五"就业促进规划》 图表：中国新就业的创造成绩单
知识发展	创新精神职业素养	视频：2023年大学生就业形势教学视频 新闻：全球年轻人失业率新闻资讯
知识组合	科学精神	案例："无人工厂"实现生产效率翻番 调研：无人经济下劳动力市场新变化调研

专业知识与思政元素的有机融合

坚持"寓德于教、寓乐于教、以赛促教、以器兴教"，重育人，重体验，学思结合，运用现代信息技术，通过灵动的教学策略启发思维，激活思想，运用丰富的实践活动引导关注社会现实问题，为民生问题献计献策，从而实现失业理论知识和思政元素的无缝对接和有机融合，达到固化于制、内化于心、外化于行的育人效果。具体如下：

授课内容	课程思政融入点	融入方式	预期成效
失业的原因	家国情怀制度自信	启发式教学：对比中美失业率数据，对比就业难与招工难的劳动力市场	激发民族自豪，增强制度自信，形成学习内驱力
失业的治理	制度自信人文关怀	任务驱动：课前查找资料，分享我国治理失业的经验 分组探究：基于收集的资料和所学知识，分小组探究不同类型失业的治理对策 启发式教学：展示中国新就业的创造成绩单	引导关注民生，形成政治认同，坚定制度自信
大学生就业难和民工荒治理	职业素养创新精神	视频教学：观看2023年大学生就业形势教学视频 启发式教学：浏览全球年轻人失业率新闻资讯，思考促进年轻人就业策略；观看产业价值链的微笑曲线，思考促进劳动力市场供需的匹配策略	认清就业新形势，树立科学择业观，培养创新思维
无人经济下的失业	科学精神	案例教学：课后研读"无人工厂"实现生产效率翻番 双创赛事：课后自主分小组开展无人经济背景下劳动力市场变迁研究	关注学科前沿，培养科学精神

编写人："宏观经济学"课程教学团队

"市场调查"课程思政案例
——以"调查问卷设计"教学单元为例

一、课程简介

（一）课程定位

"市场调查"课程是市场营销专业开设的一门具有较强的综合性、实践性、可操作性的应用型专业课程。通过本课程的学习，学生能够全面系统地掌握市场调研的基础理论和基本方法，同时具备分析基础数据和撰写调查报告的能力。培养学生严谨的市场调查研究的态度和职业素质。其实践性和可操作性决定了在课堂教学工作中，在发挥教师主导作用的同时，要突出学生的主体作用，调动学生学习的积极性。在教学中运用案例教学，可以根据教授的不同环节结合使用讲解式案例教学、讨论式案例教学、任务驱动式教学，活跃课堂教学气氛、激发学生学习兴趣，培养学生进行市场调查和预测的实践能力。

（二）课程特色

1."一权两实三精"的课程思政核心理念

坚持"没有调查，就没有发言权，更没有决策权"，强调遵循市场调查"实事求是、求真务实"的核心素养，培养学生为企业问题、市场现象精准把脉、精准发力及精确制导的能力。

2."三位一体"课程结构优化

市场调查是洞察企业和市场问题，发现市场规律，实现市场、社会可持续发展的专门知识、技能和经验。课程依据"以市场可持续发展为本，以调查研究为核心"实施"核心素养—线上线下学习讨论—体验探索实践"三位一体的课程结构优化。在培养学生市场调查研究能力的同时，增强学生对市场规律、社会和自我的认知及价值认同，从内心敬畏规律，热爱社会，逐步树立高度的专业责任感和使命感。本课程充分结合市场规律、人文素材、学科前沿采用定、挖、融、建、评等办法完成全新的课程内容设计和体系构建。

二、课程思政设计

（一）课程思政设计理念及思路

1. 以培养要求定课程目标

基于应用型大学的办学定位、"新文科"建设理念、专业人才培养要求、课程特色及学生学情确定价值、知识、能力三位一体的课程目标。

2. 以"三结合，六方法"挖元素

从课程目标出发，结合中国特色实践、国内外科学研究前沿、学生未来职业方向，采用传统文化渗透、经典案例剖析、引导思维启发、头脑风暴讨论、带入情境分析等方法实施课程思政（如图1所示）。

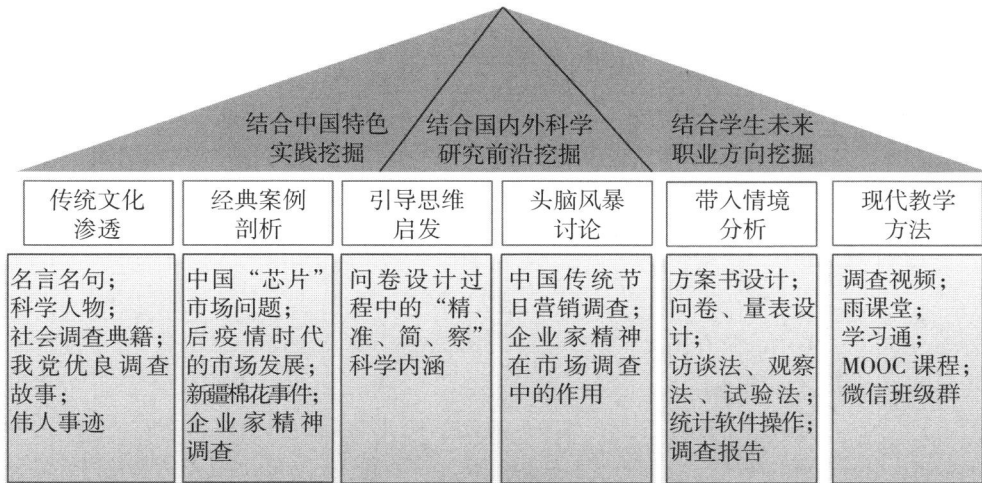

传统文化渗透	经典案例剖析	引导思维启发	头脑风暴讨论	带入情境分析	现代教学方法
名言名句；科学人物；社会调查典籍；我党优良调查故事；伟人事迹	中国"芯片"市场问题；后疫情时代的市场发展；新疆棉花事件；企业家精神调查	问卷设计过程中的"精、准、简、察"科学内涵	中国传统节日营销调查；企业家精神在市场调查中的作用	方案书设计；问卷、量表设计；访谈法、观察法、试验法；统计软件操作；调查报告	调查视频；雨课堂；学习通；MOOC课程；微信班级群

结合中国特色实践挖掘　结合国内外科学研究前沿挖掘　结合学生未来职业方向挖掘

图1　"三结合，六方法"图示

3. 以"查、做、辩、演、赛、进"促融合

通过"查、做、辩、演、赛、进"六大举措实现思政元素与专业教育无缝对接和有机融合，将"精准把脉、精准发力、精确制导"理念与"经世济民、求真务实"课程核心价值观贯穿始终。充分运用雨课堂、公众号、学习通等信息技术，实现线上调查基础知识传授，线下价值引领，课内理论巩固，课外实践提升。

4.以"课堂+平台"为载体，全过程贯穿

课程建立了"线上平台+线下课堂"模式的"市场调查"课程平台，课前通过线上平台完成知识点视频观看、案例讨论及测验。通过平台数据反馈学习效果，教师可以随时了解学生学习状态。课中采用翻转课堂模式，以学生为中心组织教学，进行价值引领。课后利用线上平台进行课堂扩展，将思政继续渗透到课堂之外，达到全方位、全员、全过程育人目标。

（二）课程思政实施策略

1.以课程核心价值观为支撑实施课程思政

课程以"实事求是、求真务实"为支撑，以教师组织引导、学生情感发展、育人考核评价为主线实现专业教育与思政教育同频共振，达到立德树人教学目标（如图2所示）。

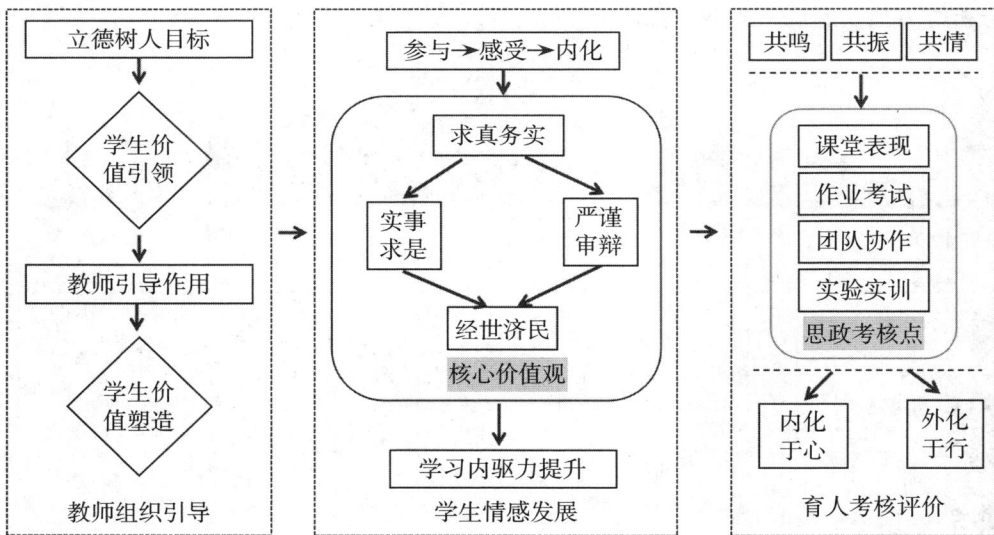

图2 以课程核心价值观为支撑的课程思政体系

2.紧扣课程主题的思政元素挖掘

调查研究的形成和发展经历了漫长的岁月，在其发展过程中形成了"实事求是、求真务实"的特点。课程结合当前社会发展，深入挖掘思政元素，将优秀传统文化、家国情怀、科学精神及职业素养等核心内容与课程内容相融合，把思政目标确切落实到课程教学中。

3.适应思政融入的混合教学模式

积极开展融合课程思政的教学方法、教学手段以及教学载体的研究与实践，采用"三位一体"教学模式。充分利用现代教学信息技术，如通过学习通课前发布教学任务单，课中进行课堂小测，课后练习巩固等。同时为学生提供课后教学资源，如线上慕课以及相关纪录片。充分利用中国知网、Web of science 等学术平台，向学生提供阅读文献。利用QQ、微信等社交软件，建立学习交流群，实时反馈学生课后学习情况，将思政教学渗透到学生课后学习生活中（如图3所示）。

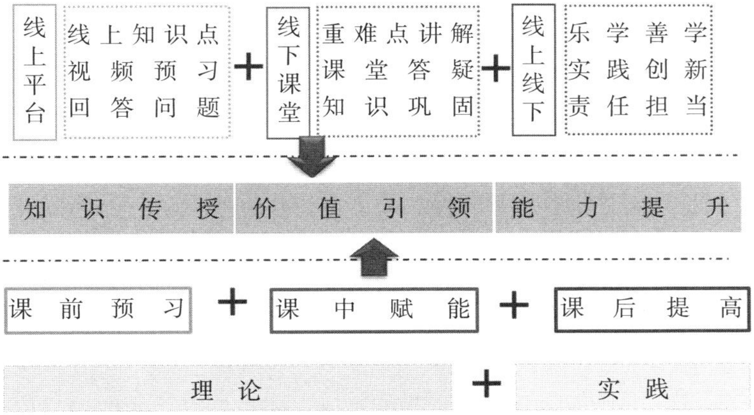

图3　思政融入的混合教学模式

三、课程目标

（一）知识目标

理解市场调查项目设计流程，掌握定性和定量研究的具体方法，掌握问卷的设计流程和测量原理，理解测量量表的功能；理解样本与总体的概念和关联，掌握抽样设计的流程；掌握数据分析的基本框架和基本方法；掌握调查报告的框架，理解研究结论和研究建议之间的逻辑关系。

（二）能力目标

通过将项目决策问题向研究问题和测量问题转化，掌握发现问题、分析问题的方法，并灵活选择适用的方法获取数据；对团队调查项目的数据进行分析，解读数据分析结果，探究数据背后的事实和规律；撰写调查报告，为企业提出决策建议；掌握沟通技巧。

（三）素质目标

认知指导实践，在实践中重塑认知，践行"知行合一"的人生理想；培养"没有调查，就没有发言权，更没有决策权"的求真意识、市场敏锐度和数据思维，提升精益求精、求真务实的专业态度和团队合作精神；激发民族自豪感和家国情怀，增强专业兴趣和专业自信。

四、教学设计——以"调查问卷设计"为例

（一）教学理念

本课程坚持OBE教学理念，以学生为中心，采用线上线下混合教学模式，培养具有独立调查能力，能解决企业和市场现实问题的应用型市场调查人才。线上侧重调查基本原理、定义、步骤及流程，线下进行重点难点讲解、答疑及实操。课程将采用"三平台+三阶段+三工具"的模式实行"翻转课堂+线上线下"混合教学。

（二）思政元素挖掘与融入

在介绍市场调查问卷的重要性时，融入"没有调查，就没有发言权，更没有决策权"等价值理念，引导学生重视"实事求是、求真务实"的精神，培养学生在将来的工作中养成良好的职业道德。

在讲解市场调查问卷的问句及答案设计时，认识到调查问卷设计的"细、实、效"，引导学生认识到市场调查工作的严谨性和科学性，培养学生严谨求实的工作作风。

在辨析实际调查问卷的案例中，让学生认识到表达措辞的重要性，引导学生认识到表达能力的重要性。良好的表达能力是学生综合素质的重要组成部分，是展现自我、实现自我价值的重要途径，鼓励学生要积极表达，增强他们的自信心和自我认同感，从而更积极地参与到学习与生活中。

在讨论市场调查问卷反面案例时，引导学生认识市场调查伦理道德的重要性，强调市场调查人员应注意伦理道德，尊重被调查者的隐私和尊严，避免造成社会不良影响等。

（三）教学策略

1.线上线下结合的混合式教学

课前，学生借助线上课程自主预习，教师提前布置社会热点问题作为思考题，激发学生兴趣，让学生带着问题进入课堂；课中，把知识点与专业案例相结合，不

仅让学生掌握市场调查理论知识，更强调市场调查知识和方法在社会经济现象中如何应用。同时挖掘德育元素，开展思政教育，让知识传授与价值引领同频共振。课后，对知识的巩固主要通过线上线下两种方式，线上教学视频自学、习题练习、习题讲解、讨论等；线下围绕项目任务，完成调查问卷的设计、修改、完善与测试。

2.案例教学

（1）精心挑选案例。案例选择应具有现实性、代表性和挑战性。

选择那些尽可能地与学生的学习目标和兴趣相符合的有现实性、代表性的案例，同时又涵盖市场调查的主要领域和方法，且能激发学生深入思考和讨论。

（2）正面案例与反面案例相结合。

正面案例与任务驱动法相结合。在"市场调查"课程讲授过程中，适时地将"案例教学"与"任务驱动法"结合能达到较好的效果，能帮助学生更好地理解理论知识，并将其应用到实际操作中。

反面案例与错误辨析相结合。在"市场调查"课程中，将反面案例与辨析相结合，能够帮学生通过实际案例的分析，识别市场调查问卷设计中的问题，并培养学生批判性思维和职业伦理意识。

3.赛教融合的模式

（1）竞赛作品案例教学法。教师选取具有代表性的竞赛优秀获奖作品作为素材，进行案例教学，实现赛教相促。这种方法的优势主要体现在两个方面：第一，选择的获奖作品主题往往都是一些社会热点或学生感兴趣的话题，与常规的教材案例相比，它们更具有吸引力，能激发学生的学习欲望。第二，能够为抽象的理论原理提供匹配的实战素材，比如在讲授抽样方法模块时，只介绍方法原理会觉得很抽象，那么可以选择合适的获奖作品，分析其抽样方案是如何设计的以及为什么这样设计。这些作品本身就是对真实调查过程的反映，遇到问题的复杂程度远远超过书本上的介绍，学生通过对这些获奖作品的解析，能够在学会方法的同时提升实战经验。

（2）项目任务驱动法。参照 CRA 的比赛要求，根据"市场调查"课程不同的教学模块设置不同的实践任务，而各个实践任务之间不是独立的，具有连贯性，连接起来就是一个完整的市场调查项目工作过程。课程教学第一节课跟学生介绍 CRA 大赛的比赛流程，要求学生自由组队，自主选题，随着"市场调查"课程不同教学模块的讲授，完成各个部分的实践任务，课程结束后每组完成一份调查报告并演示。通过一个项目来驱动学生学习，让学生参与其中，主导项目，在完成项目任务过程中发现问题，解决问题，主动探索知识。

五、教学过程

教学过程见表1。

表1   教学过程

教学目标	1.知识目标 学生能够理解调查问卷设计的基本概念、目的和重要性； 学生能够理解市场调查问卷设计的基本原则和结构； 掌握不同类型问题（开放式、封闭式、量表式）的设计方法及其适用场景； 了解问卷设计的常见错误及改进方法。 2.能力目标 学生能够独立设计一份符合调查目的的市场调查问卷； 提升学生的问题分析能力和逻辑思维能力； 培养学生团队协作能力和沟通能力。 3.素质目标 增强学生对市场调查严谨性和科学性的认识，确保问卷设计的科学性和有效性； 激发学生对市场调研、社会调查等领域的兴趣，拓展学生的视野和思维； 培养学生的团队协作精神和沟通能力，提高学生解决实际问题的能力； 提升学生的社会责任感和职业素养
教学重难点	1.教学重点 调查问卷的基本结构、问句的措辞及答案设计。 2.教学难点 调查问卷问句的措辞设计
课堂组织与实施	【课前准备】 1.教师准备 （1）制作多媒体课件，包括调查问卷设计的理论知识、步骤等。 （2）准备问卷设计工具（问卷星等）的账号和操作演示视频。 （3）设计任务驱动的问卷设计项目，包括任务背景、任务要求、任务步骤等。 （4）收集正面和反面的问卷设计案例，用于课前预习、课堂分析和讨论。 2.学生准备 （1）预习调查问卷设计的基本概念和步骤。 （2）分组并推选组长，为课堂讨论和任务实施做好准备。 （3）预习线上教师发放的案例，并思考教师布置的相关问题。 【导入新课】 　　本次课学习的主要内容是市场调查问卷设计的目的、结构、原则，问句和答案的设计，合格问卷的评判标准。学习的重点是掌握调查问卷的基本结构、问句和答案的设计，难点是根据调查主题、调查目的设计出一份合格的调查问卷

课堂组织与实施	（1）提问线上布置的思考题1～4，检测线上学习效果。 （2）提出问题："一个好的问卷设计应该具备哪些特点?" 　　教师通过市场调查与分析大赛的实际案例"手机游戏市场消费现状调查问卷"引出调查问卷设计的重要性。提问学生："如果让你就手机游戏市场消费现状调查设计一份市场调研问卷，你会从哪些方面入手?" 　　学生观看案例，思考并讨论问卷设计的关键点。学生自由发言，分享自己的初步想法，教师引导学生思考问卷设计的关键要素。 【新知探究】 　1.调查问卷设计的基本概念 　　通过多媒体课件展示，讲解调查问卷的定义、目的和作用。强调问卷设计在市场调研、社会调查等领域的广泛应用。 　　思政融入：调查问卷作为一种收集市场信息的重要工具，融入"没有调查，就没有发言权，更没有决策权"等价值理念，引导学生运用好这项工具，重视"实事求是、求真务实"的精神，培养学生在将来的工作中养成良好的职业道德。 　2.结合"手机游戏市场消费现状调查问卷"详细讲解问卷设计的五个基本步骤 　　（1）确定调查主题和目标：明确问卷要解决的问题，如市场调研、用户满意度调查等。 　　思政融入：调查问卷的设计是一项严谨与科学的工作，调查问题的设计必须围绕着调查目的进行，培养学生严谨求实的工作态度。 　　（2）设计问卷结构：包括引言、主体问题、结束语等部分。 　　（3）选择问题类型：介绍封闭式问题和开放式问题的特点及适用场景。 　　（4）问题措辞和选项设置：讲解如何使问题简洁明了、避免歧义，以及如何设计合理的选项。 　　思政融入：调查问卷中问句的措辞不能随意，要求准确、简明、具体清晰、避免引导，引导学生认识良好表达的重要性。良好的表达能力是学生综合素质的重要组成部分，是展现自我、实现自我价值的重要途径，鼓励学生要积极表达，增强他们的自信心和自我认同感，从而更积极地参与到学习与生活中。 　　（5）问卷审核与测试：强调在正式发布前进行问卷审核和小范围测试的重要性。 【学以致用】 　　通过正反两方面的案例分析强化问卷设计的相关知识，并强化相关思政内容。 　1.正面案例分析 　　展示案例1："手机游戏市场消费现状调查问卷"。案例包括问卷的主题、结构、问题类型、措辞和选项设置等方面。 　　分析讨论：引导学生分析该问卷设计的优点，如问题清晰、选项合理、逻辑性强等。教师总结正面案例的关键点： 　　明确的目标：问卷设计围绕调查主题展开。 　　合理的结构：引言、主体问题、结束语层次分明。 　　科学的问题设计：问题简洁明了，避免歧义。 　　有效的选项设置：选项全面且互斥

课堂组织与实施	2.反面案例辨析 展示案例2、案例3，辨析讨论，引导学生分析问卷设计的不足之处，如： 调查对象不合适；选项不全：选项未能涵盖所有可能的回答；调查问句措辞敏感；调查隐私问题；调查问题是否必要；问题模糊：问题表述不清，容易引起误解；逻辑混乱：问题顺序不合理，缺乏逻辑性；调查人员社会责任问题及调查的伦理问题。 3.思政融入 教师总结反面案例的教训，强调问卷设计中需要注意"精、准、简、效"，要树立严谨的工作作风。同时强调市场调查人员在调查研究中应注意伦理道德，尊重被调查者的隐私和尊严，避免造成社会不良影响。 【任务驱动实践】 1.任务布置 教师布置任务驱动的问卷设计项目，要求学生以小组为单位完成一份问卷设计。任务背景是为"任务一 调查方案设计"中确定的调查主题和目的设计一份调查问卷，任务要求包括： 确定调查主题和目标； 设计问卷结构和问题，包括封闭式问题和开放式问题； 使用问卷设计工具创建问卷。 2.任务实施 学生以小组为单位进行任务实施。教师在课堂上巡视指导，及时解答学生在任务实施过程中遇到的问题。 学生利用课前注册的问卷设计工具账号，创建问卷。 3.任务展示与评价 每组完成问卷设计后，进行小组展示。展示内容包括问卷的主题、目的、结构、问题和题型设计等。 教师组织学生对各组的问卷设计进行评价，指出优点和不足之处，并提出改进建议。评价标准包括问卷的科学性、合理性、有效性、美观性等方面。 修改完善：根据展示和点评结果，各组对问卷设计进行修改和完善

六、教学评价

（一）评价指标体系构建

1.知识掌握情况

通过对课前预习完成情况的检查、课堂提问、互动讨论等方式，考查学生对调查问卷的结构、问句措辞等相关知识的理解和掌握程度，占总成绩的30%。

2.能力提升板块

根据学生在案例分析、小组讨论、小组作业的完成情况等教学活动中的表现，评价学生分析问题、解决问题、沟通协作的能力，占总成绩的40%。

3.思政表现

观察学生在课堂教学和课外实践活动中的思想认识、社会责任感等方面的表现，如案例分析中的价值判断，小组实训作业中团队合作精神、团队责任感的体现，通过教师评价、学生自评和生生互评等方式进行综合评价，占总成绩的30%。

（二）评价方式

1.过程性评价

在教学过程中，通过课堂表现、作业完成情况、小组讨论参与度等对学生进行持续评价。教师及时给予学生反馈和指导，帮助学生不断改进和提高。过程性评价占总成绩的60%。

2.终结性评价

在课程结束时，通过期末考试对学生的知识掌握情况进行综合评价。终结性评价占总成绩的40%。

（三）评价结果反馈与应用

教师及时将评价结果反馈给学生，让学生了解自己在知识、能力和思政等方面的优势和不足，明确努力方向。

根据评价结果，教师对教学过程进行反思和总结，发现教学中存在的问题和不足之处，及时调整教学内容和教学方法，不断提高教学质量。同时，将评价结果作为学生课程成绩评定、评优评先等的重要依据。

七、教学反思

（一）知识与技能目标

学生对市场调查问卷的基本概念、结构和问句措辞的要求有了一定的理论认知，但在实际操作中，部分学生仍存在问题。例如，在问卷设计环节，部分学生设计的问卷存在逻辑混乱、问题措辞不当等情况，反映出学生将理论知识转化为实践操作的能力有待提升。

（二）过程与方法目标

通过小组项目实践，学生的团队协作能力和沟通能力得到了锻炼。但在团队合作过程中，也出现了部分小组分工不合理、成员参与度不均衡的情况，影响了项目进展和团队整体效果。此外，学生在自主学习和探究学习方面的能力仍需进一步培养，面对复杂多变的市场环境和多样化的调查需求，学生缺乏主动思考和深入研究的意识，对市场的敏锐洞察力和创新思维能力也有待提高。

（三）情感态度与价值观目标

通过案例分析和实践操作等方式激发学生的学习兴趣和积极性，学生对"市场调查"课程的学习兴趣有所提高，但仍有个别学生认为课程内容较为枯燥，缺乏足够的学习动力。在实践项目中，学生对市场调查工作的重要性有了更深刻的认识，但在面对实际困难和挑战时，部分学生的耐心和毅力不足，需要进一步培养严谨、细致的工作态度。

编写人："市场调查"课程教学团队

"金融学"课程思政案例
——以"数字人民币"教学单元为例

一、课程简介

（一）课程定位

"金融学"为面向商学院各专业本科生共同开设的学科基础课，是主干课程之一，共3学分，48学时。教学采取线上线下混合方式，本课程主讲人为商学院曾素梅教授，其曾荣获南粤优秀教师等称号。"金融学"是教育部确定的11门"财经类专业核心课程"之一，是财经类专业的学生进入专业课学习的基础。

本课程立足中国教师"在中国大学讲台讲述中国金融故事"，基于中国"金融故事"讲授金融学基本原理。坚持"马克思主义基本原理与中国实际相结合"的原则，坚信国外经验只能借鉴不能照搬；在课程内容、教学资源建设应用以及教学改革要解决的重点问题等方面，基于中国经济金融改革开放进程，讲述中国故事，归纳中国经验，提炼中国命题。注重对学生进行中国特色社会主义和中国梦教育以及社会主义核心价值观教育，坚定学生理想信念，切实提升立德树人成效，从而将课程思政贯穿于教学过程的始终。最终形成"教学资源精品化、教学内容本土化、教学方式多样化、教学研讨常态化"的"金融学"课程思政风格。

（二）课程的内容与特点

在内容方面，"金融学"课程不仅涵盖金融学的专业知识，如金融市场、金融机构、金融工具等，还融入了大量的思想政治教育元素。这些元素包括社会主义核心价值观、中华优秀传统文化、金融伦理道德等，旨在培养学生的道德品质、职业操守和社会责任感。通过案例分析、时事热点讨论等方式，课程将金融知识与现实生活紧密结合，引导学生关注社会问题，培养其独立思考和解决问题的能力。

在特点方面，"金融学"课程注重理论与实践相结合，不仅强调金融理论的学习，还鼓励学生参与社会实践，如金融调研、志愿服务等，以增强其社会责任感和实际操作能力。此外，课程还采用多样化的教学方法，如启发式、问题式、案例式等，以激发学生的学习兴趣和主动性。同时，"金融学"思政课程还注重培养学生的国际视野和跨文化交流能力，以适应全球化背景下金融行业的发展需求。

(三) 课程在专业人才培养中的作用

"金融学"课程在专业人才培养中扮演着至关重要的角色。它不仅传授金融专业知识，更侧重于培养学生的道德素养、职业操守和社会责任感。该课程通过深入剖析金融案例，结合时事热点，帮助学生理解金融行业的规律，同时强调诚信、公正等核心价值观在金融实践中的重要性。此外，"金融学"课程还注重培养学生的创新思维和实践能力，鼓励他们积极参与社会实践，将所学知识应用于解决实际问题。这不仅提升了学生的专业素养，还增强了他们的社会责任感和团队协作能力。

(四) 思政融入教学

思政融入教学见表1。

表1　　　　　　　　　　　　　　思政融入教学

课程模块	思政融入点	教学案例	价值观引导目标
货币与信用	货币主权与国家金融安全	1997年亚洲金融危机中中国坚守人民币汇率稳定 vs 他国货币崩溃后果	金融安全意识，国家货币政策独立性
金融市场	公平交易与社会责任	科创板服务"硬科技"企业 vs GameStop轧空事件中的市场公平性	金融资源服务实体经济，社会公平
金融风险与监管	法治精神与底线思维	2008年次贷危机警示片 + 中国金融反腐案例	强化合规意识，坚守金融创新法律底线
国际金融	人类命运共同体与大国担当	共建"一带一路"开发性金融 vs 殖民资本掠夺史	增强制度自信，理解中国参与全球治理的责任
金融科技	科技向善与数据伦理	大数据"杀熟"的合法性	技术以人为本，防范算法歧视与道德风险

二、课程目标

(一) 知识目标

(1) 学生将深入理解金融学的基本概念、原理和方法，包括货币银行学、金融市场学、国际金融学等核心内容，掌握金融体系的运作机制及其在经济社会发展中的作用。

（2）课程将引导学生认识金融政策与法规，理解金融监管的重要性，以及金融风险管理与防范的基本策略。

（3）通过融入思政元素，使学生明白金融发展与国家战略、社会伦理的紧密关系，增强对金融服务实体经济、促进社会公平正义的认识，为形成正确的金融观和价值观奠定坚实的知识基础。

（二）能力目标

（1）学生将具备运用金融理论分析现实经济问题的能力，能够熟练运用金融工具进行投资决策、风险管理等操作，提高解决实际金融问题的技能。

（2）课程将锻炼学生的批判性思维和创新能力，鼓励他们在金融实践中探索新思路、新方法。

（3）通过思政教育的引导，培养学生的社会责任感和职业道德，使其能够在金融活动中坚守诚信原则，具备良好的沟通协调和团队协作能力，为未来的职业发展打下坚实的基础。

（三）素质目标

（1）课程将培养学生的国际视野和跨文化交流能力，使他们能够适应全球化的金融环境，具备国际竞争力。

（2）通过思政教育，强化学生的爱国情怀和集体主义精神，激发他们的社会责任感和使命感，使其能够积极投身于国家金融事业的发展。

（3）课程将注重培养学生的诚信意识和职业操守，树立正确的金钱观和权力观，形成健全的人格和高尚的品德，为成为具有高尚职业道德和社会责任感的金融人才奠定坚实的素质基础。

三、教学设计

（一）教学理念

"金融学"课程的教学理念秉持"三位一体"的核心原则，即知识传授、能力培养与价值塑造的有机融合。我们坚信，以学生为中心的教学模式是培育杰出金融人才的关键。在此理念指导下，能力培养被置于教学的核心位置，旨在全方位、深入地融入思想政治教育于教学的每个环节。

另外，采用理论与实践紧密结合的教学策略，鼓励学生通过自主学习、合作学习和探究学习，深化对金融知识的理解与应用，同时激发其创新思维。以真实监管案例为教学素材，以问题为导向，有效激发学生的批判性思维，促进其深入思考。

利用虚拟仿真平台，设计角色模拟场景，让学生在实践中领悟投资银行监管的重要性，切实提升实践能力。

此外，高度重视培养学生的社会责任感、法治意识与职业道德，确保学生在掌握专业知识的同时，树立正确的价值观与职业观。我们的目标是培养出既具备扎实金融知识，又拥有高尚品德的德才兼备型金融人才，为金融行业的健康发展贡献力量。这一教学理念不仅为学生未来的职业生涯奠定坚实基础，更为社会的繁荣稳定注入正能量。

（二）教学方法

1.案例教学法

通过选取真实或模拟的金融案例，引导学生深入分析。教师先呈现案例背景，学生分组讨论，运用金融理论剖析案例中的关键问题。此方法能让学生直观理解金融原理，同时融入思政元素，如讨论金融伦理、社会责任等，增强学生的道德意识。通过案例分析，学生学会将理论知识应用于实践，培养其解决实际问题的能力，同时提升思辨和沟通表达能力，为成为综合素质高的金融人才打下基础。

2.项目驱动法

项目驱动法以具体金融项目为载体，学生组队完成。从项目选题、策划到实施，学生全程参与，教师提供指导。此方法将金融知识与思政教育相结合，如设计金融服务乡村振兴项目，既锻炼学生金融技能，又培养其社会责任感。通过项目实践，学生学会团队协作，提升解决复杂问题的能力，为未来职业生涯做好准备。

3.线上线下混合式教学法

线上线下混合式教学法结合线上资源和线下课堂，实现教学互动最大化。线上提供金融理论视频、思政阅读材料，学生自主学习；线下课堂则进行深度讲解、讨论和实践。此方法既发挥了线上学习的灵活性，又保留了线下教学的互动性。通过混合式教学，学生能更高效地掌握金融知识，同时思政元素的融入也让学生在学习中不断提升思想道德素质，成为全面发展的金融人才。

4.专题讲座与讨论

邀请金融领域的专家学者或行业领袖进行专题讲座，组织学生进行讨论交流，拓宽学生的视野和思路。

（三）教学内容本土化

中国金融故事独具特色，只有讲好中国金融故事，金融学的本土化方能寻找到步入正途的逻辑起点，"金融学"课程的建设方能真正融入新时代中国特色社会主义的建设过程之中。这样才能立足于中国金融经济改革的肥沃土壤，呈现丰富的教学内容，使课程的思政资源得到最大程度的挖掘。

第一，随时跟踪国内外货币金融学发展的最新动态，及时更新和补充课程内容。密切关注经济金融全球化进程对现实货币金融运行及其政策提出的挑战，针对相关问题与学生们进行课堂互动，让学生理解经济金融环境的变化推动理论和相应政策的变化，加深和拓展对相关知识的理解。

第二，坚持"马克思主义与中国实际相结合"的原则，有选择地引进西方经济金融理论，紧密联系中国实际，提炼中国金融故事，总结中国金融经验，推动中国金融学发展。让学生学会思考西方金融理论的局限之处，从而深入理解中国的金融制度运行背景，推动中国金融实践向前发展。

（四）教学内容设计

模块：数字人民币。

1.教学目标

使学生全面了解数字人民币的基本概念、性质及特点。

掌握数字人民币的发行、流通与使用方法。

深入理解数字人民币在金融科技、普惠金融及国家金融安全等方面的意义。

培养学生的金融素养和风险防范意识，引导学生树立正确的金融观和价值观。

2.教学内容

数字人民币的定义、性质与特点。

数字人民币的发行机制与运营模式。

数字人民币的流通与使用方法，包括钱包开立、充值转账、支付消费等。

数字人民币的风险防范与合规使用教育。

3.教学方法

讲授法：通过系统讲解，使学生全面了解数字人民币的基本概念和性质，为后续学习奠定基础。

案例分析法：选取数字人民币在实际应用中的典型案例，引导学生深入分析，理解数字人民币在金融科技、普惠金融等方面的作用。

讨论交流法：组织学生分组讨论数字人民币的优缺点、未来发展趋势及可能带来的风险，鼓励学生积极发言，培养批判性思维和团队协作能力。

4.思政元素融入

在讲解数字人民币的普惠金融意义时，引导学生思考金融科技如何服务实体经济，促进社会公平正义，培养学生的社会责任感。

通过分析数字人民币在防范金融风险、维护国家金融安全方面的作用，引导学生树立正确的金融观和价值观，增强国家安全意识。

在讨论交流环节中，引导学生关注数字人民币可能带来的风险，培养学生的风险防范意识和法律意识。同时，鼓励学生积极为数字人民币的健康发展建言献策，培养学生的公民意识和主人翁精神。

四、教学实施

充分利用学习通、微信群等现代化教学资源，通过"课前自主学习—课上重点突破与总结—课后拓展阅读交流"这一教学模式，激发学生的学习兴趣，帮助学生养成自主学习、勤于思考的良好习惯，培养学生利用所学专业知识分析解决实际问题的能力。

（一）课前布置学习任务，引导学生自主学习

发布课前学习任务：教师提前5天左右将课件上传到学习通平台，要求学生结合课件和教材，进行预习并完成相应的课前测试题。

要求学生以小组为单位，查询第一套和第二套人民币及数字人民币的发展。分析：我国的数字人民币发展处于什么阶段？如何加快人民币国际化进程？最终形成小组作业（提醒学生课上会进行小组作业展示）。

（二）课堂重点突破与总结

1.导入

2022年，中国的数字人民币打破了Visa对奥运会长达36年的支付服务的垄断。这是我们所有国人的骄傲。

虽然数字人民币在大型国际赛事和活动中的使用及跨境支付应用的频率都很

高，但是，有同学在课前向老师提问，有必要开通数字人民币钱包吗？我觉得不好用呀，为什么在第三方支付已经普及的情况下还要发展数字人民币呢？这样的意图是什么呢？

2.重点内容突破

讲述货币形态的演变与发展。

引导学生了解中国货币演变的悠久历史，历经五次重大转变：

贝壳（实物货币）→ 金银（金属货币）→ 银票（代用货币）→ 人民币（信用货币）→ 数字人民币（数字货币）

首先，我们来看我国数字货币的设计理念。

第一，替代M0。也就是替代现金，未来世界发展的趋势是无纸化数字货币，许多人出门已经不再携带大量现金了，因此我们需要提前做好准备并优先布局，随时应对时代发展的新变化。

第二，数字人民币是基于账户松耦合的设计。也就意味着，数字人民币是流通中的货币，并不用基于某类账户来消费。而大家普遍使用的第三方支付平台是需要先把货币存入第三方支付钱包或银行账户之后再进行流通。这也意味着数字人民币的支付和第三方平台支付是有本质区别的。

第三，采用双离线支付模式。也就意味着，在收支双方任意一方或者双方同时处于离线模式的情况下，依然可以像现金支付模式一样进行交易。

教学活动：案例分析+讲授，理解我国的货币形态的演变形式。

（三）讨论专题：学习数字人民币的运行框架

用一句话来概括就是"一个币，两个库，三个中心"。

"一个币"就是指数字人民币。

"两个库"是指数字货币发行库和货币银行库，分别由中央银行和商业银行运营。发行货币时，央行将数字货币发行给商业银行的数字货币银行库，商业银行向央行缴纳100%准备金作为数字货币发行基金，进入央行的数字货币发行库中。这样一来，在信用货币流通的基础上进行数字化升级之后，商业银行依然保留着存款货币创造的功能，央行也可以继续维持调整法定存款保证金的货币政策手段来进行宏观调控。

"三个中心"是指认证中心、登记中心和大数据分析中心。通过"三个中心"的技术处理、数据登记和分析，保证数字人民币的交易安全，并对洗钱等违法行为进行防范，以及为宏观政策的实施提供数据支持。

巩固扩展思政主题资料搜集、阅读与思考能力，增强文化自信，引发学生对未来人民币的货币形态的思考。

课前布置小组学习任务：35位学生分为7组，每组5人。以小组为单位，查阅第一套、第二套人民币及数字人民币的发展，并分析我国的数字人民币发展处于什么阶段？如何加快人民币国际化进程？形成小组作业。

小组作业展示：以小组为单位进行作业展示，教师现场给出本次展示小组的展示环节得分，课后根据小组作业情况给出作业环节得分。

（四）教师总结内容及布置作业

央行数字货币较传统货币的优势有以下四点：

1. 政策调控优势

货币政策是央行依据国民经济发展情况进行宏观调控的主要手段，其本质是通过货币供给的增加或者减少来应对经济衰退或者过热，现实中往往因不能完全有效把控增加的货币供给的流向而导致货币政策效果偏离预期目的。央行数字货币具备区块链的分布式记账特点，能够完整、真实、及时记录每一笔资金的交易信息，有利于央行实时监测流通货币总量以及货币流通速度。此外，央行数字货币可编程性的特点有利于央行开发各种辅助程序来限制其流通范围，例如，服务实体经济的央行数字货币被限制进入股市、房市等领域；专项扶贫的央行数字货币将被限制截留私分、虚报冒领以及挥霍浪费。

2. 成本优势

相对于纸币以及硬币制造、运输、保存、真伪辨别以及损毁等多个环节产生的高成本，央行数字货币需要搭建的数字货币运营平台属于一次性的高投入，之后的发行成本会因为人力、物力消耗的减少而逐步递减直至趋近零。同时，央行数字货币的流通是通过数字货币运营平台对收付双方进行点对点支付的非对称数字加密传输来实现的，其流通过程中的运输、保存、真伪辨别以及损毁等多个环节产生的成本几乎可以忽略不计。

3. 监管优势

当今社会的主流货币体系依旧是以纸币、硬币等现钞为主，现钞一旦脱离金融机构就会存在监控盲区及死角，演变为行贿、贩毒、走私、洗钱以及涉恐涉暴等非法交易的必然选择。央行数字货币在满足人们支付安全、效率、隐私、便利等需求的基础上替代现钞会更加便于监管，虽然区块链具备不可追踪性、匿名性等特点，但这些特点仅仅指用户真实地址与网络地址的不相关性，实际上它的每一笔交易都是不可伪造并且可以追溯的。实践中，央行数字货币依托区块链技术构建法定数字货币运营平台时，可以采用仅有央行监管机构能够识别用户真实信息的可控匿名性以及分布式透明记账法，一方面有利于政府保护交易双方的信息，同时能有效打击行贿、贩毒、走私、洗钱、偷逃税等违法行为；另一方面有利于政府完整、真实、及时监测每一笔资金的交易信息并且减少现钞的伪造、盗窃等行为。此外，央行数字货币运营平台除了监管数字货币交易，还可以将商品生产与销售信息融入监管体系，形成监管所有企业生产经营的超级账本。

4.安全及效率优势

纸币、硬币等传统法定货币受限于其物理形态无法满足远程、大额的支付需求。央行数字货币的本质是国家信用背书、央行发行的数字化形态的法定货币，不仅能够满足人们对支付安全、效率、隐私以及便捷的需求，还能减少人们对支付宝、微信等第三方平台移动支付的依赖。目前，互联网交易的移动支付涉及央行、商业银行以及第三方支付平台等多个部门，每个部门都会建立独立数据库以及清算系统，一笔互联网交易的发生往往涉及诸多部门的数据库及清算系统的重复结算，从而造成大量社会资源的低效消耗。央行数字货币基于区块链的分布式账本技术能够实现点对点支付，可以省略中间方相关的一系列清算流程，金融行业清算系统的错误率、交易成本以及支付效率将得到显著改善，最终货币的流通网络将呈现扁平化趋势。

布置小论文——《当前数字货币的试点及使用情况》，通过搜索相关资料，了解当前我国数字货币的使用情况，引发学生思考我国为什么要使用数字货币，引导学生树立文化自信。

（五）课后拓展

学生分成若干小组，每个小组挑选下面的一项活动，按要求完成。

（1）组织学生开展课外实践活动，如参观金融监管机构、调研投资银行等，让学生在实践中进一步加深对人民币的认识和理解。同时，鼓励学生参与金融领域的志愿者活动，培养学生的社会责任感。

（2）公益宣传：制作"人民币的诞生"短视频，发布于投资学专业的小红书号或抖音号等官方平台，投资学专业抖音号为：GGS投资人。

五、教学评价

通过课程思政元素的融入，不仅能丰富课堂的教学内容，还能有效激发学生的学习兴趣，增强其对基础知识的理解与记忆。尤其在汉字演化讨论环节，学生热情度非常高，给出了很多教师没有想到的答案。对于本节内容学生记忆非常深刻，在之后的章节中，提问与本节相关的内容学生都能迅速回忆起来并给出正确答案。

（一）评价方式

1.过程性评价

在教学过程中，通过课堂提问、小组讨论、作业批改、项目进展检查等方式，对学生的学习过程进行持续评价。过程性评价能够及时反馈学生的学习情况，发现学生在学习过程中存在的问题，为教师调整教学策略和方法提供依据。

2.终结性评价

设计一份包含数字人民币基本概念、发行机制、流通方式、应用场景等知识点的闭卷考试卷。通过考试，检验学生对数字人民币专业知识的掌握程度。

（二）评价体系

课程评价如图1所示。

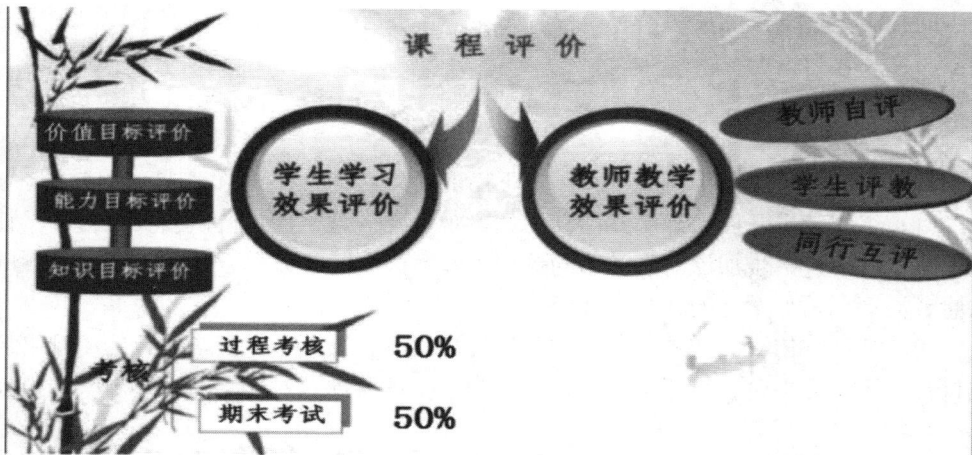

图1　课程评价

1.专业知识与技能评价

结合课堂表现、作业完成情况、项目实践成果等方面的情况，评价学生对数字人民币知识和技能的掌握程度。课堂表现主要包括学生的出勤情况、课堂参与度、回答问题的准确性等；根据小组项目的研究内容，要求学生撰写案例分析报告。报告应包含对数字人民币在某一具体场景中的应用分析、存在的问题及解决方案等内容。通过案例分析报告，评估学生的分析能力、解决问题的能力和写作能力。

2.思政素养评价

通过课堂讨论、项目实践中的思政表现、课后作业中的思政思考等方面，评价学生的思政素养。在专业知识讲解和案例分析中，融入思政元素，如数字人民币在普惠金融、国家金融安全等方面的意义。通过提问或讨论的方式，评估学生对思政元素的理解和认同程度。引导学生思考数字人民币对个人、社会和国家的影响，鼓励学生发表自己的见解。通过学生的发言和讨论，评估学生的价值观导向和思政素养。

六、教学反思

作为一门理论与实践并重、既要求扎实理论基础又强调实践应用能力的学科，"金融学"课程的教学需要不断创新与调整，以适应快速变化的金融市场和不断提升的学生需求。

（一）从课程设计角度来看

"金融学"课程内容广泛，涵盖了金融市场、金融机构、金融工具、货币政策、金融市场理论、风险管理等多个方面。在有限的48学时内，如何平衡理论深度与实践广度，是值得思考的问题。通过精选教学内容，将重点放在"金融学"课程的核心理论与关键实践技能上，同时利用案例分析、小组讨论等形式，加深学生对理论知识的理解和应用。但回顾教学过程，我们发现部分章节的讲解仍显得仓促，学生可能未能充分吸收和消化。未来，我们计划进一步精简教学内容，突出重难点，同时增加自学指导和课外阅读材料，引导学生自主学习，弥补课堂时间的不足。

（二）教学方法的运用

教学方法的运用也是本次教学反思的重点。"金融学"是一门理论与实践紧密结合的学科，因此在教学方法上，要注重理论与实践相结合，采用讲授、案例分析、模拟操作等多种教学手段。但在实际操作中，我们发现学生对理论知识的接受程度参差不齐，而案例分析虽然能提高学生的学习兴趣，但有时因缺乏深入的行业背景知识，学生难以深入理解案例背后的金融逻辑。因此，我们计划在未来的教学中，加强对学生行业背景知识的引导，同时引入更多贴近学生生活的金融案例，提高案例教学的针对性和实效性。此外，我们还将探索更多元化的教学方法，如角色扮演、在线模拟交易等，以激发学生的学习兴趣和参与度。

（三）学生反馈

学生反馈是检验教学效果的重要标尺。在本次课程结束后，我们通过问卷调查、个别访谈等方式收集了学生的反馈意见。学生普遍反映，课程内容丰富、实用性强，但在理论深度和实践操作方面仍有提升空间。特别是在风险管理、金融市场理论等章节，学生希望能有更多具体的操作指导和案例分析。针对这一反馈，我们认识到，在未来的教学中，需要更加注重理论与实践的结合，增加实践操作环节，如风险管理软件的应用、金融市场模拟交易等，以提升学生的实践操作能力。

编写人："金融学"课程教学团队

"电子商务概论"课程思政案例
——以"社交电商"教学单元为例

一、课程简介

"电子商务概论"是电子商务的专业基础核心课，是"奠基石"型的课程。课程旨在通过电子商务基本原理介绍，帮助学生构建完整的电子商务理论框架体系，使其具有一定的理论应用分析和实践能力，树立良好的电子商务创新创业思维。经过5年探索与实践，课程先后获粤港澳大湾区高校在线联盟建设项目，广东省高等学校教育学会课程思政建设项目，省级一流课程立项。

（一）主要内容

结合课程特点，从行业发展、生活实际、时政热点、专业知识等方面深入挖掘课程思政内容，结合"微拓展、微翻转、微论坛、微创业"等融合方式，按照"引导—思辨—创新"的逻辑设计，思政内容见表1。

表1   思政内容设计

思路	实现形式	素材	教学方法	思政元素	思政目标
引领	微拓展	行业发展报告（文件） 科技发展前沿（视频、时事新闻） 政策法规（文件）	启发引导 案例分析 线上线下混合 课内外联动	家国情怀 民族自信 科技兴国 责任担当	深化民族自信心，培养行业认同感；明确科技兴国、人才强国的重要性
思辨	微翻转	电商企业成败案例 电商企业家奋斗故事	翻转课堂（课前5分钟学生分享），案例分析，线上线下混合	社会主义核心价值观	通过主动认识和提炼，深化对社会主义核心价值观的认同

思路	实现形式	素材	教学方法	思政元素	思政目标
思辨	微论坛	中外电商企业、电商应用对比分析（如对比分析中外电子支付应用） 电子商务助力经济发展的讨论（如助力农村电商） 电子商务业态发展过程中带来的社会问题、经济问题（如大数据"杀熟"、直播中"割韭菜"行为带来的"良币驱逐劣币"问题等）	问题导入 案例分析 互动研讨 线上线下混合 课内外联动	文化自信 社会责任 求真务实 诚信交易 法治观念 人文素养	学会在对比和发展中多角度思考问题，培养正确的商业伦理观、职业道德素养、行业法治观念，以及社会责任感和求真务实的做人做事之道
创新	微创业	微创项目策划 创新创业学习资源（商业计划书模板、范文，创业故事视频） 创新创业项目和竞赛（文件）	任务驱动 案例分析 线上线下混合 课内外联动	创新意识 开拓精神	培养创新意识、创业思维和双创技能。具备自主学习和团队协作能力

（二）课程特色

1.构建"思政+专业+双创"的育人模式

引入电商助推乡村振兴创业项目，通过对创业项目的分析拆解重构教学内容，设置三个典型任务，围绕任务讲授电子商务基本知识，开展电子商务创业实践。在教学环节中构建课程思政融入场景，将思政元素基因嵌入教学各个环节，通过"思政引导—思政感悟—思政践行"链条实现教学全程思政育人的同时,形成育人和育才的协同效应。

2.组建"专业教师+思政教师+创业导师"三方协同育人的课程思政团队

融合本校优质教育资源组建"专业教师+思政教师+创业导师"三方协同育人的课程思政团队,遵循课程教学规律和学生成长规律,充分利用第二课堂和第三课堂,将课程思政教学融入学生的专业学习和创新实践中,实现学生在个人美德、社会公德、职业道德方面的全面提升。

3.构建"多目标+多方式+多主体"的立体评价机制

加大课程思政过程性考核力度,将学生的认知、情感、价值观等内容纳入考核评价体系,制定出更加系统全面、反映学生思想政治意识、道德水平、实践能力、创新精神、价值取向等综合素质的评价体系,将思政教育元素体现在课程评价标准和考核全过程,以科学评价和提升课程思政教育教学效果(如图1所示)。

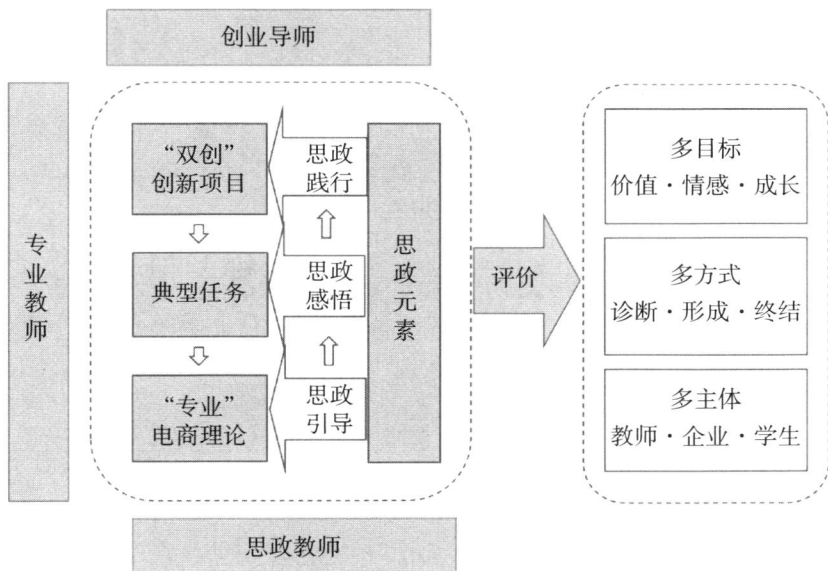

图1 立体评价机制

二、课程设计

（一）课程教学设计理念及思路

本课程以 2020 年 5 月教育部《高等学校课程思政建设指导纲要》为指导，贯彻 OBE 教育理念，以培养粤港澳大湾区德才兼备创新应用型人才来组织教学设计与实施。课程以"学生为中心"，聚焦"德·知·行"三个维度，在目标、内容、方法、评价四个环节进行课程思政融入设计，通过"明确育人目标—深挖思政内容—促融多元方法—重建立体评价"的路径设计思政教学思路，结合课程特点，提出"思政+专业+双创"的育人模式，使学生在掌握专业知识，培养双创技能的同时，做到"明大德，守公德，严私德"，形成"智育"与"德育"的相互融合，协同一体，落实课程思政任务（如图 2 所示）。

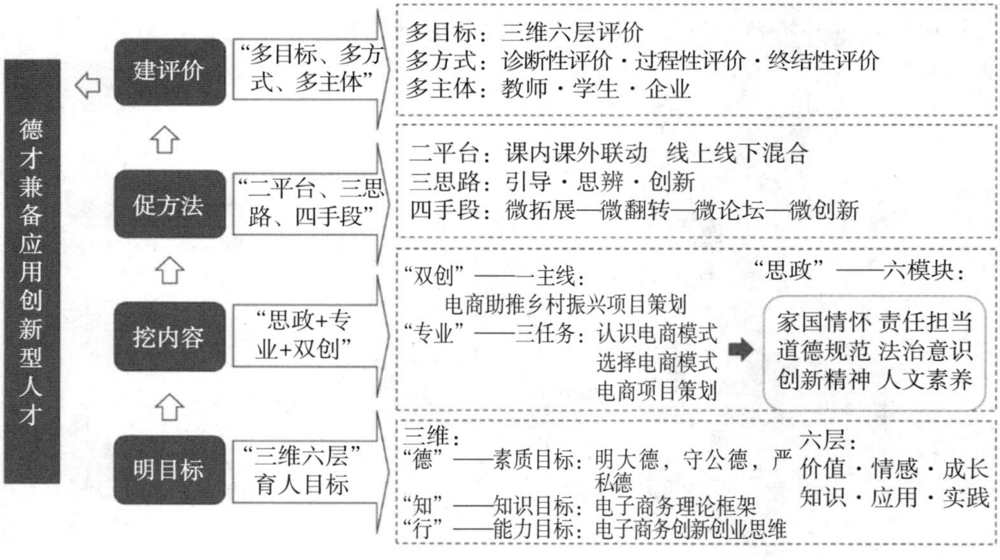

图 2　课程思政设计思路

（二）课程思政的实施方式

1.明确育人目标

课程立足"新文科"，基于我校"新时代应用型大学"办学理念，以立德树人为根本任务，结合课程特点，以"实基础，强能力，高素质"为育人主线，细化明确了"三维六层"的思政育人目标（如图3和表2所示）。

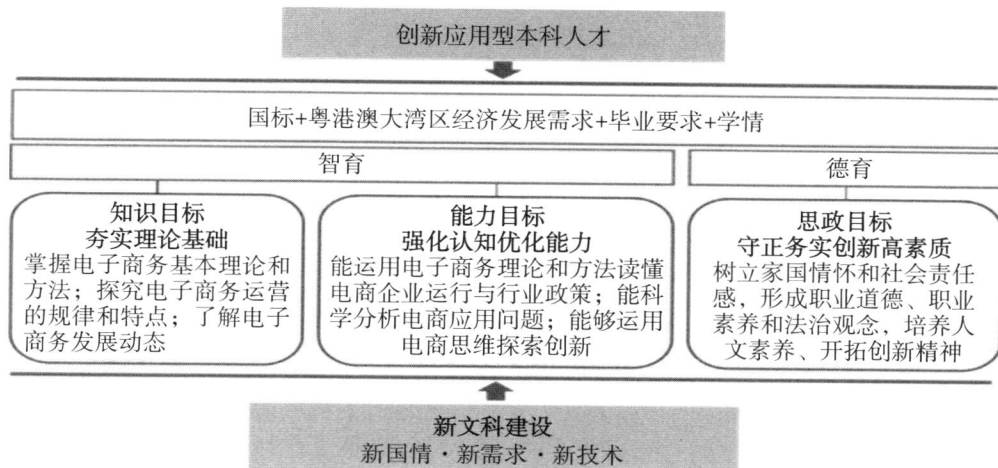

图3　课程育人目标

表2
"三维六层"课程思政育人目标

目标分类	分层目标	课程培养目标
知识目标	知识目标	掌握实现电子商务的理论、方法和技术；了解电子商务的社会与法律环境要求，电子商务国际国内发展地位及未来发展趋势等
能力目标	应用目标	能够对电商的前沿动态及产业发展进行调研，具有专业认知能力；能够应用电商理论和方法分析电商应用问题，具有一定的专业分析应用能力
	实践目标	能够进行微型电商项目策划，具备一定的策划和开拓创新能力
素质目标（思政目标）	价值目标	理解并遵守电商人员必备的职业道德和职业素养，坚定服务社会的责任担当，培养互联网思维和开拓创新意识
	情感目标	厚植家国情怀，增强民族自信，激发学生正能量，发展健全学生人格
	成长目标	能够利用多种方式，开展自主学习，提升自主学习能力

2.深挖思政内容

瞄准育人目标，引入电商助推乡村振兴创业项目，分解三个典型任务，围绕任务讲授电子商务基本知识、开展电子商务创业实践，教学环节中融入课程思政场景，践行"思政素质+专业知识+双创能力"的育人模式，构筑六大思政模块，切实将价值塑造、知识传授和能力培养三者有机结合、一体贯通（如图4所示）。

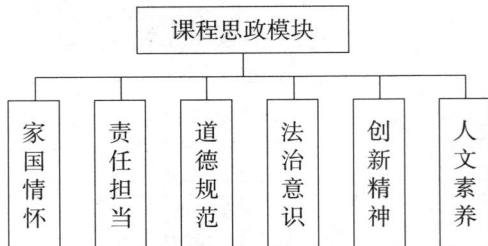

图4　课程思政内容"六模块"

3.促融多元路径

利用多元课堂形式，推行四大措施促融。充分运用学习通、公众号，微助教等信息技术手段，线上线下混合，课内课外联动，打造信息化开放式课堂。通过"微拓展、微翻转、微论坛、微创新"四大举措实现"德育"与"智育"的无缝对接和有机融合（如图5所示）。

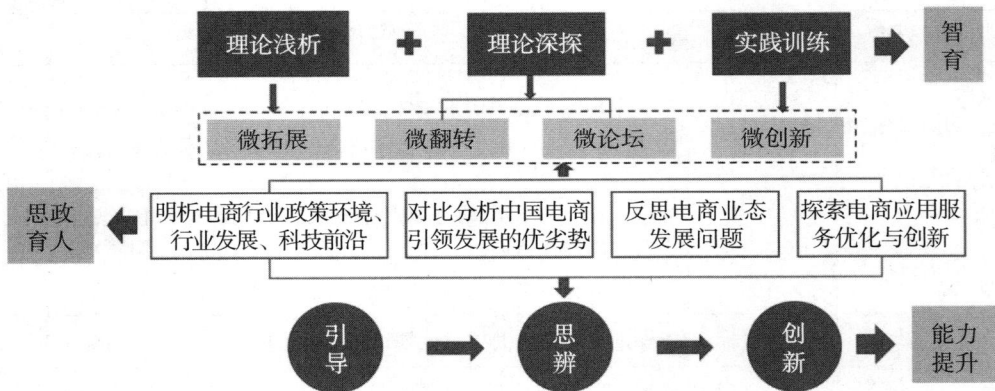

图5　课程思政多元融入路径

4.重建立体评价体系

课程评价构建基于多目标（思政目标，知识目标，能力目标）、多方式（诊断性、过程性与终结性相结合）、多主体（自评，互评，师评）的立体化考核评价体系，加大课程思政过程性考核力度，将学生的认知、情感、价值观等内容纳入考核评价体系，制定更加系统全面、反映学生思想政治意识、道德水平、实践能力、创新精神、价值取向等综合素质的评价体系，将思政教育元素体现在课程评价标准和考核全过程，以科学评价提升课程思政教育教学效果（见表3和表4）。

表3　　　　　　　　　　　　　　课程评价体系

总评成绩构成及比例	平时成绩（60%）												期末成绩（40%）		
	平台成绩（40%）									实训成绩（20%）			期末成绩（40%）		
二级指标及比重	课程资源学习（50%）	自学测试（30%）	自学小结（20%）	课堂考勤（10%）	阶段测试（30%）	问题讨论（30%）	小组任务（15%）	拓展资源学习（5%）	章节总结（10%）	完整性（50%）	合理性（30%）	创新性（20%）	基础知识（60%）	拓展应用（30%）	情感态度（10%）
类型	诊断性评价（10%）	过程性评价（50%）（其中小组任务和实训任务等由小组完成的任务成绩由组内自评（20%），组间互评（20%），师评（60%）加权平均）											终结性评价（40%）		
目标	知识目标、能力目标、素质目标（含思政目标）														

表4　　　　　　　　　　　　　课程思政立体评价指标

多目标　＼　多方式	诊断性评价	过程性评价	终结性评价	总评
	10%	50%	40%	100%
认知理解能力	0.5	0.3	0.6	44%
应用能力	0.2	0.2	0.3	24%
实践能力		0.2		10%
价值培养	0.1	0.2		11%
情感培养	0.1	0.05	0.1	7.5%
成长目标	0.1	0.05		3.5%
汇总	1.0	1.0	1.0	100%

三、案例课信息

案例课信息见表5。

表5	案例课名称：社交电商
教学目标	1.素质目标 （1）树立服务区域经济发展的责任感，理解社交电商在促进经济协同中的作用。 （2）遵守商业道德，坚持诚信经营，维护消费者权益。 （3）分析中国社交电商模式的全球竞争力（如Shein、TikTok Shop），增强文化自信，培养跨文化沟通意识。 （4）在创业方案设计中体现创新思维，通过小组合作解决复杂商业问题。 2.知识目标 （1）解析构建社交电商平台的要素。 （2）比较社交电商和传统电商的用户交互模式、商业模式上的差异性。 （3）描绘社交电商的典型运营模式。 3.能力目标 （1）举例分析身边使用的社交电商应用的主要功能和运营方式。 （2）能够举一反三，运用社交元素助力电商创新
教学内容	1.教学重点 　　解析社交电商"人货场"重构的核心逻辑（用户即推广者、推荐式购买、社交触点交易），对比传统电商的"人找货"模式，突出其流量裂变与用户黏性特征。掌握社交内容电商（如抖音）、社交零售（如云集）、社区团购（如美团优选）等主流模式的特点及运营逻辑，并能设计简单的社交电商营销方案 2.教学难点 　　学生对"人货场重构""流量裂变"等理论概念缺乏直观认知；如何将社会责任（如绿色发展）、文化自信（如中国模式出海）、诚信守法（如合规经营）等思政点与专业知识（如运营模式、技术工具）深度融合，避免说教式灌输。 3.对重点、难点的处理 （1）教学重点的处理：案例驱动，具象化抽象概念。 　　如以拼多多"拼团模式"为例，通过流程图展示"用户分享→社交裂变→低价成交"的链路，直观说明"人货场重构"逻辑。分析小红书"内容种草+电商转化"模式，结合用户评论数据，解释"推荐式购买"如何提升转化率。 （2）教学难点的处理：分层教学与思政自然融入。 　　使用"洋葱OMALL分销模式"动画，动态演示用户从消费者转变为推广者的过程，帮助学生理解"流量裂变"。在讲解"社交内容电商"时，插入李子柒短视频案例，讨论中国文化通过社交电商出海的路径，潜移默化增强文化自信
教学方法	一、教学设计思路 　　以"知识传授—能力培养—价值引领"为主线，采用"数据导入→案例剖析→任务实践→价值升华"四步法，将思政元素融入教学全流程： 　　数据导入：用行业报告、交易规模数据引发学生对社交电商社会价值的思考； 　　案例剖析：通过典型案例（如拼多多、小红书）解析模式创新，自然嵌入社会责任、文化自信等思政点； 　　任务实践：设计合规经营、绿色消费等任务，强化知行合一； 　　价值升华：通过辩论、反思总结，引导学生形成正确的商业伦理观。

教学方法	二、教学方法 教法：案例教学法、角色扮演、辩论赛启发式教学。 学法：自主学习、团队学习、知识分享、主题讨论。 三、教学活动设计 （一）课前线上学习 【阅读材料】 学习《中华人民共和国电子商务法》《社交电商经营规范》；观看视频《李子柒的东方文化输出》。 【调查问卷】 调研学生对"社交电商过度包装"问题的态度。 【思政融入】 文化自信：通过李子柒案例，感受中国文化通过社交电商走向世界的魅力。 社会责任：引发学生对绿色发展的初步思考，为课中讨论做铺垫。 （二）课中探索式学习 1.课程导入："数说"社交电商 【数据展示】 教师通过两组数据从交易规模和使用人群规模说明社交电商的影响力。让学生直观感受社交电商在电商格局中的地位。通过简单述说，教师可快速定调，引起学生的注意，让学生对接下来的学习内容有兴趣 【思政融入】 家国情怀：通过数据说明社交电商对经济发展的贡献，引导学生思考"小模式如何服务大战略"。 2.知识精讲 （1）知识点1：认识社交电商 【问题导入】 社交电商与传统电商的区别： 为加深学生对社交电商与传统电商差异的理解，教师准备图像资料，从"人""货""场"三个维度设计对比分析的问题。 通过导向性的提问和讨论，激发学生从多角度思考两类模式的差异，让学生明确社交电商是如何通过"重构人货场"实现商业模式创新的。教师最后结合思考结果，进一步归纳总结两种商业模式的根本区别，帮助学生深化认识。 【案例分析】 分析拼多多"社交裂变"模式，对比传统电商"人货场"差异。解析小红书"内容种草+电商转化"逻辑，讨论用户信任机制。 【思政融入】 创新精神：强调中国企业的商业模式创新，增强民族自豪感。 诚信守法：结合虚假宣传案例，强调内容真实性与消费者权益保护。 （2）知识点2：社交电商发展阶段 【问题导入】 社交电商是如何从"微商"发展到"社交新零售"的？

教学方法	社交电商从最初的微商模式，经过几年高速发展，已形成较为丰富成熟的应用场景。为了帮助学生全面系统了解社交电商的发展脉络，教师设置下面的问题导入： 社交电商发展大致经历了微商起步、内容电商蓬勃、社交零售多元化等几个阶段。初期个人利用社交关系进行小规模电商，逐渐演变为明星、网红等通过社交平台产出内容带货。近两年，生鲜、药品、家电等实物商品也积极通过直播等进入社交场景，出现"社交新零售"概念。 教师通过典型案例梳理，全面展现社交电商快速演进的脉络。帮助学生形成系统的认知，为后续深入解析奠定基础。 【案例分析】 中国社交电商出海故事。 【思政融入】 通过故事阅读，引导学生关注国家发展战略。了解我国社交电商企业国际化发展，增强学生的民族自信心，同时提示学生要有全球视野，培养跨文化沟通的国际化素养。 3.互动实践 【角色扮演】 分组模拟"平台合规审查员"，审查某分销模式是否涉嫌传销。 【思政融入】 法治观念：通过实践理解法律边界，强化合规经营意识 【辩论赛】 通过美团优选社区团购的绿色包装实践引出辩题："社交电商的快速发展是否加剧资源浪费？" 【思政融入】 绿色发展：引导学生从包装材料、物流碳排放等角度提出解决方案，深化可持续发展理念。 4.总结升华 【思辨】 提问："如果我是社交电商创业者，如何平衡商业利益与社会责任？" 【思政融入】 商业伦理：推动学生内化诚信经营、社会责任意识，形成正确的价值观。 （三）课后拓展 【微创业】 虚拟创业——设计"社交电商+文化传播"项目，在超星平台提交方案并参与路演。 【思政融入】 国际视野：要求方案体现中国文化元素（如非遗产品），培养跨文化传播能力

教学评价	1.知识目标达成评价 　　掌握社交电商"人货场重构"逻辑、典型模式（如社交内容电商、社区团购）及其技术原理。通过案例分析（如拼多多、小红书），检验学生对模式创新的理解，间接强化文化自信与创新精神。 　　熟悉《中华人民共和国电子商务法》《社交电商经营规范》的核心条款，能识别传销风险与数据隐私问题。通过角色扮演"平台合规审查员"，强化法治观念与诚信守法意识。 　　2.能力目标达成评价 　　能运用数据分析工具优化社交电商运营策略，设计降低获客成本、提升转化率的方案。通过"社交电商沙盘"模拟任务，检验学生技术应用能力，间接培养科技伦理观。 　　能结合市场需求提出创新模式（如绿色社区团购、跨境直播带货），通过"绿色发展"辩论赛，评估学生对社会责任的认知深度；通过创业方案设计，检验创新思维与实践能力。 　　3.素质达成目标 　　理解社交电商在促进区域经济协同、助力中小微企业发展中的作用。通过"粤农优品"案例分析，检验学生对区域经济贡献的理解，间接增强家国情怀。 　　通过反思过度包装等环境问题，评估学生可持续发展理念的实践能力。 　　能分析中国社交电商模式的全球竞争力（如 Shein、TikTok Shop），通过"社交电商+文化传播"项目设计，检验学生跨文化沟通能力与文化自信。 　　在合规审查任务中准确识别传销风险，提出数据隐私保护方案。通过"平台合规审查员"角色扮演，强化法治观念与职业伦理
教学创新	（1）深度融合：思政元素与专业知识无缝衔接，避免生硬说教； （2）多元方法：通过案例、辩论、角色扮演等方式，增强思政教育的吸引力； （3）虚实结合：打造沉浸式学习场景，提升学习体验； （4）全流程设计：将思政融入贯穿教学全流程，形成闭环； （5）任务驱动：以学生为中心，通过实践任务推动思政目标内化
课程思政的理念与内涵	本次"社交电商"课程思政案例设计以"立德树人"为根本任务，以"知识传授—能力培养—价值引领"为主线，将思政元素深度融入专业知识教学，旨在培养具有家国情怀、社会责任、创新精神和国际视野的新时代电商人才。 　　1.以学生为中心，注重价值引领 　　以学生的成长需求为核心，通过案例分析、角色扮演、辩论赛等互动形式，将思政教育融入专业知识学习，引导学生主动思考、内化价值观。 　　2.知行合一，强化实践育人 　　通过虚拟创业、调研报告等实践任务，推动学生将思政目标转化为实际行动，实现"知"与"行"的统一。 　　3.多元协同，构建育人合力 　　引入企业导师评价机制，构建"教师—学生—企业"三方协同育人模式，确保思政教育贴近行业需求，增强实效性

思政维度	思政元素挖掘	思政素材选取	素材作用
家国情怀	社交电商在服务区域经济（如粤港澳大湾区）、助力乡村振兴中的作用，体现对国家战略的支撑	政策文件：《粤港澳大湾区发展规划纲要》《"十四五"电子商务发展规划》	增强区域协同意识，培养服务地方经济的使命感
文化自信	中国社交电商模式（如Shein、TikTok Shop）在全球市场的竞争力，展现"中国模式"的文化软实力	视频：李子柒短视频通过社交电商实现文化出海；研究报告：《中国社交电商出海指南》	增强文化自信，培养跨文化沟通能力
社会责任	社交电商在促进绿色消费、减少资源浪费中的作用，体现企业的社会责任	案例：美团优选社区团购的绿色包装实践；行业规范：《社交电子商务平台管理规范》	强化可持续发展理念，培养商业伦理与社会责任感
诚信守法	社交电商的合规经营（如禁止传销、保护用户隐私）是行业健康发展的基石	政策文件：《中华人民共和国电子商务法》《社交电商经营规范》；案例：某分销模式因涉嫌传销被查处	强化法治观念与诚信守法意识
创新精神	社交电商通过"人货场重构""流量裂变"等模式创新，展现企业的开拓精神	案例：拼多多"社交裂变"模式的成功；虚拟创业：设计"社交电商+文化传播"项目，在超星平台提交方案并参与路演	激发创新思维与创业热情，培养"敢闯会创"的双创精神

（左侧纵向：思政元素挖掘与思政素材选取）

在本次"社交电商"课程设计中，专业知识与思政元素的融合贯穿教学全流程，通过"案例驱动、任务导向、多元互动"等方式，实现了"知识传授—能力培养—价值引领"的有机统一。

融合路径	具体方式	思政元素体现
案例驱动	通过典型案例（如拼多多、小红书、李子柒）解析社交电商的商业模式，自然嵌入思政元素	拼多多案例：文化自信与创新精神；李子柒案例：文化自信与国际视野
任务导向	设计合规审查、虚拟创业等任务，推动学生将思政目标转化为实际行动	合规审查任务：诚信守法与职业素养；虚拟创新任务设计：社会责任与创新精神
多元互动	通过辩论赛、角色扮演等互动形式，增强思政教育的吸引力与实效性	辩论赛："社交电商是否加剧资源浪费？"——社会责任与批判思维；角色扮演："平台合规审查员"——诚信守法与法治观念

（左侧纵向：专业知识与思政元素的有机融合）

编写人："电子商务概论"课程教学团队

"网络营销"课程思政案例

——以"直播营销的具体实施"教学单元为例

一、课程简介

"网络营销"是我校市场营销专业（省一流专业）和电子商务专业的专业核心课，也是网络商务活动的前沿学科，具有跨学科、技术性、综合性、实践性的特点。课程以立德树人为根本出发点，秉持"思想与能力并重、素质与情怀共融"的总体育人方针，以新文科建设纲领为指引，以知识、思想、能力、三创四维教学目标为目的，以系统化创新为整体思路，以线上线下混合式教学为实施手段，构建了"智、意、能、创"四维并重的教学目标，并以启发式、探究式、讨论式、参与式、仿真式、联通式的"六式"教学方法，实现理论与实践的有机融合，培养具有现代信息技术、数字技术、产业经济等"互联网+"营销创新实践能力，拥有爱商强国理想和德能兼修素质的高素质应用型人才。

本课程经过多年的教学探索和持续改进于2022年被评为省级一流课程，形成了"智·意·能·创"四维融合的教学模式，立项4个省部级教改项目；创新了基于任务驱动的"六式"教学法，获第五届全国高校混合式教学设计创新大赛特等奖，第三届全国高校教师教学创新大赛广东分赛二等奖；出版了兼具OBE（结果导向）和PBL（问题导向）特色的教材，被兄弟院校广泛使用；开发的网络教学资源被知名网络教学平台评为优质课程，被校外十多所院校使用，辐射学生5 000多人。

二、课程挖掘的思政资源分析

"网络营销"课程秉持"思想与能力并重、素质与情怀共融"的总体育人方针，"德能兼修、爱商强国"的课程思政育人理念，通过大力开展专业能力与思想道德的融合教育，完善课程价值目标与思政教学体系，培养拥有国际视野、浓厚爱国情怀和社会责任感的"互联网+"营销创新应用型人才，以服务我国新一轮对外开放战略和共建"一带一路"为使命，促进区域经济与国家发展。

（一）强国信念与爱国主义教育

本课程紧跟数字化时代发展，针对网络营销科技创新领域，结合课程知识点，以案例剖析、小组讨论、课堂思辨等形式，将农村电商、乡村振兴、科技兴国、创新驱动、产业升级、工匠精神等思政案例融入课堂。在网络商业市场，涌现出一批又一批爱国企业，其不仅在自己的领域取得了卓越的成就，并且积极履行社会责任，为国家的发展和民族的复兴作出了贡献。例如华为、鸿星尔克、海尔、小米、福耀玻璃、安踏、旺旺等，它们在网络市场精耕细作，用企业文化、经营理念、品牌精神、卓越的技术等，以实际行动表达了对祖国的热爱和忠诚，并最终赢得了国内外消费者和社会公众的尊重和赞誉。本课程将通过上述典型案例融入，推进课程思政与专业课程有机结合，帮助学生树立社会主义核心价值观，培养学生数字强国信念和浓厚的爱国情怀。

（二）"爱商意识"与职业素养

"学商、经商、传播商"，心系网络营销行业发展，以高标准践行网络营销各种商业行为是网络营销"爱商意识"的集中体现。由于互联网的开放性和包容性，网络商业平台逐渐衍生出各种繁杂文化乃至于糟粕文化，在有"热度"才会有"流量"和"效益"的资本逻辑引诱下，网络经营者或商业内容生产者为最大限度地吸引眼球、维持热度，往往会通过猎奇、造假及场景化的信息呈现方式推动信息，从而在网络空间高度扩散并引发了不好的影响和不良的导向。本课程通过设计"网络营销伦理与企业社会责任""严谨的研究态度与科学的研究方法""求真务实与商业炒作""网络公序良俗与商业伦理""职业道德与诚实守信"等课程思政主题，通过名人名言、视频案例、法律法规等素材，结合项目化的知识模块及校企共建的仿真实践项目等形式将思政、理论与实践三者有机结合，通过理论和实践的学习，促进学生对网络营销基本实质的认知和网络营销实施过程中的特殊规律的理解，提高学生在复杂多变的网络环境中从事网络营销实践的理论素养和网络营销工作的能力，培养明学生辨是非的能力及正确的职业观和价值观。

三、案例课信息

案例课信息见表1。

表1 案例课信息

教学目标	1.价值目标 理解直播营销在乡村振兴中的重要作用，明确我国直播电商市场规模领先全球，树立民族自信与文化自信。明确网络主播的工作行为规范与职业操守，树立法治意识，并在直播实战中自觉践行良好的职业操守与商业道德。 2.知识目标 深入理解直播营销的基本模式和运行原理；能够从经济学、管理学、消费行为学等不同学科角度清晰描述用户增长理论的内涵及其在直播营销中作用。 3.能力目标 能够运用海盗模型分析直播营销四个环节中的核心任务，总结直播营销每个环节的实施要点，总结规律。熟悉直播活动的每个实施流程，能够组建直播团队完成直播的策划和活动方案的设计
教学内容	1.课堂设计思路 以学生成长为中心，以高阶性、创新性、挑战度为标准，分设课前、课中、课后三个教学阶段，形成"课前基础—课中高阶—课后拓展"的教学层次。 课前：网上自学基础理论，明确直播营销前期工作中"人、货、场"及直播过程四个重点环节的重要任务，加深学生对直播营销实施流程的认知与重点问题的印象，为课堂的高阶理论的理解奠定基础。 课中：通过融入对用户增长理论的理解和分析，以及海盗模型在直播营销各环节中的应用，体现高阶性；以翻转课堂的形式，通过"学生汇报分析—生生点评—教师点评—新问题的提出—解决问题"教学流程的设计完成对海盗模型的应用体现教学的创新性。 课后：通过引入虚拟仿真实验、布置高阶课后任务，参与课外三创实践等方法体现挑战难度。 2.教学重点 用户增长理论的内涵及其基本逻辑。 3.教学难点 海盗模型实现用户增长的原理。 4.对重点、难点的处理 分别从经济学、管理学、消费行为学不同的学科角度深度解读直播营销中的用户增长理论和海盗模型原理，把前沿知识、科研成果和国内外形势融入课堂，当中蕴含乡村振兴等思政元素。结合生生互评、教师点评的翻转课堂，引导学生应用高阶理论解决直播业务中的实际难题，让学生在"分析问题—解决问题—提出新问题—解决新问题"的探究式活动中完成重难点知识的学习。
教学方法	1.教学过程 以学生发展为中心，贯彻OBE教学理念，在充分掌握学生特点和课程特点的基础上，以实现"智·能·意·创"四维教学目标为出发点，以"高阶性、创新性、挑战度"为标准，以仿真实践项目为牵引，以"兴趣（Interests）—问题（Question）—探索（Explore）—创新（Innovate）"为流程实施项目化混合式教学。 课前导学（激发兴趣）：借助网络教学平台发布"绿沃川"助农直播实践项目，让学生以"我为家乡好物做代言"为主题，以小组的形式完成1场至少30分钟的直播助农的演练任务，从而激发学生兴趣，主动学习新知识。

教学方法	课中促学：老师讲学生听环节（提出问题）：围绕如何做好直播营销这一核心问题，分别从经济学、管理学、消费行为学不同的学科角度深度解读直播营销中的用户增长理论和海盗模型原理，把前沿知识和科研应用融入课堂，并将乡村振兴等思政元素融入知识点。 　　学生讲老师听环节（探索问题）：以翻转课堂为主要形式，通过"学生汇报分析—生生互评—教师点评—提出新问题的—解决新问题"探究式活动完成对海盗模型等高阶理论的学习，培养高阶思维。 　　课后助学（创新挑战）：邀请企业专家开展直播培训，布置直播助农竞赛高阶任务，微信辅导"三创"项目等系统化三创内容让学生在实战中内化知识，形成能力。 　　2.教学方法 　　（1）联通式教学法，线上线下拓展学习空间，延伸学习深度。 　　课前，网络教学平台发布学习任务单，派发学习思维导图、布置课前诊断测试，引导学生自学微课掌握直播营销的基础理论，布置"我为家乡好物做代言"主题直播演练任务，团队教师在课程QQ群进行实践指导。 　　目的：调动学习兴趣，延伸学习空间，协同线下课堂教学活动的组织，为学生提供线上线下全方位的学习指导，满足不同基础学生深度学习的个性化需求。 　　（2）仿真式教学法，项目驱动理实结合，锻炼真实岗位能力。 　　结合"互联网+农业"直播大赛和"绿沃川"助农直播仿真实践项目，邀请企业专家为学生开展直播培训，引导学生以"我为家乡好物做代言"为主题完成直播演练，使学生在仿真项目中迅速走入职场，从岗位角度，思考解决问题需要具备的能力和方法。 　　目的：紧贴市场、行业和企业的需求，以实战演练的方法锻炼高阶思维、获得岗位经验，形成岗位能力。 　　（3）探究式教学法，翻转课堂活动设计强调学生主体地位。 　　通过"课前小组任务—课中成果汇报—生生互评—教师点评—高阶理论应用"的翻转课堂活动设计，引导学生运用用户增长理论及海盗模型等高阶理论解决直播业务中的实际难题，从而把前沿知识和科研应用融入课堂，让学生在"反思问题—分析问题—解决问题—提出新问题—解决新问题"的探究式学习中学习重难点知识，培养高阶思维。 　　目的：强调学生的主体地位，引导学生通过分组学习、团队合作等手段锻炼分析问题和解决问题的能力，协助学生在探索学习中内化知识，形成能力。 　　（4）启发式教学法，结合典型案例引导深度思考，锻炼高阶思维。 　　以经典直播视频选段为案例，通过层层设问，不断引导学生进行深度思考，鼓励学生运用学到的相关理论抽丝剥茧出直播营销背后的经济学现象、消费心理学原理，并通过集思广益、相互启发的形式最终找到问题的核心及解决问题的办法，锻炼高阶思维。 　　目的：在案例中得到启发、揭示真相、学习原理、掌握原理、锻炼思维，达到加深思维深度、深化理论认知的目的。 　　3.教学活动设计 　　【课前教学活动（40～60分钟）】 　　（1）实践项目：发布助农直播实践项目，以掌握直播基本理论及流程为目标让学生以"我为家乡好物做代言"为主题完成直播演练； 　　（2）小组讨论：选择何种家乡好物做直播？如何进行一场完整的直播？

教学方法	（3）微课学习：完成【直播营销的具体实施】的视频学习以及课前测试。 【课中教学活动（45分钟）】 （1）课前回顾：直播前的准备工作。 （2）实践点评：直播演练的准备情况。 （3）"思政短视频+国际数据"引入：我国直播电商领先全球。 （4）提出问题：如何做好直播营销。 （5）理论讲授：直播营销的基本模式；用户增长理论；海盗模型原理。 （6）翻转课堂：学生分为3个小组，汇报课前直播助农的演练情况，总结直播4个环节的关键任务，每组汇报时间为3分钟。结合现场生生互评、教师点评的翻转课堂，引导学生应用海盗模型解决直播业务中的实际难题。 （7）课程小结：梳理直播营销的实施方法及关键任务，揭示直播营销的本质是信任营销从而升华思政主题。 （8）推荐阅读《做口碑》；布置直播竞赛三创任务，锻炼学生三创能力。 【课后活动（60分钟）】 （1）完成课后测：直播营销的具体实施（高阶版）。 （2）以海盗模型为理论指导，继续以"我为家乡好物做代言"为主题，完成直播的脚本撰写和活动方案初稿。 （3）以团队为单位，在网络教学平台上完成小组成员互评任务及教学反馈。 （4）网上微课自学9.6节直播营销的效果评估

教学评价	（1）课前：诊断性评价 反馈方式：通过网络教学平台、QQ群答疑并及时反馈 评价指标：

评价指标	对应问题	学习成效
微课完播率	自学积极性	态度端正、自学积极性较强
9.4节课前诊断测（低阶版）	基础知识掌握度	基础理论掌握良好
9.5节课前诊断测（低阶版）	基础知识掌握度	基础理论掌握良好

分析：通过网络教学平台的微课视频完播率、课前诊断测试等数据，考查学生的自学能力及对直播营销基本理论的掌握情况。从教学视频来看，完播率达96%以上，从单元知识课前测（低阶版）成绩来看，答题平均正确率达85.8%，满分人数比例达22.64%，说明学生对基本知识点的掌握能力良好，学生普遍学习态度端正，自学能力较强。

（2）课中：过程性评价

反馈方式：课中实时反馈

评价指标：

评价指标		对应问题	学习成效
到课率		学习主动性	态度端正、学习积极性较强
课堂互动	举手次数/率	互动积极性	互动积极性高
	弹幕发布次数/率	思维活跃度	思维较活跃
	实时评论次数/率	知识运用能力 问题思辨能力	掌握了用户增长、海盗模型等理论及其在直播营销中的应用，分析问题和解决问题的能力有所提高
	评论内容及质量	思政素养	充分认识信任营销是直播营销的本质
小组任务	主题直播演练情况汇报	三创思维 实战能力	实战演练锻炼了三创思维，获得了岗位经验，提高了岗位能力

教学评价

分析：通过到课率、课堂互动效果及小组任务完成情况综合评价学生的知识掌握度、思维形成度及能力达成度。本科到课率达100%，说明学生普遍学习态度端正；从课堂互动情况来看，学生举手回答问题的比例达89%，发布课堂弹幕率为79%，实时评论率为67%，整体而言，学生互动积极、思维活跃、反响热烈，课堂互动效果良好；从小组任务完成情况来看，全体学生皆按时、按质、按量完成了直播演练，整体效果良好。

（3）课后：终结性评价

反馈方式：通过网络教学平台、QQ群实时反馈

评价指标：

评价指标	对应问题	学习成效
综合性诊断测（高阶版）	高阶理论掌握度	掌握及运用能力良好
高阶任务挑战完成度	跨学科知识融通能力 思辨能力	跨学科知识融通能力和思辨能力有所提高
三创项目（直播助农竞赛）	三创思维 岗位实践应用能力 职业素养和道德	三创思维活跃，岗位实战能力明显提升，对岗位业务要求、语言规范、职业素养和法律新规有了更深入的了解

分析：从网络教学平台的作业数据、课后综合性诊断测试以及学生的教学评价与反馈情况来看，学生对用户增长理论、海盗模型等相关高阶理论的掌握及运用能力良好，优秀率达85%，满分率达22.64%，说明学生对课程知识的接受度较高，课程教学方法运用有效。从课外高阶任务挑战作业的完成度来看，部分学生能够较好地运用课程理论乃至跨学科知识，结合"家乡好物"分享的主题以及"直播助农"大赛的具体要求策划直播活动，能够发现问题、分析问题，建立对直播营销有效性的思考，提升思辨能力和岗位实践应用能力

教学创新	（1）"智·能·意·创"四维融合的项目化混合式教学方案，实现系统创新。 结合项目九直播营销的具体实施四维教学目标，以解决"浅、脱、惑、弱"四个教学痛点为瞄准，以实现知识、思想、能力、三创四维能力培养为目的，以系统化创新为思路，以直播营销仿真实践项目为牵引，运用情景式任务驱动的"四式"教学法实施教学。 效果：协同了线上线下课堂教学活动的组织，围绕教学目标的仿真式训练让学生迅速进入直播场景，引导学生从直播岗位的角度思考解决问题的方法。情景式任务驱动的教学法运用，实现了理论与实践的有机融合，知识与岗位的无缝对接，思维与能力的双向培养。 （2）IQEI项目驱动的混合式教学模式，突出了学生主体地位。 以"高阶性、创新性、挑战度"为标准，以"兴趣（Interests）—问题（Question）—探索（Explore）—创新（Innovate）"为流程实施教学。课前以直播助农演练激发学生学习兴趣；课中围绕如何做好直播营销核心问题，以高阶理论和科研应用为抓手，以翻转课堂为手段，探索直播营销中的关键问题，学习高阶知识。课后引入直播竞赛，激发学生创新思维，强化能力锻炼。 效果：突出了学生在学习中的主体地位，锻炼了学生的高阶思维和创新能力，达到了科教融合、学练一体、知行合一的目的。 （3）典型案例引导学生深度思考，培养了高阶思维。 以典型直播视频选段为案例，通过层层设问，从典型案例中剖析出核心问题，不断引导学生进行深度思考，鼓励学生运用高阶知识抽丝剥茧出直播营销背后的经济学现象、消费心理学原理，并通过集思广益、相互启发的形式最终找到问题的核心及解决问题的办法，加深思维深度，深化理论认知。 效果：在案例中揭示真相、学习原理，在不断探寻真相的过程中得到启发，掌握原理、锻炼思维，达到了深化理论认知的目的。 （4）"促—练—导"系统化课赛融合手段，锻炼了三创能力。 结合"互联网+农业"直播大赛，"促—学习兴趣提升"：课前布置"我为家乡好物做代言"的主题仿真直播演练；"练——直播能力形成"：课中对直播营销的高阶理论进行探讨和应用；"导——能力迁移"：课后开展线上精细化的三创项目指导，让学生在直播实战中开发三创思维，强化三创能力。 效果：紧贴市场、行业和企业的需求，以参与直播竞赛以及实战演练的方法锻炼了三创思维、强化了三创能力，获得了岗位经验，具备了岗位能力
课程思政的理念与内涵	本课程坚持立德树人根本任务，秉持"德能兼修、爱商强国"的思政育人理念，以培养服务网络经济发展，担当数字强国使命的高素质应用型专业人才为目标实施教学。所谓"德能兼修、爱商强国"，德者，人心之直也，能者，以技之长纵横捭阖。德能相辅，拥博商之魂，立鸿鹄之志，方能立足于天地，无愧于己、于民、于国也

思政元素挖掘与思政素材选取	根据"德能兼修、爱商强国"的思政育人出发点，细化"智、意、能、创"四维思政教学目标，清晰指导每个教学模块的思政教学。以紧贴课程、国情、市场、生活、学生的"五紧贴"为原则巧妙挖掘思政元素，按照一课策划一个思政主题，一课达成一个育人目标的要求缜密设计每一节课程的思政教学内容。在本知识单元中，策划了"课前—直播电商在乡村振兴中的作用""课中—信任营销是直播营销的本质""课后—直播岗位职业操守和商业道德"三大思政主题，并围绕此主题开发搜集了"大学生返乡直播创业"视频案例、"电商扶贫振兴乡村"图文案例、《网络直播营销管理办法（试行）》法规文档，名人名言等素材供师生调阅学习。 课前素材： 【微视频】大学生网络直播创业振兴乡村 【微视频】新农人计划——康仔农人直播间为何成功？ 【微视频】最会伪装的网红 课中素材： 【微视频】"互联网+农业"短视频（直播）大赛盛况 【图片】广东省各地县委书记直播助农现场 【数据1】淘宝及抖音助农直播销售统计 【数据2】中美直播市场规模对比 【图表】美国在多个关键领域打压中国企业 【微视频】直播间的促销玩法 【人民日报社评】直播营销的本质是信任营销 【中国道家巨著】《道德经》 【书籍《做口碑》】直播口碑形成的5T之法 课后素材： 【文件】《网络直播营销管理办法（试行）》 【微视频】典型直播间视频选段6则
专业知识与思政元素的有机融合	课前：思政主题——直播电商在乡村振兴中的作用 观看思政微视频，了解大学生直播创业的先进案例，初步认识直播电商在乡村振兴中的作用，同时通过反面案例了解直播电商的一些社会乱象。 课中：思政主题——信任营销是直播营销的本质 通过视频、图片、数据、表格、社评材料等素材，理解直播营销在乡村振兴中的重要作用，明确我国直播电商市场规模领先全球，树立民族自信与文化自信；通过某直播间销售的产品涉嫌造假、恶俗的直播账号被永久封号等典型案例，探讨直播这种新兴业态所产生市场机会和法律问题，树立遵纪守法意识。 课后：思政主题——直播岗位的职业操守和商业道德 通过文件学习明确网络主播的工作行为规范与职业操守，分析典型案例明确直播营销中常见的违法行为，树立法治意识，并在直播实战中自觉践行良好的职业操守与商业道德

编写人："网络营销"课程教学团队

"国际商法"课程思政案例
——以"如何订立合同"教学单元为例

一、课程简介

"国际商法"是省一流专业国际经济与贸易专业的核心基础课程，针对应用经济学类专业本科四年级学生开设，是一门专门研究国际商事交易活动过程中产生的和商事组织之间权利义务关系的实践性很强的综合性应用课程，主要涉及法律基本理论和国际商法的基本理论、民法典、买卖法、产品责任法、商事组织法、外商投资企业法、代理法、票据法、商事仲裁法等方面学科的基本原理与基本知识的运用。

本课程的主要任务是针对国际商事活动的特点和要求，分析研究国际商事活动过程中涉及的各种法律关系和法律问题，总结国际、国内有关国际商事活动的法律理论和判例的经验，为学生从事国际商务活动奠定必要的法律知识基础和合理的法律知识结构。

本课程致力于构建"四真三化三融合"课程教学体系，通过四维六式课程思政融入，培养知行悟通人才。课程团队盯住"国标"与粤港澳大湾区人才需求，以学生为中心，以外贸企业经营过程中的实际问题为导向，坚持按照真实环境真学真做掌握真本领的要求开展教学活动，将工作任务课程化、教学任务工作化、工作过程系统化贯穿始终，促进"学科融合、理实融合、赛教融合"。从比较、理论、实践和历史四个维度出发，通过查法律法规、做情境任务、辩争议案例、演拓展案例、赛创新创业项目、进社会六种方式，培养学生具全球视野、制度自信、责任担当，行团队合作、创新精神，悟辩证思维、诚实守信、中国形象，通理性思维、大国担当、合作共赢。

二、课程挖掘的思政资源分析

（一）思政教学目标

本课程坚持 OBE 理念，以学生为中心，以工作任务为导向，围绕应用型人才培养，以服务区域经济发展为宗旨，以高阶性、创新性、挑战度为标准，构建三维一体的教学目标，通过"四真三化三融合"重构课程内容，建设线上线下教学平台，达到课前线上预习，课中线上线下PBL任务、课后练习巩固提升目的，打造国际商法"金课"。

课程紧密围绕培养具有"高""厚""强"特色的应用型国际贸易人才和服务地方区域经济发展确定教学目标，具体如图1所示。

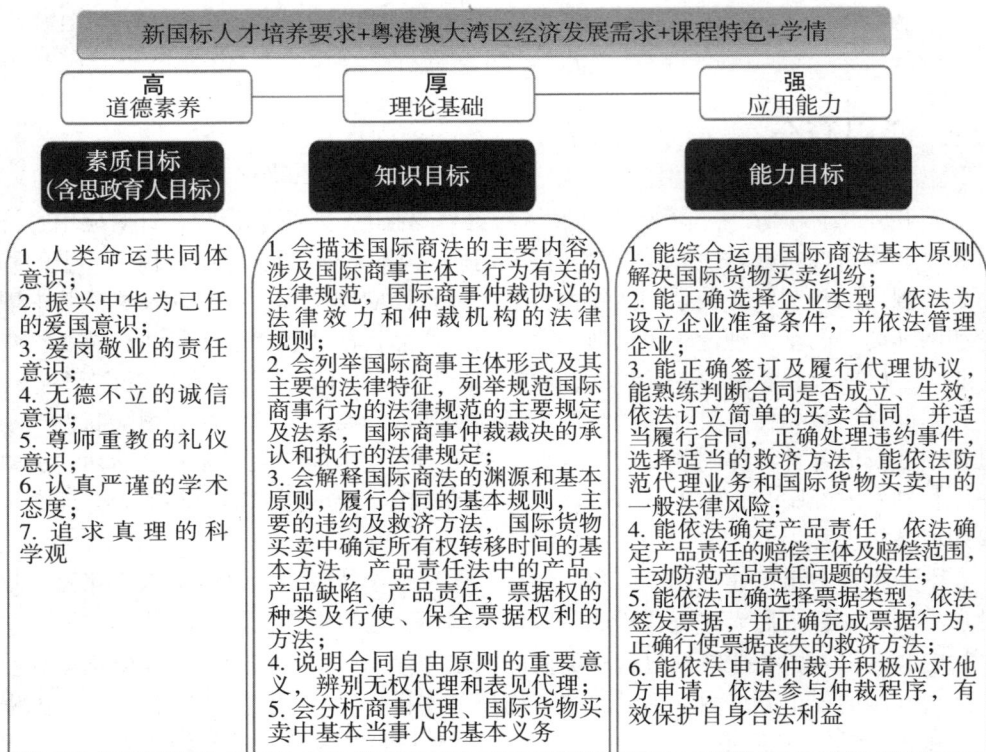

图1 "国际商法"教学目标

（二）思政实施路径与方法

本课程立足新文科背景下应用型国际贸易人才的培养目标，从比较、理论、实践和历史四个维度出发，将中国制度型开放、人类命运共同体意识、市场经济与中国改革开放、社会主义核心价值观等思政元素融入课程教学内容，构建三全思政育人体系，课程组教师全员育人、教学全过程育人，利用社会实践、比赛竞赛等活动全方位育人，培养学生具全球视野、制度自信、责任担当，行团队合作、创新精神，悟辩证思维、诚实守信、中国形象，通理性思维、大国担当、合作共赢（如图2所示）。

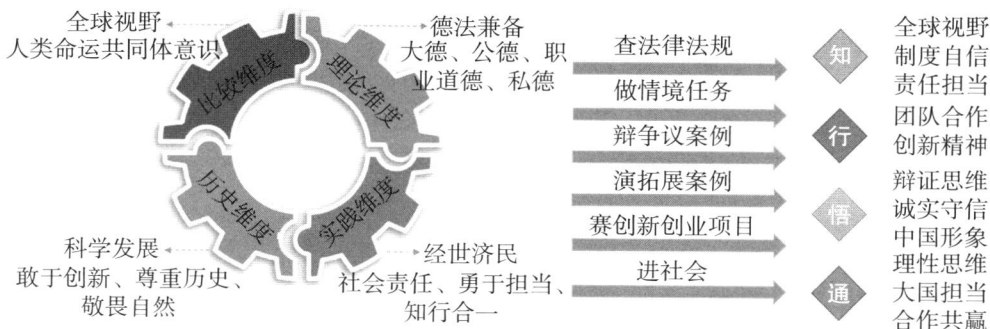

图2　国际商法四维六式课程思政实施路径

1. 以专业培养目标定课程思政教学目标

基于应用型大学的办学定位、新文科建设理念、专业人才培养要求、课程特色及学生学情确定价值、知识、能力三位一体的课程目标（见图1）。

2. 以"三基础，六方法"挖元素

从课程培养目标出发，在中国特色实践、国内外科学研究前沿、学生发展方向的基础上，以法治文化渗透、经典案例剖析、引导思维启发、头脑风暴讨论、带入情境分析等方法实施课程思政（如图3所示）。

国际商法的基本原则 缔约过失责任的承担	善意第三人 严格责任 过失责任 合同的成立 合同的生效	如何保护善意第三人的利益 如何保护合同当事人的合法权益	如何创建及管理企业 如何选择投资模式	如何选择投资模式 中国外贸代理制度 适当履行国际货物买卖合同	案例视频 智慧课堂 线上学习平台 MOOC课程 微信班级群
法治文化渗透	经典案例剖析	引导思维启发	关脑风暴讨论	带入情境分析	现代教学手段
中国实践		国内外商法研究前沿		学生未来发展方向	

图3　"三基础，六方法"挖思政元素

3. 以"查、做、辩、演、赛、进"促融入

通过六大举措实现思政元素与专业教育无缝对接和有机融合，运用课程平台，实现线上知识传授、线下价值引领；课内理论巩固、课外实践提升，最终达到培养知行悟通的复合型国际经贸人才的培养目标（如图4所示）。

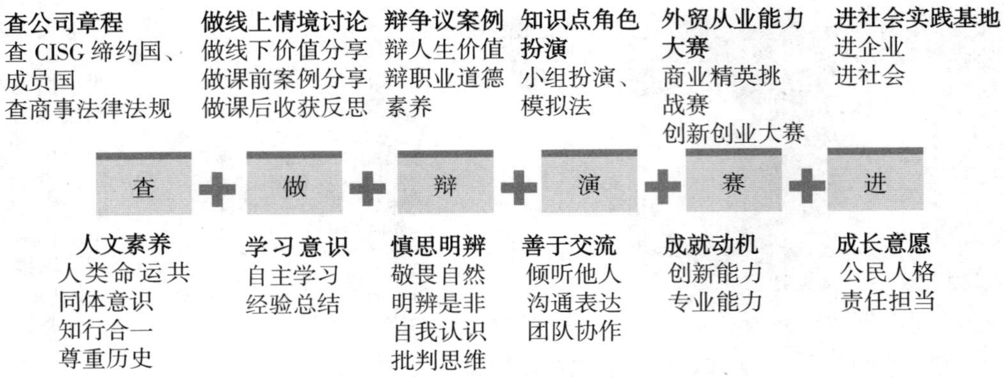

查公司章程
查 CISG 缔约国、
成员国
查商事法律法规

做线上情境讨论
做线下价值分享
做课前案例分享
做课后收获反思

辩争议案例
辩人生价值
辩职业道德
素养

知识点角色扮演
小组扮演、
模拟法

外贸从业能力大赛
商业精英挑战赛
创新创业大赛

进社会实践基地
进企业
进社会

查 ➕ 做 ➕ 辩 ➕ 演 ➕ 赛 ➕ 进

人文素养
人类命运共同体意识
知行合一
尊重历史

学习意识
自主学习
经验总结

慎思明辨
敬畏自然
明辨是非
自我认识
批判思维

善于交流
倾听他人
沟通表达
团队协作

成就动机
创新能力
专业能力

成长意愿
公民人格
责任担当

图 4   "国际商法"课程思政融入方法

（三）课程思政渗透点

以问题先行，将中国制度型开放、人类命运共同体意识、市场经济与中国改革开放、社会主义核心价值观等思政元素融入课程教学内容，具体见表 1。

表 1   国际商法课程思政元素

教学内容（以章为单位）	课程思政点	融入方式与教学方法	思政育人预期成效
项目一　国际商法认知	1.独树一帜的中华法系；2.国际商事规则的制定	1.对比分析英美法系和中华法系；2.讨论，中国作为发展中国家中的新兴经济体，如何增强自身在国际法律事务中的话语权和影响力	1.树立法治观念和法治自信；2.引导学生在国际社会更为注重全球治理和国际法治，践行社会主义核心价值观，实现"两个一百年"奋斗目标
项目二　创建及管理企业过程法律问题	自然人独资企业、合伙企业、公司的设立和责任承担	案例分析：选取知名中国企业的崛起，引导学生去观察该企业在初创、发展、崛起等各个不同阶段所采取的组织形式	1.认识市场经济与中国改革开放；2.感受公司的力量；3.启发学生感受到创业的不易与坚持，秉持初心，强化企业的社会责任意识
项目三　国际商事代理法律问题	无权代理和表见代理	通过案例分析，掌握代理法律中的保护善意第三人的法律制度	树立社会主义核心价值观，强调"敬业、诚信"，代理本质系"受人之托，忠人之事"，外贸代理企业在利用自己的资源优势帮助中国企业走出去时，要时刻保持一颗"爱国、友善"之心

教学内容 （以章为单位）	课程思政点	融入方式与教学方法	思政育人预期成效
项目四 国际商事合同订立中的法律问题	1.合同的订立； 2.合同的违约和救济	知识讲解及案例分析	1.合作共赢； 2.公平与效率，强化法律意识，树立法治观念，预防风险； 3.引导学生强化遵法守约意识，具有辩证思维
项目五 国际合同履行中的法律问题	国际货物买卖中买卖双方权利义务，双方有哪些违约救济方法	知识讲解及案例分析	1.强化爱国意识，认识到维护国家利益、落实"国货国运"等呼吁要有坚实的理论与实践基础作为支撑； 2.引导学生树立正确的价值观，增强风险意识和合规意识
项目六 产品责任法律问题	我国的产品责任法律制度	案例分析：严格的产品责任	读懂中国特色社会主义制度：主权在民，人民是国家的主人，立法应当以人为本，倾斜保护弱势群体
项目七 票据使用中法律问题	票据违约和票据欺诈	案例分析：票据追索权纠纷	树立社会主义核心价值观，认识到在商事领域坚守"诚信"的重要性
项目八 国际商事仲裁的法律问题	1.承认和执行外国法院判决的条件； 2.仲裁协议的独立性	1.讨论有关法条，了解背后立法原理； 2.理论讲解，辅之以案例分析	1.懂得人类智慧、中国智慧，以及中国调解文化； 2.强化国家主权意识，维护我国的司法主权； 3.了解司法对仲裁独立性的尊重

（四）思政评价

注重课程思政产出，将知行悟通纳入考核目标，建立多维化思政评价体系。本课程实行"多主体、广角度、全过程"的多元考核方式，提升了课程的高阶性和挑战度。采用"课堂考核+实践任务+期末考试"的多元化综合考核评价体系，从不同角度评价学生的学习情况，实践任务中引入思政提问，将思政元素融入过程性评价。其中，过程性考核占比60%，终结性考核占比40%，分为线上线下形式开展考核，线上40%（单元任务10%，线上讨论10%，线上作业10%，以及期中分组PBL任务10%），线下60%（课堂活动20%，期末考核40%）。以加强对知识点、技能点、态度点的考核，实现对学生理论基础、实际应用能力和态度的综合考评（如图5所示）。

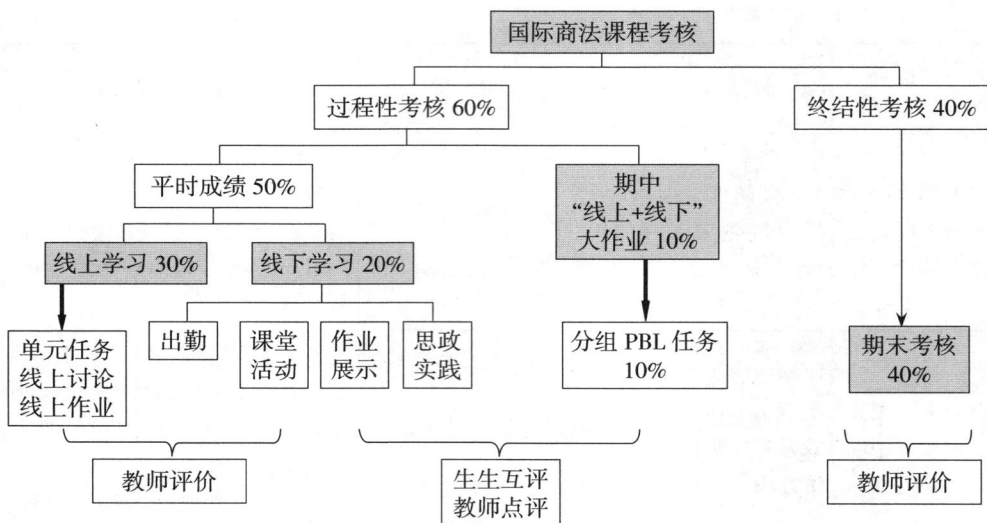

图5 "国际商法"课程考核方式

（五）育人成效

1.学生思想政治觉悟显著提高

学生爱国情怀显著增强，服务社会热情高涨。所教学生中有多人参加三下乡活动，在社区养老、红色教育基地服务等活动中争做表率，育人初见成效。

2.学生综合素质提升

学生的自主学习能力得到了提升，主要表现为线上学习的参与度和课程考核优秀率逐年攀升，平均分屡创新高，最近一学期线上学习达84.30分；学生的实践应用能力也在不断提升，近3年团队指导学生获省级及以上商业精英挑战赛（国际贸易赛项）等专业奖项55项，其中特等奖10项；在校创业人数3年累计达5人；学生的研究创新能力也得到了提升，团队指导学生发表论文9篇，近3年累计获大创项目6项；终身学习能力也被开发，近4年来，累计11名应届学生在国内外高校继续学习。

三、案例课信息

案例课信息见表2。

表2 案例课信息

教学目标	1.价值目标 （1）培养学生社会主义法治观念；培养学生诚信守法的企业家精神。 （2）在完成作业过程中要做到团队合作、相互扶持、相互帮助，解决办法求实效。 2.知识目标 （1）描述合同成立的基本程序。 （2）能判断合同订立过程中的法律性质。 3.能力目标 （1）能熟练判断合同是否成立。 （2）能运用合同订立行为的法律性质保护自己的合法权益
教学内容	1. 课堂设计思路 课前导学 MOOC+SPOC+班级群 认识国际商法 选择企业的类型 认识商事代理 认识合同 如何适当履行合同 票据关系法律实务分析 线上任务单 预习思考 参与讨论 作业测试 自主学习 课中研学 案例导入 问题提出 理论阐述 精讲点拨 应用创新 总结反思 典型案例 理论难点/学生疑点/争议议题 价值定位 知识剖析/理论供给 分析评价/批判创新 综合升华 课后练学 拓展案例 分组学习 组内检查 相互评价 课后作业 → 深层学习 企业项目策划方案 合同谈判方案 实践任务 → 拓展学习 POCIB全国外贸从业能力大赛 商业精英挑战赛（国际贸易）"互联网+" 创新创业比赛 学科竞赛 线上学习　　　　线下学习 2. 教学重点 合同成立程序及重要步骤的判断；合同的内容如何归纳总结。 3. 教学难点 要约的生效与失效；承诺的有效条件。 4. 对重点、难点的处理 （1）创设情境：以任务驱动为学习的主线，教师从课程培养目标出发，通过创设情境，引导学生学习，配合信息化手段，使学生掌握知识点和技能点。 （2）案例互动：以成果为导向，安排学生分组，以教师创设的情境代入，课后完成相应的工作任务并进行网上展示，提高学生自主学习能力，拓展思路和视野的同时培养社会主义核心价值观
课堂组织与实施	本次任务创设的情境背景如下：中国A公司出售一批初级产品C514，6月27日发传真给荷兰B公司："报C514，200吨，每吨920美元，不可撤销信用证付款，立即装船，请即复。" 7月2日B公司回传真："C514，200吨，我最后买主开始表示确实的兴趣，恐怕谈判时间较长，请求延长实盘有效期10天，如有可能请增加数量，降低作价，请复。问候。" 7月3日A公司传真："C514数量可增至300吨，最优惠价为900美元CIF鹿特丹，有效期延至7月15日，请尽快回复。" 7月13日，B公司传真："C514我接受300吨，每吨900美元CIF鹿特丹，不可撤销即期信用证付款，即期装船，按装船净重计算。除提供通常装船单据外，需提供卫生检疫证明书、产地证、磅码单（以中国口岸装船重量为基础），需提供良好适合海洋运输的袋装。" 本次任务学生需完成的任务如下：合同成立的基本程序是什么？A、B公司之间的传真往来的法律性质分别属于什么？A、B公司的合同成立了吗？合同内容是什么？ 后在7月12日，巴西发生严重的冻灾，种植业大量减产，导致C514价格飞涨。A公司当即发出传真，"十分抱歉，由于世界市场的变化，我公司已无法提供7月3日传真中的货物。因此我公司请求撤销发价。致良好问候。"请问，A公司的做法妥当吗？

续表

课堂组织与实施

如果接到7月13日B公司来电后，确实市场发生变化导致履行合同有困难，A公司可以采取何种方法保护自己的利益？

本次任务分解为：合同订立的基本程序、合同的内容和形式，通过创设情境、介绍任务、分解任务，引导生生互动，并对重点问题进行师生互动，最后做课后拓展，具体的教学过程见下表。

教学过程表

教学环节	内容	教学活动		课程思政	设计意图	信息化手段
		教师	学生			
课前准备	1.线上知识点学习 2.完成线上作业	1.发布任务 2.查看学生学习进度 3.分析平台数据，了解学生学习情况	按任务单完成线上学习	通过团队完成任务单，养成相互协助、相互扶持、团队合作的习惯	1.了解学生问题 2.了解应重点学什么	线上学习平台、中国大学慕课、学习微信群
课中活动环节1.课程导入（5分钟）	介绍创设的情境	介绍本次课程目标、主要内容 给出创设情境，引导学生探讨，引入新课内容	听任务安排，讨论回答	尊重事实	以学生为中心，激发学生学习兴趣	国际商法SPOC
课中活动环节2.合同的订立过程（30分钟）	一、合同的订立过程 （一）要约 1.要约有效的条件 2.要约的约束力 （二）承诺 承诺的必备条件	问题引入 案例分析	参与课堂投票、讨论回答	团队合作 相互扶持 相互帮助 诚实守信 客观公正	锻炼学生解决问题的能力，培养学生诚实守信的商业精神	国际商法SPOC
课中活动环节3.合同的内容和形式（10分钟）	二、合同的内容和形式 （一）合同的内容 1.明示条款 2.默示条款 （二）合同形式 1.书面形式 2.口头形式 3.其他形式	问题讨论	参与课堂投票、讨论回答	诚信公平 相互扶持 平等正义 保护善意	判断发价是否能撤销 如何保护合法权益	国际商法SPOC
课中活动环节4.完成任务单（30分钟）	根据创设的情境分小组完成任务单	参与学生的小组讨论	团队合作、完成任务单	团队合作 相互扶持 相互帮助 诚实守信 客观公正	锻炼学生解决问题的能力，培养学生诚实守信的商业精神	国际商法SPOC
课堂小结（10分钟）	根据创设的情境，进行任务单讲解 学生听讲解，并进行改正			诚信公平 相互扶持 平等正义 保护善意	尊重事实、批判性思维	国际商法SPOC
课后作业并在SPOC上提交	花都霓裳制衣有限公司生产了大批棉被，除自售外，还按照对方习惯的联系方式，向深圳、汉口的两家公司发了传真，向南昌某公司发了电子邮件，最后，向作为后备对象的贵阳某公司发了信件，表示如愿要货，请于2019年10月底回复，保证11月上旬发货。 谁知才过一天，上海的某外贸公司就来洽谈，表示可以全部吃进。两家公司一拍即合。可是，如此多的要约，要怎么处理？请对此进行案例分析			诚信公平 相互扶持 平等正义 保护善意	锻炼学生解决问题的能力，培养学生责任担当、诚实守信的商业精神和创新精神	线上学习平台、班级微信群

	考核阶段及权重	考核类型	评分办法	分值
教学评价	课前30%	线上观看导学单要求的教学视频	观看时长	10
		线上作业	线上学习平台自动赋分	10
		知识测验	线上学习平台根据结果赋分	10
	课上40%	考勤	线上学习平台检测考勤	10
		任务讨论及展示	生生互评	10
		课堂参与度	教师根据学生表现打分	20
	课后30%	电子报告	教师打分	20
		思政评分	教师打分	10

教学创新	1.教学内容四真三化 　　将订立合同转化为工作项目，将订立国际货物买卖合同过程中的理论知识转化为工作任务，再将工作任务转化为一个个的问题，对问题形成系统化的评价指标，并将律所及企业导师请进课堂，分享真实案例，指导学生提出问题，分析问题的成因，找到解决问题的思路，从而实现在真实环境中真学真做，掌握真本领。 　　2.教学方式互动化 　　注重问题发展逻辑与教育教学规律，课前线上、课中线下、课后线上全程有问题有任务开展有效互动，创设了工作任务式的课程互动模式，引导学生积极参与讨论和思辨，帮助学生变被动学习为主动思考，培养学生经济、法律思维
课程思政的理念与内涵	以《高等学校课程思政建设指导纲要》文件精神为指导，秉承"立德树人，产出导向，本土应用"的教学理念，坚持四维六式课程思政融入，培养知行悟通人才。课程立足于"新文科"背景下应用型国际贸易人才的培养目标，从比较、理论、实践和历史四个维度出发，将中国制度型开放、人类命运共同体意识、市场经济与中国改革开放、社会主义核心价值观等思政元素融入课程教学内容，构建三全思政育人体系，课程组教师全员育人、教学全过程育人、利用社会实践、比赛竞赛等活动全方位育人，培养学生知全球视野、制度自信、责任担当，行团队合作、创新精神，悟辩证思维、诚实守信、中国形象，通理性思维、大国担当、合作共赢
思政元素挖掘与思政素材选取	思政元素——思政素材 　　全球视野——论述：中国民法典与联合国国际货物销售合同公约 　　责任担当——情境：国际货物买卖合同的订立程序 　　创新精神——作业：如此多的要约该如何处理呢？ 　　诚实守信——情境：诚信处理附带有承诺期限的要约 　　合作共赢——论述：国际商事合同买卖双方的相互协助

续表

专业知识与思政元素的有机融合	以问题先行，将中国制度型开放、人类命运共同体意识、市场经济与中国改革开放、社会主义核心价值观等思政元素融入课程教学内容，具体如下：		
	教学内容	课程思政元素	融入方式与教学方法
	情境导入	责任担当、诚实守信	分组讨论问题：如果在7月12日，巴西发生严重的冻灾，种植业大量减产，导致C514价格飞涨。A公司当即发出传真，"十分抱歉，由于世界市场的变化，我公司已无法提供7月3日传真中的货物。因此我公司请求撤销发价。致良好问候。"请问，A公司的做法妥当吗
	知识讲解：要约、承诺的理解	全球视野、合作共赢	以小案例贯穿，从中国的国内立法、《联合国国际货物销售合同公约》解读要约、承诺的概念及有效条件，要约、承诺的失效，国际货物买卖合同成立条件及内容
	课后分组作业	责任担当、创新精神	让学生分小组进行案例研讨：对于即发即收的信息传递方式是没法撤回的，而附带有承诺期限的要约，按照《联合国国际货物销售合同公约》是没办法撤销的，只能考虑请求向对方索赔，既体现我们的责任担当，也能做到要约方、受要约方的双赢，体现我们创新性解决问题的能力

编写人："国际商法"课程教学团队

"国际货物运输"课程思政案例
——以"共同海损"教学单元为例

一、课程简介

（一）课程背景

"国际货物运输"是国际经济与贸易专业本科二年级的核心课程，旨在培养高素质的国际数字贸易应用型人才。课程内容涵盖国际货物运输的产业性质、作用、市场分类、经营方式，以及各类运输合同（班轮运输、航次租船、定期租船等）的基本概念、法律规则、货物索赔和合同履行等知识与技能。课程注重理论与实践相结合，培养学生运用专业知识解决实际问题的能力。在新商科教育背景下，商科教育不仅要传授专业知识，更要注重培养学生的综合素质，包括社会责任感、创新能力和国际视野。作为国际经济与贸易专业的核心课程，通过课程思政的融入，"国际货物运输"课程将专业知识与思政教育有机结合，旨在培养学生成为既有专业能力又有社会责任感的复合型人才。本案例以 CAPE BONNY 号共同海损事件为背景，通过案例分析、小组讨论和线上线下混合式教学，引导学生在掌握专业知识的同时，树立正确的价值观和职业道德观，增强民族自信和法治意识。

（二）课程特色

本课程以立德树人为目标，通过"定目标—挖元素—促融合—重评价"四流程，开展"润物细无声"的课程思政教育。课程结合实际案例，融入家国情怀、民族自信、法治精神、契约精神等思政元素，提升学生的专业素养和道德品质。在新商科背景下，课程特别强调培养学生的跨学科知识应用能力、国际视野和创新能力。

二、课程目标

（一）知识目标

（1）掌握共同海损的概念、构成要件及其范畴。

(2) 理解共同海损与出租人过失之间的关系。

(3) 了解国际货物运输中的法律规则和实际操作流程。

(二) 能力目标

(1) 培养学生的辩证思维能力, 学会正确区分单独海损与共同海损。

(2) 提升学生运用专业知识分析和解决实际问题的能力。

(3) 培养学生的自主学习能力和团队协作能力。

(三) 素质目标

(1) 引导学生树立命运共同体的社会责任感。

(2) 培养学生严谨求实的学习态度和高度的职业素养。

(3) 增强学生的民族自信和法治意识。

三、教学设计

(一) 教学内容设计

1. 思政内容 (见表1)

表1

思政内容

课程思政	
思政素材	案例: "CAPE BONNY" 号海损事件 时事: 2022年中国新版共同海损理算规则
思政元素	1. 社会责任: 增强社会责任感, 一荣俱荣, 一损俱损 2. 合作意识: 人类命运共同体 3. 大国自信: 增强制度自信, 弘扬民族自豪 4. 局部与总体: 辩证统一认识事物发展规律
融入方式	1. 观时事: 增强大国自信 2. 融知识: 弘扬社会责任感 3. 论案例: 辩证统一认识事物发展规律

2.知识内容（见表2）

表2　　　　　　　　　　　　　　知识内容

教学重点
内容：共同海损构成要件
原因：共同海损的基础知识与前面已学知识关联紧密
解决办法：课前案例学习、课中生生互评、课后知识回顾

教学难点
内容：共同海损的界定
原因：现实海运事故中容易混淆共同海损和单独海损，需要在案例分析中加以区分
解决办法：实例应用、案例展示，课中教师组织学生进行案例学习与讨论，课后组织学生寻找相应文献

单元一：共同海损的概念与构成要件

主要内容：共同海损的定义、构成要件（真实危险、合理措施、特殊牺牲与费用）。

教学目标：使学生理解共同海损的基本概念，掌握其构成要件，能够区分共同海损与单独海损。

思政融入：通过CAPE BONNY号案例，引导学生理解"一荣俱荣，一损俱损"的命运共同体理念，培养学生的合作意识与社会责任感。

单元二：共同海损的界定与案例分析

主要内容：共同海损的界定方法，包括威胁程度、损失程度和分摊原则。

教学目标：通过案例分析，使学生掌握如何界定共同海损，理解其在实际业务中的应用。

思政融入：结合中国平安产险公司在CAPE BONNY号案例中的表现，引导学生理解中国企业在国际舞台上的社会责任与民族自信。

单元三：共同海损的处理流程与法律规则

主要内容：共同海损的处理流程，包括签订共同海损协议、提供担保、理算与分摊。

教学目标：使学生了解共同海损的处理流程，掌握相关法律规则，能够处理实际业务中的共同海损问题。

思政融入：通过中国新版共同海损理算规则的介绍，增强学生的制度自信与大国自信。

整合后的教学内容如图1所示。

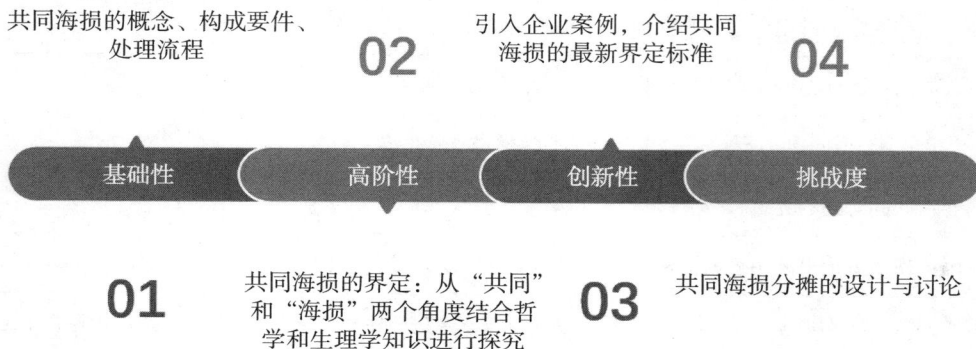

共同海损的概念、构成要件、处理流程 **02**

引入企业案例，介绍共同海损的最新界定标准 **04**

基础性　　高阶性　　创新性　　挑战度

01 共同海损的界定：从"共同"和"海损"两个角度结合哲学和生理学知识进行探究 **03** 共同海损分摊的设计与讨论

图1　整合后的教学内容

（二）教学方法与手段

1.案例教学法

避免单纯理论教授，注重理论与现实相结合，精心斟酌挑选最具代表性和说服力的典型、鲜活案例素材。以 CAPE BONNY 号共同海损事件为核心案例，贯穿整个教学过程，通过案例引入、分析与讨论，帮助学生理解理论知识。

问题引导法：有强烈的问题意识，根据课程内容的重点和难点问题以及学生的疑点问题，逐步引导、鼓励学生积极研讨和分享，生生互评，教师进行总结陈述。

启发式教学：避免直接灌输现成结论，注重激发学生自主探索意识。组织小组互评，学生在评价中进行发散思维。

2.线上线下混合式教学

课前通过线上平台发布学习任务，学生自主学习；课中进行案例讲解、小组讨论与教师点评；课后通过线上平台布置作业与拓展阅读。

3.学生学习方法

自主学习：学生在课本研习、线上学习的前提下，结合老师所拟定的思考题目预先准备教学分享内容并展开讨论反思。在完成线上学习任务清单的同时带着思考进入本课程的学习。

团队学习：充分调动学生的积极性，体现学生的主体参与意识，课堂以小组为单位进行研讨分享和互评。

探究学习：以学生为主体，引导学生自觉、主动地探索，掌握认识和解决问题的方法和步骤，发现事物发展与内外部的联系，找出规律，形成自己的认知模型。

4.信息化教学手段

利用多媒体课件、视频资料、在线学习平台等，增强教学的直观性和互动性。

5.教学策略

教学策略如图2所示。

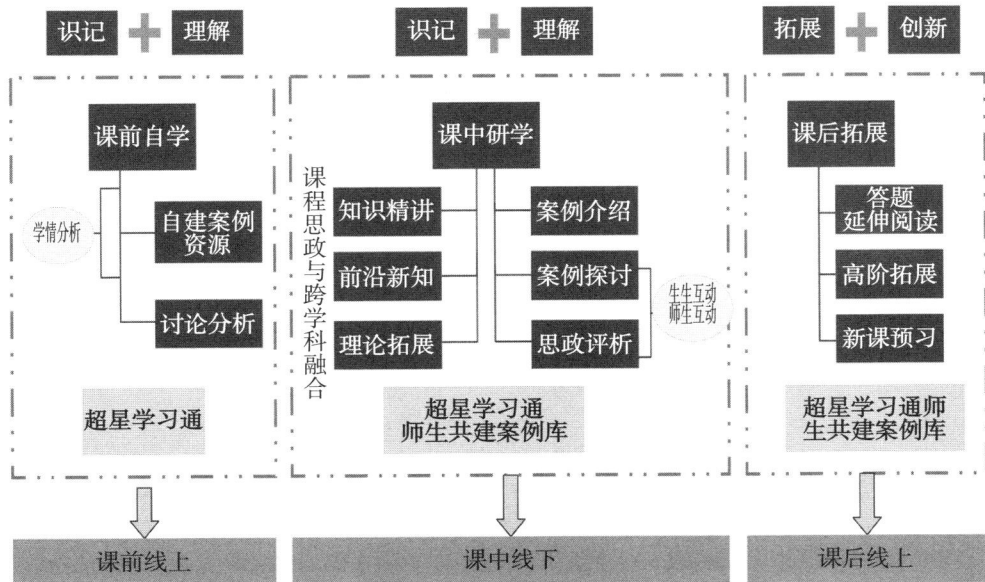

图2　教学策略

四、教学实施

（一）课前线上学习（30分钟）（见表3）

表3　　　　　　　　　　　　　　　　　　课前线上学习

环节	教学活动	设计意图	预期效果
任务发布	教师通过超星学习通平台发布学习任务，要求学生自主学习共同海损的基础知识，并搜集相关案例	激发学生自主学习能力，培养信息搜集能力	学生能够提前了解课程内容，为课堂讨论做好准备
资源提供	教师提供CAPE BONNY号案例的背景资料、视频资料，引导学生预习	提供丰富的学习资源，帮助学生更好地理解案例背景	学生对CAPE BONNY号案例有初步了解，能够提出自己的疑问和观点
线上讨论	学生在平台上分组讨论案例中的问题，教师进行线上答疑	促进学生之间的交流与互动，提前发现学生的问题	学生能够通过讨论形成初步的观点，教师能够根据学生的问题调整教学内容

（二）课中线下教学（40分钟）（见表4）

表4　　　　　　　　　　　　　　　　　　课中线下教学

环节	教学活动	设计意图	预期效果
案例导入（5分钟）	1. 播放CAPE BONNY号油轮遭遇台风的视频资料，展示事故现场。 2. 提出问题："这起事故是否属于共同海损？为什么？" 3. 学生分组讨论，每组推选代表发言。 4. 教师总结学生观点，引出共同海损的概念	通过视频资料吸引学生注意力，激发学生的学习兴趣	学生能够积极参与讨论，对共同海损有初步认识
知识讲解（5分钟）	1. 从狭义和广义两个角度讲解共同海损的定义。 2. 详细介绍共同海损的三个构成要件：真实危险、合理措施、特殊牺牲与费用。 3. 利用图表帮助学生理解共同海损的构成要件	帮助学生系统地掌握共同海损的基本概念和构成要件	学生能够准确理解共同海损的定义和构成要件

续表

环节	教学活动	设计意图	预期效果
案例分析与讨论（20分钟）	1. 教师补充 CAPE BONNY 号案例的具体细节，包括德国船东宣布共同海损、中国货主委托中国平安产险公司进行反索赔等内容。 2. 学生分组讨论以下问题：为什么这起事故被认定为共同海损？中国货主是否有权拒绝参与共同海损分摊？结合中国新版共同海损理算规则，分析中国货主拒付共同海损分摊的法律依据。 3. 每组推选代表汇报讨论结果，教师点评并总结	通过案例分析和小组讨论，培养学生的辩证思维能力和团队协作能力	学生能够深入分析案例，掌握共同海损的界定方法和处理流程
知识拓展（5分钟）	1. 播放中国新版共同海损理算规则的视频资料，介绍其背景和意义。 2. 教师讲解中国在国际海事规则制定中的地位和作用	拓展学生的知识面，增强学生的制度自信和大国自信	学生了解中国在国际海事领域的影响力，增强民族自豪感
课堂总结（5分钟）	1. 教师总结本次课的重点内容，包括共同海损的概念、构成要件、处理流程以及思政元素的融入。 2. 学生通过超星学习通平台提交课堂反馈，教师根据反馈调整教学内容	帮助学生梳理知识脉络，巩固所学内容	学生能够清晰地回忆和总结本节课的重点内容

（三）课后线上学习（30分钟）（见表5）

表5　　　　　　　　　　课后线上学习

环节	教学活动	设计意图	预期效果
作业布置	教师通过超星学习通平台布置课后作业，要求学生分析 CAPE BONNY 号案例中中国货主拒付共同海损分摊的法律依据	巩固学生对共同海损概念和处理流程的理解	学生能够独立分析案例，掌握共同海损的法律依据
拓展阅读	推荐学生阅读相关文献，如《论货方参与索马里海盗赎金的共同海损分摊》《从"长赐"轮搁浅事件谈共同海损》等，加深对共同海损的理解	拓展学生的知识面，培养学生的自主学习能力	学生能够从不同角度理解共同海损，提升专业素养
线上讨论	组织学生在平台上就"中国企业在国际海事纠纷中的角色"展开讨论，增强学生的民族自信和扩展国际视野	通过讨论培养学生的批判性思维和国际视野	学生能够从国际视角分析问题，增强民族自豪感和责任感

五、教学评价

（一）评价方式

1. 讨论题目的完成情况

课前在线上平台发布讨论题目，学生可以在课前、课中、课后随时回答，并调整补充答案。教师根据学生回答情况评估学习成效。

2. 测试题目的完成情况

每次课结课后上传自测题目，学生完成自测题目。教师总结自测题的正确率和高频错题，了解学生对基础知识的掌握情况。

3. 拓展作业——分组任务

学生以小组形式完成"人工智能与共同海损"主题的小组任务，考查学生对思政元素的感知与理解程度。

（二）评价指标（见表6）

表6　　　　　　　　　　　　评价指标体系

评价指标	评价内容	权重
讨论参与度	讨论题目的回答情况	30%
测试成绩	自测题的正确率	30%
小组任务	小组作业的完成质量	20%
课堂表现	课堂互动、小组汇报	20%

六、教学反思

（一）教学优点

案例驱动教学：通过CAPE BONNY号共同海损事件，将抽象的理论知识具象化，学生更容易理解和接受。

思政元素融入：结合案例讨论，自然地融入社会责任、民族自信等思政元素，实现了专业教育与思政教育的有机结合。

线上线下混合式教学：利用超星学习通平台，学生可以随时随地学习和讨论，提高了学习的自主性和互动性。

新商科理念的体现：课程设计注重培养学生的跨学科知识应用能力、国际视野和创新能力，符合新商科教育的要求。

（二）教学不足

案例讨论深度不足：部分学生在讨论中缺乏深度，对复杂问题的分析不够全面。

思政元素渗透不够自然：部分学生对思政元素的接受度较低，需要进一步优化教学方法，使思政教育更加自然地融入课程。

新商科理念的实践深度不足：虽然课程设计体现了新商科理念，但在实际教学中，跨学科知识应用和创新能力的培养还需进一步加强。

（三）改进措施

优化案例选择：选择更多贴近学生生活的案例，增强学生对课程内容的兴趣和共鸣。

加强思政教育引导：通过更多生动的案例和故事，引导学生自然地接受思政教育，避免生硬的说教。

增加课堂互动环节：通过小组竞赛、角色扮演等方式，提高学生的课堂参与度和讨论深度。

深化新商科理念的实践：在教学中引入更多跨学科内容，如数据分析、人工智能在国际货物运输中的应用，培养学生的创新能力和跨学科知识应用能力。

编写人："国际货物运输"课程教学团队

"国际贸易实务"课程思政案例
——以"货物的品质"教学单元为例

一、课程简介

本课程开设主要面向国际经济与贸易本科三年级学生，同时可作为跨境电商、商务英语等涉外商务专业的辅修课程，以培养服务粤港澳大湾区新时代对外经贸发展人才。

课程内容以国际货物销售合同订立与履行为主线，主要包括合同中关于交易标的物的品质、数量、包装、定价、交付条件、运输保险、结算方式、检验检疫、免责与索赔等条款在磋商、订立与履行过程中，应遵守的有关公约、惯例与法律法规，以及使用英语的撰文方法和其他注意事项。

本课程依据"目标—维度—要素"路径层层推进"思政"融合，采用"案例+"的方式构建具备立足国际经贸形势、解决经贸现实问题的"课程思政"体系，培养学生拥有爱国情操及全球规则意识，具备善于团队协作、表达沟通、思辨批判的综合能力，树立诚信守正、勤思慎行、风险防范意识职业素养。

二、课程挖掘的思政资源分析

(一)课程思政总体目标

当前国内外经贸环境复杂性、不确定性增加，本课程立足粤港澳大湾区经贸人才培养需求及学校"培养应用型人才"的办学定位，以"立德树人"为核心目标，从情感、素质、意识及思维四个维度挖掘思政要素，围绕以下几个方面开发思政案例：第一，弘扬爱国主义精神，使学生拥有对"中国制造"产品的认同感与自信，及具有构建人类命运共同体意识，理解共建"一带一路"背后的意义并为祖国推动共建国家经济发展而自豪；第二，立足当前经贸活动信用风险，使学生具备契约信守精神和全局风险把控意识；第三，直面企业对经贸人才素质需求，使学生具备务实担当、严谨细致及团结进取的职业素养；第四，分析学生处理问题的思维能力不足的问题，使学生拥有法治思维、思辨创新能力及经贸谈判中的沟通逻辑艺术。

（二）思政资源内容挖掘及融合方式

课程依据"目标—维度—要素"路径层层推进思政融合，通过点线面构建思政体系，具体见表1。

表1　　　　　　　　　　　　**"国际贸易实务"课程思政体系**

目标	维度	要素	"思政"案例/素材	融合方式与目的	对应章节
立德树人	情感	爱国情怀	广州港打造海陆双向国际通道，书写共建"一带一路"合作共赢	阅读素材，通过参观线上海事博物馆，沉浸式体验"海丝"发祥地的繁荣	货物的交付
		民族自信	"中国制造"提质创新，议价谈判显民族自信	阅读素材，通过"中国制造"了解当前我国出口产品的竞争力已超越价格战，使学生在日后的议价磋商中保持民族自信，彰显民族自信。 活动：要求学生上网搜索中国制造的产品	货物的定价
		全球观	"海运包装有害物质污染规则"彰显人类命运共同体	阅读《防止海运包装形式有害物质污染规则》及《民法典·合同编》第619条（其中增加了绿色包装义务的立法确认），表明我国增强海洋绿色环保意识，彰显我国构建"人类命运共同体"的理念	货物的包装
	意识	契约信守	合理地规定数量机动幅度，守时守信如数交货	通过案例展示，了解数量条款在当前买卖合同中的常见违约问题及后果，学生认识到在磋商合同过程中需合理规定数量机动幅度，及履行合同过程中需守时守信交付货物	货物的数量
		风险控制	海运保险中的"猫腻"——贸易术语风险转移与可保利益归属划分	通过案例展示，分析了购置运输保险需全面了解交付过程的风险，做好风险控制管理	货物运输保险
		全局意识	以全局眼光分析"长赐轮"事件中不同贸易术语的选用	案例分析 活动：分组讨论"长赐轮"事件中不同贸易术语的选用	贸易术语

续表

目标	维度	要素	"思政"案例/素材	融合方式与目的	对应章节
立德树人	素质	开拓进取	"崛起的国货"——凝聚中国匠人力量	观看央视纪录片《崛起的国货》，通过纪录片讲述的中国为实现民族复兴与建成现代化强国而拼搏的成长故事，认识中国品牌在不断探索创新发展的过程，激发学生对提高"中国制造"产品质量持有的开拓进取精神	货物的质量
		务实担当	国际货物贸易合同违约救济措施背后的责任担当	阅读文献《国际货物贸易违约风险和救济——基于合同执行及 CISG 的角度》，学习合同违约救济应采取的一系列措施，培养责任担当的职业素养	合同的履行
		严谨细致	降低信用证下单据不符点率，严谨细致提高结算效率	案例分析与启发	货物的支付
	思维	法治思维	法治中国与检验检疫——以法律为准绳，守护国门安全	向学生强调检验检疫工作的法律依据（如《中华人民共和国国境卫生检疫法》《中华人民共和国进出口商品检验法》等），体现依法履职对国家主权、公共安全和国际贸易的重要性。另外，在条款培训中穿插案例，引导讨论"法治思维如何避免系统性风险"	检验检疫
		思辨批判	《联合国国际货物销售合同公约》中"镜像规则"之突破	阅读文献，通过理解《联合国国际货物销售合同公约》打破了承诺与原要约完全一致的"镜像规则"，学习了对任何观点、规则都应有思辨批评的思维	合同的磋商
		沟通艺术	友好协商条款——多层次争议解决条款的前置条件	阅读素材，了解友好协商条款，合同双方可以约定在发生争议后，需要先进行友好协商、谈判或是先行调解等，将损失降到最低	免责和索赔

三、案例课信息

案例课信息见表2。

表2　　　　　　　　　　　　　　　案例课信息

教学目标	1.价值目标 （1）学生通过课前认识、课中介绍当前代表高质量发展的"中国制造"产品，加强了爱国情怀，从内心激发出为继续为国家、为民族发展贡献青年一代力量的崇高使命感和职业责任感。 （2）通过掌握常见的合同条款问题，学会了要恰如其分地表述商品的质量，避免因夸大其词而引致交易纠纷，树立我国出口商"以诚为本""以质取胜"的良好形象。 （3）通过学习质量条款违约的救济措施，强化学生的责任担当意识。 2.知识目标 （1）认识到商品特性决定了表达商品质量的方式，是采用仅文字说明，还是样品与文字说明兼用，若以文字说明应有何种表达方法？ （2）知道品质机动幅度、品质公差的意义，即允许卖方交货的品质与合同要求的品质略有不同，只要没有超出机动幅度的范围，买方就无权拒收。 3.能力目标 学生能够根据商品特点，使用中文或英文在合同中恰当、准确及明确地约定商品的质量，避免笼统含糊，同时能够全面分析该条款在合同中是否存在法律风险，及站在卖方角度认识条款违约后果及救济措施
教学内容	1.课堂设计思路 本节课设计思路为"话题导入—问题提出—学习目标明确—知识讲解—总结与升华"五个步骤： 第一步，话题导入，由"中国制造2025"、"质量强国"、质量条款纠纷等话题抛出问题。 第二步，问题提出，从商品质量和常见条款纠纷两个方面提出问题。 第三步，学习目标明确，根据提出的问题明确学习目标，了解本节课学习内容及重难点。 第四步，知识讲解，呈现、讲解与本节课相关的主要知识点，呼应学习目标。 第五步，运用所学习的知识解决第二步所提出的问题，总结知识点，升华主题。 2.教学重点 （1）合同中使用中英文表达商品质量的方式。 （2）品质机动幅度条款、品质公差的注意事项及表达。 （3）条款违约的法律后果及救助措施。 3.教学难点 合同中使用中英文表达商品质量的方式；如何采用品质机动幅度条款或品质公差条款对质量界定一定的允许幅度，允许产品品质出现的差异。 4.对重点、难点的处理 通过案例和合同条款范例的形式对重难点进行讲解

教学方法	1.教学过程设计 （1）话题导入（PBL教学法） ①课前活动小结：抽签两组同学展示课前要求同学们搜索的近几年来"中国制造"产品在高质量发展背景中和中国"质量强国"战略下所获得的斐然成就，激发学生爱国情怀和制度自信。 ②提出问题：所展示的产品的质量如何在合同中用中英文准确表述呢？ ③案例导入：因质量条款约定不明而引起的纠纷。 ④提出问题：在国际货物买卖中，因质量条款约定不明或对质量夸大其词引致的纠纷很多，质量条款的有关内容在国际规则中如何规定？应该如何解决呢？ （2）学习目标 为了解决上述问题，我们需要学习以下内容： ①合同中表达商品质量的方式（样品说明、文字说明、样品与文字兼顾说明）。 ②品质机动幅度条款、品质公差的意义及如何表达。 ③商品品质条款违约法律后果及救济措施。 （3）知识点讲解 ①商品品质的表达方式。 A.凭样品说明。 B.凭文字说明。 需注意合同表述的准确性，避免合同过程中产生争议。（风险控制意识） ②机动幅度条款。 ③品质公差条款。 ④质量条款在国际规则中的规定及违反后果。 ⑤质量条款英文撰写范例及常见错误。 （4）知识运用：分小组任务 任务一：根据同学介绍的"中国制造"产品撰写质量条款。 任务二：纠纷案例分析及问题解决。 （5）总结与升华 通过了解质量条款在国际贸易中常见的纠纷，懂得如何恰如其分地使用英语撰写质量条款，切勿为了销售而夸大其词，避免不必要的商业纠纷，树立我国企业诚信交易的良好形象。 布置作业：阅读文献《出口方如何规避凭样品买卖合同的潜在风险》，写一份总结并与同组同学交流。 2.教学方法：PBL教学法 运用问题导向教学法引导学生思考、解决问题。
教学评价	从四个方面对学生的学习成果进行评价考核，以检验本次课的教学效果。 1.线上评价考核 （1）课前在线上平台发布本次课活动要求，学生将成果以视频的形式提交到学习通，由教师与学生共同评分。 （2）每次结课后上传本次课的自测题目，学生完成自测题目。课后教师总结自测题的正确率和高频错题，了解学生对基础知识的掌握情况和薄弱环节。 2.拓展作业——分组任务 6人为一组，阅读文献《出口方如何规避凭样品买卖合同的潜在风险》，并讨论应对风险的策略

续表

教学创新	1.问题导向、启发引导 以问题导入，学生带着问题进行知识的学习，并在课堂和线上平台同步展开讨论。 2.紧贴国家战略 引入了"中国制造2025""质量强国"等国家战略，能够更好地激发学生的爱国情感、制度认同感与职业认同感。 3.紧贴行业实际问题 利用当前出口货物质量条款引致的纠纷问题，倡导如实宣扬货物质量，做到实事求是，维护我国企业诚信形象
课程思政的理念与内涵	首先，从国货崛起的角度，激发学生的爱国情感。 其次，从党和政府的战略与政策角度，加强了学生对国家制度的自信，增强学生对肩负复兴民族产业这一使命的职业认同感、自豪感。 最后，从行业角度，倡导学生实事求是，诚信交易
思政元素挖掘与思政素材选取	思政元素挖掘：爱国情感、制度自信与职业认同感、诚信教育、实事求是 思政素材选取："中国制造2025"、"质量强国"战略、质量条款纠纷常见问题及解决方法
专业知识与思政元素的有机融合	首先，通过课前对"中国制造"产品的搜索和了解，学生改变了过去加工贸易中我国产品"质量较差""附加值低""以价取胜"的观念，发现中国制造的很多产品的质量能够和国外产品媲美甚至超越，激发学生的爱国情感。 其次，中国制造产品的崛起，离不开党和政府的战略与政策，加强了学生对国家制度的自信。 最后，出口货物质量条款引致的纠纷问题，倡导如实宣扬货物质量，做到实事求是，维护我国企业诚信形象

编写人："国际贸易实务"课程教学团队

"外贸英语函电（双语）"课程思政案例

——以"Business Relations Establishing"教学单元为例

一、课程简介

"外贸英语函电（双语）"是国际贸易与经济类专业核心课程，按外贸商务活动的一般程序提供各阶段往来电子邮件书信的实例，介绍其样式、表达方式、特殊用语、缩略语和写作技巧等。该课程为广东省一流本科专业（国际经济与贸易）的核心支撑课程。经过6年探索与实践，先后获教育部产学合作协同育人项目教学内容与课程体系创新改革项目、粤港澳大湾区高校在线开放课程联盟教育教学研究与改革项目、校级一流本科课程建设项目、校级在线开放课程（MOOC）示范项目立项，获全国商科教育教学成果奖二等奖。

二、课程目标

（一）目标与适用对象

知识目标：使学生掌握外贸英语函电的基本知识，并能熟练地加以运用，了解国际贸易前沿动态。

能力目标：使学生能适应对外经贸业务活动的需要，系统地学习和掌握外贸英语函电的格式、专业词汇、行文方法与文体特点，提高学生在外贸业务活动中正确地使用英语的能力，以及对外进行各项业务联系和沟通活动的能力。

素质目标：培育学生"爱党、爱国、爱家"的本土情怀，提高职业素养、跨文化素养和写作素养，培养团队创新协作的精神，树立自主性学习理念。

适用对象：国际经济与贸易专业大三学生。

（二）选取内容

基于四大思政模块，根据课程知识点，进行知识外延、知识发展、本土应用等多元化知识组合，精选符合学科特点，具有时代性、应用性以及创新性的课程思政内容，形成课程思政导图（如图1所示）。

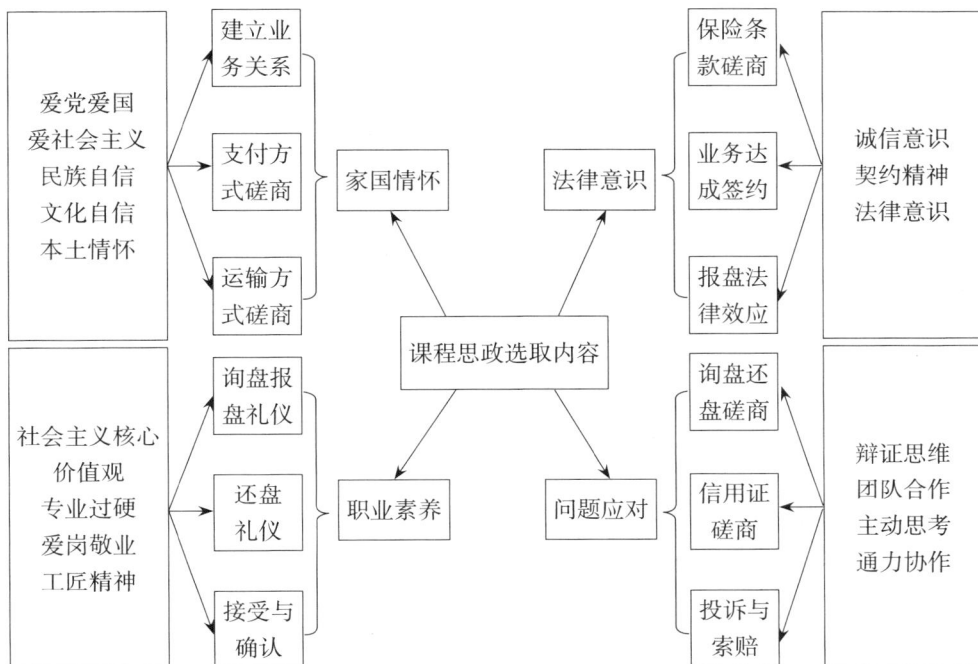

图1 "外贸英语函电"课程思政导图

（三）学习资源建设与使用原则

学习资源建设坚持立体化、全面性原则，与互联网深度融合，形成MOOC在线资源共享示范课、超星SPOC课、语料案例库和粤港澳大湾区高校在线开放课程联盟教育教学资源库（如图2至图6所示）。

图2 中国大学 MOOC 资源

图3 自建MOOC在线资源共享示范课

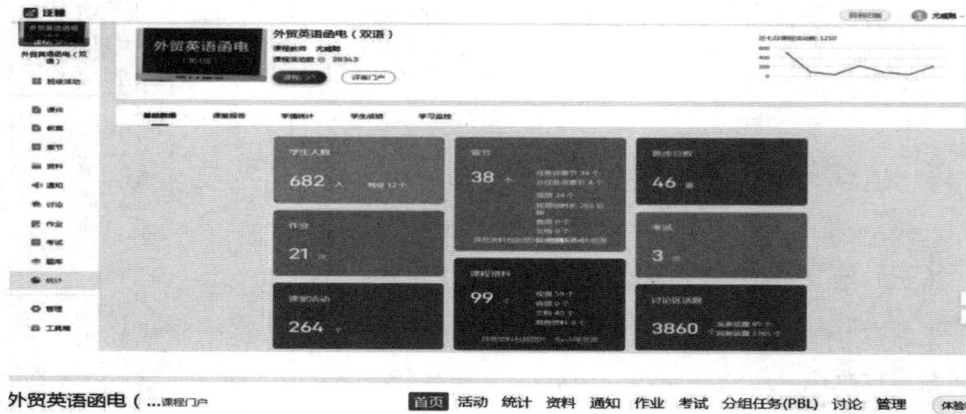

图4 超星SPOC课

名称	修改日期	类型	大小
-1FM	2020/3/2 13:54	DOC 文档	35 KB
-2QY	2016/8/3 10:26	DOC 文档	32 KB
- 3 ML	2018/8/9 16:09	DOC 文档	74 KB
-3QY	2016/8/3 10:26	DOC 文档	32 KB
-4QY	2016/8/3 10:26	DOC 文档	32 KB
2020第4版+函电练习答案汇总	2021/1/4 21:49	DOC 文档	757 KB
WMYYHDD3B01	2016/8/2 10:48	DOC 文档	197 KB
WMYYHDD3B02	2020/3/21 19:05	DOC 文档	174 KB
WMYYHDD3B03	2020/3/21 19:07	DOC 文档	161 KB
WMYYHDD3B04	2020/3/21 18:08	DOC 文档	147 KB
WMYYHDD3B05	2020/3/21 18:09	DOC 文档	167 KB
WMYYHDD3B06	2020/3/21 18:24	DOC 文档	158 KB
WMYYHDD3B07	2016/8/3 13:55	DOC 文档	184 KB
WMYYHDD3B08	2016/8/3 14:19	DOC 文档	275 KB
WMYYHDD3B09	2020/3/21 18:32	DOC 文档	170 KB
WMYYHDD3B10	2020/3/21 18:48	DOC 文档	183 KB
WMYYHDD3B11	2020/3/21 19:02	DOC 文档	154 KB
WMYYHDD3B12	2016/8/3 14:36	DOC 文档	148 KB
WMYYHDD3B13	2016/8/3 10:26	DOC 文档	182 KB
WMYYHDD3B14	2016/8/3 10:26	DOC 文档	219 KB
WMYYHDD3B15	2016/8/3 10:26	DOC 文档	222 KB
WMYYHDD3B16	2016/8/3 14:50	DOC 文档	188 KB
WMYYHDD3B17	2016/8/3 10:26	DOC 文档	168 KB
WMYYHDD3B18	2016/8/3 10:56	DOC 文档	125 KB
WMYYHDD3BCKWX	2016/8/3 10:56	DOC 文档	56 KB
WMYYHDD3BFL1	2016/8/3 10:26	DOC 文档	72 KB
WMYYHDD3BFL2	2016/8/3 10:26	DOC 文档	71 KB
-新版前言	2020/3/21 19:17	DOC 文档	36 KB
GJMYSWSYJC(D4B)01	2018/12/18 10:06	DOC 文档	250 KB
GJMYSWSYJC(D4B)02	2018/12/18 10:08	DOC 文档	544 KB
GJMYSWSYJC(D4B)03	2018/12/18 10:42	DOC 文档	198 KB
GJMYSWSYJC(D4B)04	2020/2/21 20:44	DOC 文档	285 KB
GJMYSWSYJC(D4B)05	2018/12/18 10:53	DOC 文档	178 KB
GJMYSWSYJC(D4B)06	2018/12/18 11:05	DOC 文档	160 KB
GJMYSWSYJC(D4B)07	2018/12/18 11:06	DOC 文档	353 KB
GJMYSWSYJC(D4B)08	2018/12/18 11:20	DOC 文档	165 KB
GJMYSWSYJC(D4B)09	2018/12/18 11:23	DOC 文档	389 KB
GJMYSWSYJC(D4B)10	2018/12/18 11:30	DOC 文档	232 KB
GJMYSWSYJC(D4B)11	2018/12/18 11:30	DOC 文档	959 KB
GJMYSWSYJC(D4B)12	2018/12/18 13:44	DOC 文档	141 KB
GJMYSWSYJC(D4B)13	2018/12/18 15:30	DOC 文档	152 KB
GJMYSWSYJC(D4B)14	2018/12/18 15:32	DOC 文档	105 KB
WQ-1FM	2018/12/18 15:36	DOC 文档	31 KB
WQ-2QY	2020/2/22 20:11	DOC 文档	40 KB
WQ-3QY	2018/12/11 11:04	DOC 文档	43 KB
WQ-4ML	2018/12/18 15:55	DOC 文档	59 KB

图5　语料案例库

外贸英语函电

课程教师　尤诚聪
课程活动数　3778

近七日课程活动数：404

基础数据　课堂报告　学情统计　学生成绩　学习监控

学生人数　222 人　班级 9 个

章节　9 个　任务点章节 8 个　非任务点章节 1 个　视频 8 个　视频总时长 147 分钟　音频 0 个　文档 0 个　图片及附件 0 个

题库总数　4 题

作业

考试

图6　粤港澳大湾区高校在线开放课程联盟教育教学资源库

　　学习资源使用坚持差异化、开放性原则，公共和自建结合，线上和线下结合，最大限度延展课堂，实现可持续课堂，更好地满足个性化学习与合作学习需求。

三、教学设计

（一）课程教学设计理念及思路

　　本课程以教育部《高等学校课程思政建设指导纲要》文件精神为指导，贯彻 OBE 教育理念，以培养粤港澳大湾区德才兼备的应用型创新人才为目标来组织教学设计与实施。

　　针对目前应用型本科高校"外贸英语函电"课程思政教学中存在的两大典型问题：一是学生三"不"（外贸写作沟通与应对能力不强、商务礼仪职业素养不高、外贸写作法律意识不强），二是教师三"弱"（思政知识弱、挖掘方法弱、融入能力弱），通过"定目标—挖元素—促融合—重评价"等四大流程，进行课程思政点挖掘，借助案例教学法进行思政融入，借助学生 PBL 任务小组讨论、作品展示和参赛等衡量思政育人预期成效。通过协同深度融合，培养学生爱国本土情怀、商务礼仪职业素养、外贸写作法律意识、外贸写作沟通和应对能力与团队创新协作的精神，树立自主性学习理念，从而形成专业教育与思政教育协同效应，落实课程思政任务（如图7所示）。

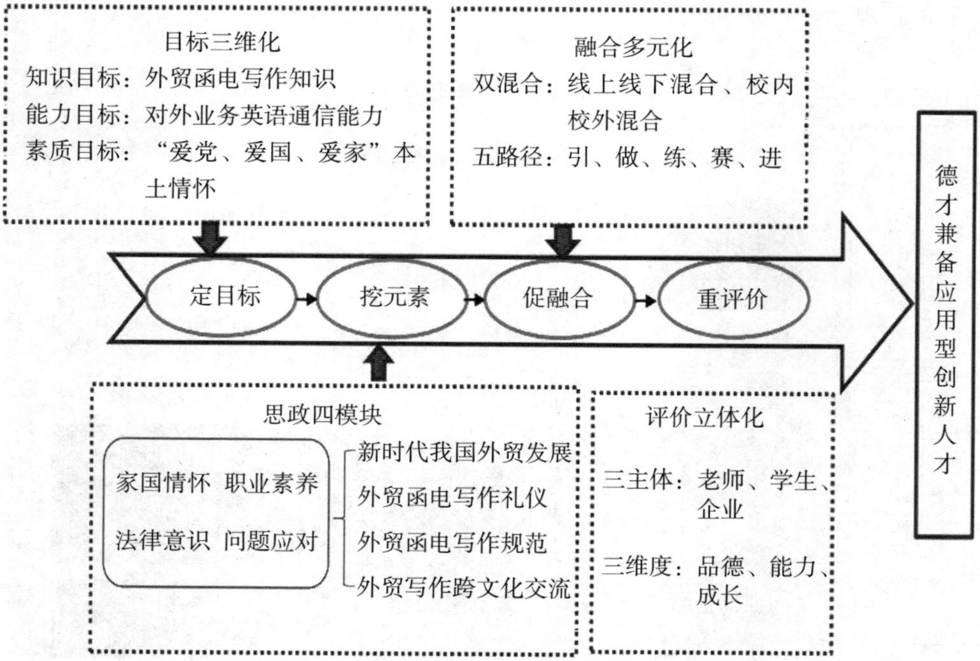

图7　"外贸英语函电"课程思政设计思路

（二）课程思政的实施：定—挖—融—评

1.定：紧扣学校办学定位，牢把高阶三维目标（如图8所示）

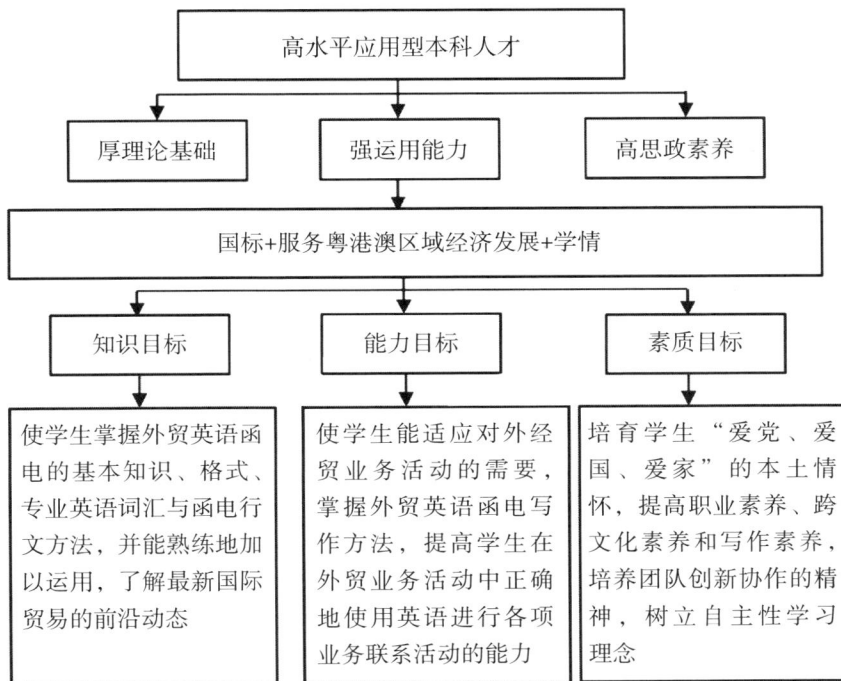

图8 "外贸英语函电"课程思政三维目标图

2.挖：依据德育元素准则，构筑四大思政模块

根据"爱党、爱国、爱家"目标，依循"思政"与"专业"相长、德育元素系统化等原则，结合外贸英语函电特点，构筑了四大思政模块。通过内容融入、教学方法融入以及资源融入等三个路径进行课程思政有效融入。课程思政的主要渗透点按照四个思政目标划分四个课程思政模块进行融入，对应四个思政类型，借助语料库教学法、案例研讨法、情景教学法、小组讨论法以及引导式教学法等方式实施课程思政融入（如图9所示）。

3.融：多维组合联动课堂，借助五大路径促融

坚持"党建引领"支部与专业双融合，"寓德于教、以赛促教"，重育人，重实践，学思结合，充分运用超星平台、MOOC平台、语料库平台等信息技术器具，线

思政目标	思政类型	思政模块	教学方法	资源融入
爱党、爱国、爱社会主义、爱人民、爱集体	新时代我国外贸发展精神与榜样	家国情怀	案例研讨法、情景教学法、小组讨论法、引导式教学法	超星平台
商务礼仪职业素养	外贸写作的格式与礼仪	法律意识	讲授法、情景教学法、小组讨论法、问题教学法	MOOC平台
外贸写作法律意识	外贸写作具体流程	职业素养	语料库教学法、对比教学法、小组讨论法	语料库平台
外贸写作沟通与应对能力	外贸写作思维与文化差异	问题应对	讲授法、情景教学法、案例研讨法、小组讨论法	

图9　"外贸英语函电"思政模块及融入路径图

上线下混合、校内校外产教融合多维组合联动，打造立体开放式课堂。通过"引、做、练、赛、进"等五大路径实现"专业教育"与"思政元素"的无缝对接和有机融合，润物细无声，达到固化于制、内化于心、外化于行的"思政融合"育人效果（如图10所示）。

4.评：重视持续反馈改进，坚持立体化评价

构建"（品德、能力、成长）+（老师、学生、企业）"的立体化课程评价体系，将过程性评价、诊断性评价和总结性评价相结合，将"品德、能力、成长"三元素作为考核内容，综合评价学生的学习态度、理论知识、职业素养和道德品质，培养"德才兼备"的应用型创新人才（如图11所示）。

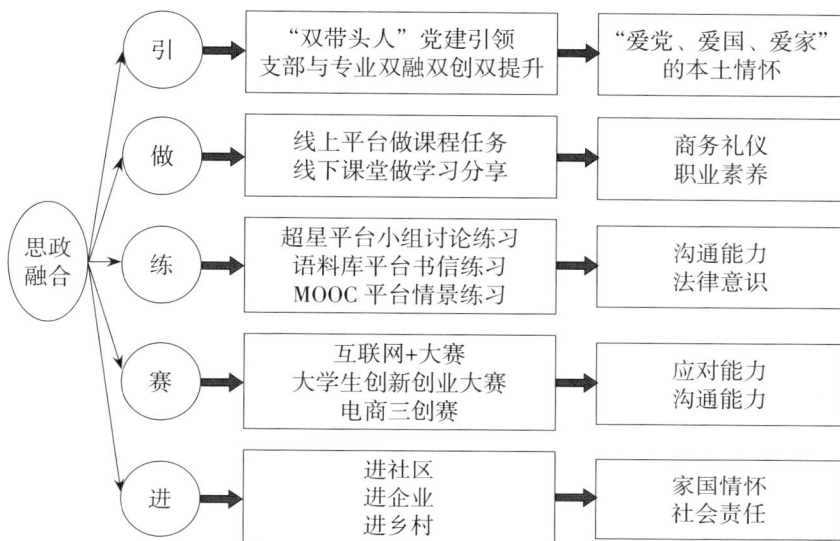

图10 "外贸英语函电"课程思政与专业教学融合图

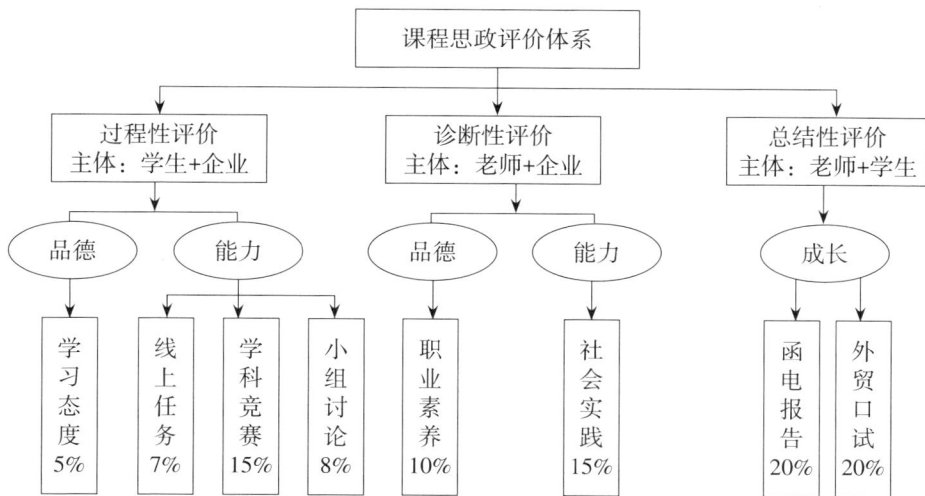

图11 "外贸英语函电"课程思政立体化评价体系图

四、教学实施

教学实施见表1。

表1 　　　　　　　　　　　　　教学实施

课程学分：2学分	共16个教学周		每周 1 次课		每次课 2 学时	
教学周次	课时安排	主讲教师	教学进度（章节讲/知识单元）	课程思政点	融入方式与教学方法	思政育人预期成效
1	2	尤彧聪	Chapter One Basic Knowledge of Business Letter Writing 第一章 外贸英语函电基本知识 1. 外贸函电书信的基本格式、构成和布局。 2. 外贸英语函电的语言特点。 3. 外贸函电7C原则	职业素养	采用语料库对比教学法和小组讨论法，开展具有外贸英语函电语言特点的小型研讨会	1. 掌握外贸函电基本写作礼仪。 2. 具有良好的专业技能和工匠精神。 3. 提高外贸职业素养、跨文化素养
2	2	尤彧聪	Chapter Two Establishing Business Relations 第二章 建立业务关系 1. 介绍企业经营范围及主要产品。 2. 建立业务关系书面意图	家国情怀	课前MOOC平台线上观看"新时代我国外贸高质量发展"视频，课上超星平台小组分享	1. 关注我国外贸，学习新时代我国外贸发展精神与榜样。 2. 了解中国外贸产品品牌，培养家国情怀。 3. 树立民族自信和文化自信
3	2	李勤昌	Chapter Two Establishing Business Relations 第二章 建立业务关系 3. 介绍企业获取信息的来源。 4. 提及提交人的财务状况和诚信	法律意识	线上专题学习有关"企业财务状况和诚信"案例，线下采取启发式、分组合作讨论的方式	1. 培养学生的契约精神，让学生形成遵守契约、履行责任的意识。 2. 提升诚信意识、具有良好的职业道德和敬业精神
4	2	古舒睿	Chapter Three Enquiries 第三章 询盘 1. 企业获取询盘信息的来源。 2. 写询盘信的沟通技巧与英语表达	职业素养	课前MOOC平台线上观看"企业获取询盘信息的来源"视频，采取启发式、情景教学法	1. 提高学生外贸专业业务沟通能力。 2. 培养学生爱岗敬业和做事认真的工匠精神。 3. 提高外贸写作跨文化交流能力，培养外贸商务沟通礼仪和写作素养

续表

课程学分：2学分		共16个教学周	每周 1 次课		每次课 2 学时	
教学周次	课时安排	主讲教师	教学进度（章节讲/知识单元）	课程思政点	融入方式与教学方法	思政育人预期成效
5	2	尤彧聪	Chapter Three Enquiries 第三章 询盘 3. 写询盘信的基本格式与用语。 4. 询盘的基本知识与英语术语	问题应对	学生团队通过查阅语料库平台资料，调查询盘的基本知识与英语术语有哪些特征，进行团队PPT分享，采取问题教学法和对比教学方法	1 培养学生团队创新协作的精神。 2. 提高学生主动思考、通力协作应对问题能力
6	2	钟咪	Chapter Four Offers and Quotations 第四章 报盘 1. 写报盘信的基本格式与用语。 2. 报盘的基本知识与英语术语	职业素养	课前MOOC平台线上观看"报盘基本知识"视频，课上超星平台小组分享结合讲授法、情景教学法	1. 培养学生报盘时的商务礼仪。 2. 培养学生专业技能与沟通能力。 3. 向学生内化中国社会主义核心价值观
7	2	亓智	Chapter Four Offers and Quotations 第四章 报盘 3. 企业进行报盘的英语写作规范。 4. 写报盘信的沟通技巧	法律意识	线上专题学习有关"企业进行报盘的英语写作规范"案例，线下采取启发式、分组合作讨论的方式	1. 强化学生报盘时的诚信意识。 2. 掌握报盘的法律效力，树立契约精神和法律意识
8	2	邓可辉	Chapter Five Counter-offers 第五章 还盘 1. 写还盘信的基本格式与用语。 2. 还盘的基本知识与英语术语	职业素养	课前MOOC平台线上观看"还盘基本知识"视频，课上超星平台小组分享结合讲授法、情景教学法	1. 提高解决外贸还盘业务沟通问题的能力。 2. 内化社会主义核心价值观中的敬业、诚信、友善。 3. 培养外贸电子商务沟通礼仪和写作素养
9	2	尤彧聪	Chapter Five Counter-offers 第五章 还盘 3. 企业进行还盘的英语写作规范。 4. 写还盘信的沟通技巧	问题应对	学生团队通过查阅语料库平台资料，调查还盘的基本知识与英语术语有哪些特征？进行团队PPT分享，采取问题教学法和对比教学方法	1. 培养学生团队创新协作的精神。 2. 树立自主性学习理念。 3. 提高主动思考、通力协作解决外贸还盘业务沟通问题的能力

续表

课程学分：2学分	共16个教学周		每周 1 次课		每次课 2 学时	
教学周次	课时安排	主讲教师	教学进度（章节讲/知识单元）	课程思政点	融入方式与教学方法	思政育人预期成效
10	2	尤彧聪	Chapter Six Conclusion of Business 第六章 业务达成 1. 写接受与确认信的基本格式与用语。 2. 业务达成的基本知识与英语术语	职业素养	课前MOOC平台线上观看"接受与确认信"视频，课上超星平台小组分享结合讲授法、引导式教学法	1. 树立互相帮助、共同学习理念，提高与人沟通、交流能力。 2. 提升学生的专业学识、爱岗敬业的工作态度和精益求精、追求卓越的工匠精神
11	2	邓可辉	Chapter Six Conclusion of Business 第六章 业务达成 3. 写商务合约的基本格式与用语。 4. 商务合约的基本知识与英语术语	法律意识	线上专题学习有关"商务合约"案例，线下采取启发式、专题讲座等教学方法	1. 培养学生的契约精神，让学生形成遵守契约、履行责任的意识。 2. 提升诚信、敬业的职业素养。 3. 将诚信教育、法律意识和社会主义核心价值观与外贸行业的职业标准相衔接
12	2	尤彧聪	Chapter Seven Terms of Payment 第七章 支付方式 1. 写协商支付方式信的基本格式与用语。 2. 支付方式的基本知识与英语术语	家国情怀	线上查阅关于"红色金融文化""社会主义金融文化"的相关资料，课堂超星平台进行展示	1. 树立正确的金钱观。 2. 理解红色金融文化创新的意义。 3. 树立制度自信
13	2	邓可辉	Chapter Seven Terms of Payment 第七章 支付方式 3. L/C 信用证的开立 4. L/C 信用证的核对	问题应对	对 L/C 信用证以及其他支付方式的优劣进行团队分组辩论	1. 提高辩证思维能力和培养团队合作精神。 2. 树立自主性学习理念，学会主动思考
14	2	鲁朝云	Chapter Eight Packing and Shipment 第八章 包装与运输方式 1. 写包装与运输方式信的基本格式与英语术语。 2. 买卖双方有关包装与运输方式的磋商	家国情怀	课前MOOC平台线上观看新时代我国外贸海运高质量发展视频，课上超星平台小组分享	1 了解我国推动外贸海运高质量发展历史，学习新时代我国外贸发展精神与榜样。 2. 树立四个自信

续表

课程学分：2学分	共16个教学周		每周 1 次课		每次课 2 学时	
教学周次	课时安排	主讲教师	教学进度（章节讲/知识单元）	课程思政点	融入方式与教学方法	思政育人预期成效
15	2	李小青	Chapter Nine Insurance 第九章 保险 1.写有关保险方式信的基本格式与英语术语。2. 买卖双方有关保险方式的磋商	法律意识	线上专题学习有关"外贸保险"案例，线下采取启发式、专题讲座等教学方法	1. 强化保险的诚信意识。2.掌握保险的法律效力，树立契约精神和法律意识
16	2	覃凤梅	Chapter Ten Complaints and Claims 第十章 投诉与索赔 1.写有关投诉与索赔信的基本格式与英语术语。2. 买卖双方有关投诉与索赔的磋商	问题应对	课前MOOC平台线上观看"投诉与索赔"案例视频，课上利用超星平台进行团队分组辩论	1.培养学生的问题导向意识，提高辩证思维分析问题能力 2. 提高学生主动思考、通力协作解决问题能力

下面以具体一次课为例来说明课程思政教学设计样例（见表2）。

表2　　　　　第一单元 Business Relations Establishing 教学过程

教学环节	内容	教学活动		课程思政	设计意图	信息化手段
		教师	学生			
1.课前学习	教学平台发布课前线上学习任务，教师提前一周发布作业：1. 通过哪些渠道可以找到潜在客户？2.如何介绍自己公司的业务范围与产品特色？3.登录教学平台观看线上专题视频。4.使用Corpus进行专题信件实验	1.向学生发放课前作业通知和小组任务。2. 设置课程任务点，通过课程统计数据了解学生视频观看情况。3. 了解并指导学生Corpus实验情况	1. 利用MOOC平台接收作业通知和小组任务。2. 将思考的结果发布到课程讨论区与老师和同学进行课前互动交流。3. 观看专题视频，记录课堂笔记。4. 使用Corpus进行专题信件实验	培养本土情怀和团队创新协作的精神（如中国制造）	1. 激发学生课前思考、动手实验、主动探究的自主学习主观能动性。2.完成线上基础知识学习，通过Corpus实验让学生自己发现问题，归纳问题，获取初步知识点认知，减轻线下课堂讲授压力	MOOC、微课视频、Corpus

续表

教学环节	内容	教学活动		课程思政	设计意图	信息化手段
		教师	学生			
2.课堂教学	课堂导入： 1.线上学习结果分析，提出问题，明确重点、难点。 2.线上实验等作业结果展示，导入正课。 每个小组选出一名代表，进行小组任务成果展示	担任主持人进行点评	各小组代表进行3分钟演讲，展示小组探究成果，重点展示自己Corpus实验的发现和观看视频的收获	创新精神；团队协作精神；自信演讲能力	以学生为主体、教师为主导，进行探究式学习	Corpus、PPT展示
3.课堂教学	讲解教学难点： 专业术语和地道的专业句式表达	讲授有关Business Relations Establishing的专业术语和地道的专业句式表达，并进行归纳和技巧点拨、提问	学生听取老师讲解，做好课堂笔记；理解写作技巧；回答问题或提问	英汉两种语言对比，融合文化比较	这部分为难点，在课堂教学过程中，教师利用10分钟左右时间进行重点讲授	Corpus、PPT展示、Aliexpress等实际平台
4.课堂教学	练习和举一反三： 对专业术语和地道的专业句式表达进行造句练习	担任主持人进行点评、对句型使用是否准确、术语使用是否正确、英语语法等进行点评	对专业术语和地道的专业句式表述进行造句	英汉两种语言对比，融合文化比较与思维对比	对上一环节的难点部分进行举一反三，发现问题、纠正错误、巩固知识，并将写作知识转化为写作技能	MOOC课程讨论发言区
5.课堂教学	小组练习： 1.结合业务建立主题及学生课前线上讨论结果，发布课堂小组练习：小组间互为卖家与买家，完成完整的一封建立业务信函。 2.各小组将业务信函分享至MOOC讨论区，进行生生讨论、评价等。 3.老师进行点评与评价	组织学生小组进行建立业务信函书写与讨论，进行点评并提问，引发学生思考	运用所学句型完成完整的一封建立业务信函并进行讨论、互评，发表自己的观点与分享自己书写过程中的发现，回答老师或同学提问	创新精神；团队协作精神；系统思维能力；沟通能力	以学生为主体，教师为主导，进行探究式学习。系统掌握完整建立业务信函书写，实现对句型的运用，对难点掌握程度进行检验	MOOC课程讨论发言区

续表

教学环节	内容	教学活动		课程思政	设计意图	信息化手段
		教师	学生			
6.课后提升	布置作业、知识延伸：各小组将本组写的建立业务信函加上合作小组的回信进行梳理，并再次将这些书信与Corpus实验结果进行对比验证，发布到MOOC平台，班级集体讨论评价得出5个模板，借助Ali-express实现外贸写作运用真实模拟实践，并据此完成小组互评	发布详细的作业要求	各组选取建立业务信函与回信，与Corpus实验结果进行对比验证，发布到MOOC平台；借助Ali-express实现外贸写作运用真实模拟实践，归纳建立业务写作模板	归纳能力；科研能力；钻研能力	1.借助模板归纳和Corpus实验验证，提升课程的高阶性和挑战度。2.努力达到课程对学生能力目标的要求。3.注重过程性评价	Corpus、MOOC、Aliexpress等实际平台

五、教学评价

（一）评价指标体系构建

1.知识掌握情况

通过课堂提问、作业、单元知识小测等方式，考查学生对外贸英语函电相关知识的理解和掌握程度，占总成绩的30%。

2.能力提升板块

根据学生在外贸英语函电案例分析、小组讨论、角色扮演等教学活动中的表现，评价学生的分析问题、解决问题、外贸英语函电沟通协作等能力，以及相关小组任务的完成度、创新度等，占总成绩的40%。

3.思政表现

观察学生在外贸英语函电课堂教学和课外实践活动中的思想认识、社会责任感等方面的表现，如外贸英语函电案例分析中的价值判断、团队合作、社会责任感的体现等方面，通过教师评价、学生自评和生生互评等方式进行综合评价，占总成绩的30%。

（二）评价方式

1.过程性评价

在外贸英语函电教学过程中，通过课堂表现、作业完成情况、小组讨论参与度等对学生进行持续评价。教师及时给予学生反馈和指导，帮助学生不断改进和提高。过程性评价占总成绩的60%。

2.终结性评价

在课程结束时，通过外贸英语函电期末考试对学生的知识掌握情况进行综合评价。终结性评价占总成绩的40%。

（三）评价结果反馈与应用

教师及时将评价结果反馈给学生，让学生了解自己在知识、能力和思政等方面的优势和不足，明确努力方向。

根据评价结果，教师对外贸英语函电教学过程进行反思和总结，发现教学中存在的问题和不足之处，及时调整教学内容和教学方法，不断提高教学质量。同时，将评价结果作为学生课程成绩评定、评优评先等的重要依据。

六、教学反思

在"外贸英语函电（双语）"课程的实际教学过程中，通过一系列的课程思政融入师生互动与特定外贸英语函电（双语）语境的线上线下混合练习，学生提升了在建立业务关系和初次见面时商务英语交流能力，不仅能用相关的外贸英语函电专业词汇、英语术语和句型介绍公司的产品，更是借助课程思政融入深刻地懂得产品和产业背后的文化底蕴，并能使用英文讲述中国文化，传播中国声音。在融入粤港澳大湾区的人文地理环境、粤商文化的过程中，产品所根植的区域地方人文知识得到很好的融入，学生可以更加清楚地认识到我们伟大的中华文化的优秀之处，同时也增强了学生对我们中华民族和国家的认同感、自豪感和使命感，树立了文化自信。

在课程思政融入师生互动和生生互动的过程中，学生也能在团队合作过程中切身体会到商务英语沟通交流能力对我国文化向世界传播的重要意义，并且从长期来看，随着商务英语学生的口语表达能力逐渐提高，其语言习得能力也得到固化，语言中的"正迁移"效应进一步坚定了外贸英语函电（双语）学生向全世界"讲好中国故事，传播好中国声音"的自信心和决心。

同时我们也应该体会到，课程思政融入真正地有效地落实到实际外贸英语函电（双语）教学中，并取得好的效果，并不是一蹴而就的，而是需要课程思政授课人在实际外贸英语函电（双语）课堂教学过程中真正地将课程思政融入作为教学上"立德树人"的高效手段，并持续改进融入方法和融入点，更好地契合课程思政点，继续深度挖掘"外贸英语函电（双语）"课程思政对落实"立德树人"根本任务的价值，拓展外贸英语函电（双语）课程在构建学生正确思想意识、树立文化自信时的功能，长期地、多维度地对"外贸英语函电（双语）"课程思政融入加以探索和实践。同时结合线上线下混合式模式，归纳总结出"外贸英语函电（双语）"课程中能够更好地嵌入和融合社会主义核心价值观教育的课程思政切入点，对外贸学生进行一种"润物细无声"的思想政治教育，使学生在提高自身外贸英语语言运用能力的同时，在课程思政熏陶中形成正确的世界观、人生观和价值观。

编写人："外贸英语函电（双语）"课程教学团队

"计量经济学"课程思政案例
——以"异方差性的检验与补救"教学单元为例

一、课程简介

（一）课程性质与定位

计量经济学是经济学中的一门重要的基础性学科，通过运用数学统计和经济理论的工具和技术，研究经济现象在数据分析框架下的量化方法和经济理论之间的关系，旨在对经济现象进行定量分析和预测。计量经济学的学习可以帮助学生掌握经济现象的定量分析方法，培养经济数据处理和模型构建的能力，提高对经济理论的理解和应用水平。

在经济学类专业教学质量国家标准中，计量经济学是必修的专业基础课程，在学校专业人才培养方案中，计量经济学是专业核心课程之一，目前我校的计量经济学课程在国际经济与贸易、投资学专业大三年级的本科生中开展。在学习计量经济学课程之前，学生须有微观经济学、宏观经济学、高等数学、线性代数、概率论与数理统计的学习基础。计量经济学课程开设的目标是以需求和专业毕业要求为导向，兼顾思想性、科学性、时代性、高阶性和创新性，培养具有扎实的经济学类专业基础知识和基本理论，掌握现代经济学的基本方法，熟悉中国经济运行与改革实践，具有国际视野的综合素质高、创新能力强的复合应用型人才。

计量经济学的学科特点非常突出，既是注重实证的经济学方法论，又是集经济学、数学、统计学为一体的跨学科科学。本课程将"两性一度"标准融入教学过程中，课程特色体现为理论素质与实践技能并重，课程教学与科研相结合，紧跟学科前沿，并充分发挥课程的思政功能，具体包括模块化课程设计、案例驱动的实践学习、前沿领域探究、实践项目与团队合作、个性化学习计划以及挑战性评估和反馈等。

（二）课程内容

围绕课程教学目标与学科性质，计量经济学课程主要设置有导论、简单线性回归模型、多元线性回归模型、多重共线性、异方差性、自相关性等六个部分的内容，包括对计量经济学学科与相关概念的基本介绍、一元回归分析与多元回归分析。回归分析是计量经济学的核心内容之一，包括简单线性回归模型参数的估计、拟合优度的度量、回归系数的假设检验和区间估计、回归模型的预测等。此外作为对于经典回归模型的补充，课程内容还包括多重共线性、异方差性、自相关性的介绍。

（三）课程目标

1. 知识目标

系统了解计量经济学中的基本概念、基本知识和基本理论；掌握计量经济学简单线性回归方程、多元线性回归方程的估计和假设检验等主要分析方法；熟悉多重共线性、异方差性、自相关性等问题的识别及处理方法。

2. 能力目标

能够熟练使用Eviews 软件；能够建立并应用计量经济学模型，对现实生活中一些主要经济现象、经济问题和政策效应作有关的计量经济分析，具备初步的研究实际问题和学术问题的能力，为后续完成毕业论文的研究工作打下坚实基础；在合作探究、分享交流的学习中，提高沟通、表达能力，具有较强的团队合作和领导能力。

3. 素质目标

了解中国经济发展现状，熟悉中国经济运行与改革实践，养成关注社会经济动态的习惯；理解马克思主义哲学的辩证思想，树立正确的世界观、人生观和价值观；增强中国特色社会主义道路自信、理论自信、制度自信、文化自信；培养科学思维，以客观、严谨的态度来探究经济现象和问题，形成良好的学科价值认同与科学素养。

二、课程挖掘的思政资源分析

在计量经济学的教学中，课程组将教学内容与思想政治教育相结合，形成教学思政资源。课程组以"学生为中心"，在培养学生的计量经济学应用分析能力之外，以正确的世界观、价值观为导向，提高课程与学生自主学习的黏合度，在课程大纲、教学内容安排、课件等方面，充分调动学生的兴趣点，将学生兴趣知识点、基础重难点知识与课程思政等融会贯通，相辅相成，形成与培养目标对应的授课教学体系。具体的思政资源挖掘如下：

一是从计量经济学原理和概念出发，引导学生思考计量经济学与社会主义核心价值观之间的联系。通过案例分析和实证研究，让学生了解计量经济学如何应用于解决社会问题，培养学生积极向上、服务社会的意识和责任感。

二是运用一些与思政教育相关的资源，如习近平新时代中国特色社会主义思想的重要论述、党的二十大报告等，将这些内容与计量经济学理论相结合，提高学生的思想政治素养。组织一些与计量经济学相关的活动，如学术讲座、研讨会等，鼓励学生积极参与，并在交流互动中激发学生的学习兴趣和创新精神。

三是引入一些国内外经济发展的经典案例，通过分析案例中的经济问题和挑战，让学生了解国家发展战略和政策的背后逻辑，并培养学生对国家发展的责任感和使命感。同时，教学方法可以注重培养学生的实证研究能力和创新精神，鼓励学生主动提出问题、探索解决问题的方法，并通过实践和实践性教学活动，增强学生的实践能力和团队合作精神。

结合具体的思政案例，本课程整合了如下的思政教育安排：

1.课程思政点：培养学生对国家发展的责任感和使命感，树立民族自信；树立正确的消费观

通过探讨近年消费观念的转变，揭示我国为应对挑战所做的努力。让学生理解国家发展战略和政策的深远意义，彰显中国特色社会主义在克服挑战中的优势，增强民族自豪感和意识形态自信。同时，培养学生的国家责任感和时代使命感。在讲解回归分析时，可以围绕"影响消费支出的因素"这一话题引导学生展开思考，同时借此机会强调树立量入为出、理性消费的正确消费观念的重要性。

2.课程思政点：感性认识和理性认识；辨别主要矛盾与次要矛盾

在理论讲解中设定若干实际案例，探究其共性问题，引出计量经济理论，同时引导学生们注意从感性认识出发，逐步过渡到理性认识，总结客观规律。例如在学习简单线性回归模型时，融入相关案例，案例1：对中国经济增长的定量研究；案例2：中国家庭用汽车市场的研究；案例3：中国股票价格波动的研究。从案例分析中，探索计量经济分析的基本步骤。

在模型设定时，我们需要抓住主要因素，舍弃一些次要因素。就像同学们在生活中，面临如情感、就业、人际关系等方面的问题，在这些问题中有一些特别重要，如果无法解决，其他问题的解决就无从谈起。所以我们应该解决主要矛盾，兼顾次要矛盾，做到统筹兼顾。

3.课程思政点：由易到难、循序渐进

例如在学习相关性与条件概率的理论概念时，以射击比赛中射击运动员的表现为例，教练根据测试成绩的择优标准当如何制定，理论依据是什么。本例的解决需要思考以往所学知识，然后运用到本次课程教学中，由易到难，循序渐进。例如可首先回顾平均值与方差的计算公式，并由此得到方差和协方差的公式，再过渡到相关系数公式，由易到难，循序渐进。

4.课程思政点：局部与整体的辩证关系

在讲解总体回归函数和样本回归函数时，需要辩证看待局部与整体的关系。例如"盲人摸象"和"一叶知秋"都体现了局部与整体的关系。在利用样本信息推断总体特征时，可能会产生偏差。因此，我们需要正确把握局部与整体的辩证关系，努力做到"一叶知秋"式的精准推断，而非"盲人摸象"式的片面认知。

5.课程思政点：严谨细致、脚踏实地、实事求是的科学探索精神

在讲解经典回归模型的例外情形之一多重共线性时，需不断调整以寻求更适合的模型。在利用计量经济学模型研究实际经济问题时，不能仅寻求模型检验的相关指标达到最佳，还需要考虑其经济意义是否符合实际，以此引导学生本着严谨细致的科学精神，综合考虑多方因素，不断筛选完善相关模型。

同时引导学生当发现利用计量经济学模型得出的结果与客观事实不符时，应该去分析寻找原因，勇于发现问题，解决问题。在进行实证分析时，要以客观事实为依据，提高辨别能力。

6.课程思政点：用联系的、发展的眼光看待问题

在讲解假设检验时，所使用的逻辑推理的方法是概率反证法，完成的推理框架较为复杂。老师引导学生通过学习，在面对错综复杂的问题时换位思考、反向思考，遇到困难不轻言放弃，并引导学生了解假设检验是带有一定可靠程度的推断，绝对否定或绝对肯定的事情是很少的，因此学生要用联系的、发展的眼光看待问题，避免思想上的极端。

7.课程思政点：爱护环境，绿色环保

通过研究中国新能源汽车市场，我们可以发现新能源汽车在环境保护方面的重要作用。新能源汽车采用清洁能源，减少对传统石油资源的依赖，降低尾气排放，对改善空气质量、减少环境污染具有积极意义。同时，新能源汽车的发展也符合我国的可持续发展战略，鼓励大家选择绿色出行方式，为节能减排贡献一份力量。因此，我们应该积极推广新能源汽车，倡导绿色出行，共同保护我们的地球家园。

8.课程思政点：弘扬社会主义核心价值观，培养学生的家国情怀，树立文化自信

在计量经济学理论与实践的教学中，我国经济社会发展中的数据可作为典型案例，使学生更深入地理解中国国货的崛起。许多出色的中国品牌已在全球行业市场中占据领先地位，展现出令人骄傲的实力。通过出口业务的案例分析，结合视频资料，例如上海凤凰自行车出口业务激增，让学生感受到中国在全球市场中的影响力。同时，这些实际案例可以帮助学生更好地理解时代背景下的中国力量。在学习过程中，培养学生的爱国情怀和文化自信，使他们更加坚定地支持中国品牌，为国家的繁荣发展贡献自己的力量。

综上所述，计量经济学教学的思政资源分析，旨在通过结合计量经济学理论与实践、思想政治教育资源，培养学生的科学思维、分析问题的能力，同时弘扬社会主义核心价值观和中国特色社会主义理论体系。这样的教学方法有助于学生成为德智体美劳全面发展的社会主义建设者和接班人。

三、案例课信息

案例课信息见表1。

表1 案例课信息

教学目标	1.知识目标 掌握 Goldfeld-Quandt 检验、White 检验等异方差检验方法；理解并掌握异方差性的补救措施。 2.能力目标 能运用所学知识，判断建立模型是否存在异方差性。 3.素质目标 在进行研究时能够实事求是、严谨求真，培养耐心细致的工作作风和严肃认真的科学精神。知行合一，理论与实践相结合
教学内容	1.课堂设计思路 由"中国天眼"捕捉的脉冲星信号引入，请学生思考：在每个时刻，宇宙脉冲星信号的波动情况是不是都不一样呢？出现这种现象是为什么呢？引入相关知识点，接着讲解异方差性的检验，最后引导学生树立治学严谨、理论与实践相结合的价值观，融入思政元素。 2.教学重点 异方差性的检验。 3.教学难点 补救措施。 4.对重点、难点的处理 通过"中国天眼"捕捉的脉冲星信号，发现宇宙的音乐是美妙的，但是当音乐停止时，信号持续产生，信号不稳定，时而大，时而小，信号随机地偏离中心位置，如何来分析这种现象，进而进行异方差的详细讲解

课堂组织与实施	1.教学过程 课前：将学生分为若干小组，要求每组查找近年来我国出口商品额的相关数据，并思考以下问题：受疫情影响，我国的出口额是在增长还是下降呢？哪些商品的出口在增加呢？ 课中：首先导入环节播放"中国天眼"捕捉的脉冲星信号的视频，展示我国在科技领域的重大成就。提问学生为什么宇宙脉冲星信号的波动情况是不一样的呢？然后教师讲解异方差性检验的方法，并结合实际案例（如出口额与经济增长的关系），演示异方差性检验的具体方法。接着请学生思考如果存在异方差性的情况下，需要怎么处理？进而教师讲解异方差性的补救措施，并利用实际数据展示如何应用这些方法解决异方差性问题。最后教师对本次课进行总结，并布置课后任务。 课后：请学生查找广东省农村人均纯收入、人均生活消费支出、商品零售价格指数数据，建立回归模型并检验是否存在异方差？阅读推荐文章。 2.教学方法 讲授法、案例教学法。 3.教学活动设计 课前布置以问题为导向的分组任务，学生完成线上学习平台的任务点以获得解决问题需要的知识储备，以小组讨论的方式解决问题。课中以现实案例导入，之后根据学生的预习情况进行有针对性的讲解，讲练并重，适当穿插课堂练习，并引入思政案例。课后分组或个人完成实训、作业，对课程讲授知识进行巩固，并进行小组课题研讨。教学组织过程中注重因材施教，主张参与式学习、互动式学习、自主式学习
教学评价	评价元素多元化，具体包括课前课后线上任务（观看视频、完成测试、小组任务等）、课中（考勤、表现等）任务。其中，在课堂讨论与小组作业中，重点评估其在案例分析中运用计量经济学方法解决实际经济问题的能力，以及在团队合作、社会责任感和职业道德等方面的综合素养

续表

教学创新	内容重构：对本章节内容进行重构，提取核心知识点建立知识内在联系，更符合学生实际情况。 模式创建：学生活动涉及课前—课中—课后，线上线下相结合。 课堂创新：课前引入选用最新天文学宇宙音乐的内容，较为新颖化，更通俗易懂。融入思政元素，从感性认识提升到理性认识，注重实践
课程思政的理念与内涵	思政理念：知行合一，理论与实践相结合。 思政内涵：在课程教学中，不仅要注重知识的传授，还要注重价值引领，引导学生树立正确的世界观、人生观和价值观。依托理论和实验的统一，学生可以将所学知识运用到实际中，增强对知识的理解和掌握，同时也能培养学生的实践能力和创新精神。结合显性教育与隐性教育，润物无声地传递思政教育元素
思政元素挖掘与思政素材选取	思政元素：感性认识和理性认识；实践；治学严谨、小心求证。 思政素材：异方差的检验和补救措施
专业知识与思政元素的有机融合	从中国天眼系统捕捉到的脉冲星信号，引入异方差性的直观表现，让学生更好地理解异方差性的概念。基于异方差性的感性认知，强调注重科学精神，理解背后的机理，实现感性认识到理性认识的第一次飞跃，让学生领会科学研究中需要注重数据和事实，培养学生捕捉现实问题，分析背后机理，寻找事物变化的规律。基于理论分析，寻求理性认识到实践的二次飞跃，可以让学生在实践中体验和学习相关知识。通过实践环节，可以培养学生的动手能力和创新精神，同时也可以让他们更好地理解思政元素在实践中的应用和价值
教学反思	本次课主要希望学生能够掌握异方差的检验方法及补救措施。由于本次课的内容检验方法众多，容易混淆，因此采取了图形结合的方式进行讲解，同时通过实际案例的引入，引起学生兴趣，便于学生理解。实际教学效果和学生互动较为不错。课堂能够达到预期的效果，适当增加学生思考的时间可能会更好

编写人："计量经济学"课程教学团队

"证券投资学"课程思政案例
——以"上市公司基本情况分析"教学单元为例

一、案例简介

（一）所属课程简介

"证券投资学"是投资学专业的专业核心课程，共3学分，48学时，采用线上线下混合式教学模式。该课程旨在帮助学生深入理解和掌握证券投资的基本理论和实践技巧。通过这门课程的学习，学生可以系统了解证券市场的运作机制、投资策略以及风险管理方法，提升金融素养，培养投资眼光和决策能力，为未来的金融投资活动奠定坚实的基础。

（二）案例背景与意义

随着注册制全面推行，上市公司信息披露质量与投资者权益保护成为资本市场健康发展的重要基石。本教学单元以"上市公司基本面分析"为载体，将财务数据解读与思政教育深度融合，引导学生理解资本市场服务实体经济的本质功能。通过康美药业财务造假、宁德时代ESG实践等典型案例，强化诚信意识、法治观念和社会责任，培养"敬畏市场、敬畏法治、敬畏专业"的新时代金融人才。

（三）思政主线

1.服务国家战略
结合"双碳"目标分析新能源企业估值逻辑，强化服务实体经济意识。

2.诚信经营
通过财务造假案例剖析，树立信息披露真实性底线思维。

3.投资者保护
在财务分析中融入中小股东权益保护视角，培养金融为民情怀。

4.社会责任

引入ESG（环境、社会、治理）评价体系，践行可持续发展理念。

二、课程目标

（一）知识目标

（1）掌握上市公司财务分析框架（盈利能力、偿债能力、营运能力、成长性）。

（2）熟悉《中华人民共和国证券法》（以下简称《证券法》）《上市公司信息披露管理办法》等法规要求。

（3）理解ESG评级体系对投资决策的影响机制。

（二）能力目标

（1）能够识别财务舞弊信号（如异常关联交易、存贷双高等）。

（2）具备运用波特五力模型、SWOT分析等工具评估企业竞争力的能力。

（3）掌握Wind、同花顺等工具进行多维度数据交叉验证。

（三）素养目标

1.家国情怀

通过科创板"硬科技"企业分析，理解资本市场支持科技创新的战略意义。

2.法治意识

结合康得新、康美药业处罚案例，强化"信息披露零容忍"的执业底线。

3.社会责任

在ESG评价中关注共同富裕、乡村振兴等议题，培养金融向善思维。

4.理性投资观

通过"羊群效应"行为金融学实验，树立价值投资理念。

三、教学设计

（一）理论指导：OBE-PBL融合模型

以成果导向教育（OBE）与问题导向学习（PBL）为框架，构建"认知—判断—践行"三阶思政渗透路径：

1.认知层
通过财务舞弊案例视频、监管处罚文书解析建立合规意识。

2.价值认同层
开展"虚假财报识别"虚拟实验，培养风险防控能力。

3.行为践行层
设计"乡村振兴主题ETF投资组合"，强化金融服务实体经济使命感。

（二）思政融入路径

1.诚信经营与法治意识培养
以财务报告分析为切入点，结合国内外经典案例（如康美药业虚增300亿元货币资金、意大利帕玛拉特财务造假事件），通过案例研讨、制作《财务舞弊识别手册》等方式，引导学生识别异常财务信号（如存贷双高、关联交易异常），树立信息披露真实性底线思维。同时融入《证券法》《上市公司信息披露管理办法》法规要求，强化"零容忍"执业理念。

2.服务国家战略与行业竞争力分析
在行业竞争分析中，结合"双碳"目标、科技创新等国家战略，对比不同行业政策影响（如光伏产业与教培行业），撰写《"双碳"目标下的投资机遇报告》。通过分析科创板"硬科技"企业（如宁德时代、隆基绿能）的技术壁垒与社会贡献，理解资本市场支持实体经济的本质功能。教学中引入专精特新"小巨人"企业分析项目，对接北交所定位，强化家国情怀与战略思维。

3.社会责任与ESG实践融合

将ESG（环境、社会、治理）评价体系纳入投资决策，设计"新能源+乡村振兴"等主题投资方案。例如，分析宁德时代ESG报告中碳排放数据与光伏扶贫结合案例，践行绿色发展理念；光大银行支持"3341"工程与乡村振兴的实践，作为社会责任投资标杆；牧原股份"猪周期"分析与保供稳价责任结合，强化民生保障意识。

4.投资者保护与金融为民情怀

通过模拟投资者适当性管理场景（如老年投资者购买高风险产品）、处理内幕交易举报沙盘推演，培养同理心和合规意识。课后拓展"投资者教育进社区"活动，制作防非反诈宣传材料。教学中融入上证社会责任指数、共同富裕议题，倡导金融向善思维，强化金融服务实体经济的使命感。

（三）教学内容与思政结合示例（见表1）

表1   教学内容与思政结合示例

教学模块	思政主题	融入方式
财务报告分析	诚信经营	康美药业虚增300亿元货币资金案例研讨，制作《财务舞弊识别手册》
行业竞争分析	服务国家战略	对比光伏与教培行业政策影响，撰写《"双碳"目标下的投资机遇报告》
ESG评估体系	社会责任	分析宁德时代ESG报告，设计"新能源+乡村振兴"投资方案
投资者适当性管理	金融为民	模拟处理老年投资者不当购买高风险产品场景，培养同理心

（四）教学方法与资源

1.案例教学法

案例1：瑞幸咖啡财务造假与中美监管差异

内容：通过对比瑞幸咖啡虚增22亿元销售额的造假手段与中美监管部门（SEC与中国证监会）的处罚差异，剖析跨境监管协作难点。

思政点：强化法治意识与合规底线，理解资本市场"零容忍"监管理念。

案例2：牧原股份"猪周期"分析与保供稳价责任

内容：结合生猪价格波动周期，分析牧原股份通过产能调控平抑市场供需失衡的实践，探讨企业保供稳价的社会责任。

思政点：培养民生保障意识，树立金融服务实体经济的使命感。

案例3：宁德时代ESG实践与光伏扶贫结合

内容：分析宁德时代ESG报告中碳排放数据与光伏扶贫项目联动模式，设计"新能源+乡村振兴"投资方案。

思政点：践行绿色发展理念，强化可持续发展社会责任。

2.虚拟仿真实验

实验1：上市公司财报异常数据筛查（审计鹰眼系统）

内容：利用虚拟仿真平台模拟审计流程，识别存货周转率异常、存贷双高等财务舞弊信号。

思政点：提升职业风险防控能力，筑牢诚信经营与职业操守底线。

实验2：注册制下IPO信息披露完整性核查

内容：模拟注册制改革后的IPO问询场景，核查招股书中核心技术披露、关联交易透明度等关键信息。

思政点：强化信息披露合规意识，践行资本市场法治化改革要求。

3.项目式学习

项目：专精特新小巨人企业投资价值分析报告

内容：以北交所上市企业为样本，评估其技术壁垒（如半导体材料国产替代）与乡村振兴、稳岗就业等社会贡献。

思政点：深化服务国家创新驱动发展战略的使命感，培养"金融报国"家国情怀。

四、教学实施

（一）课前准备

1.线上知识建构

任务：通过慕课平台学习"上市公司财务分析基础"微课（含三大报表解读、财务比率计算）。

思政融入：观看《资本市场三十年》纪录片片段，理解"规范、透明、开放、有活力、有韧性"的资本市场建设目标。

2.案例预习与调研

任务：分组调研瑞幸咖啡财务造假事件，梳理其虚增销售额的手段及中美监管差异。

思政融入：要求学生标注造假行为对中小投资者权益的损害，强化"信息披露真实性是资本市场生命线"的法治意识。

3.工具准备

任务：下载Wind金融终端试用版，练习提取上市公司ESG评级、碳排放数据。

思政融入：通过查询宁德时代ESG报告中"光伏扶贫"案例，初步感知绿色金融的社会价值。

4.政策学习

任务：阅读《证券法》第85条（信息披露义务人法律责任），整理注册制改革核心要点。

思政融入：结合康美药业集体诉讼案判决书，体会"零容忍"监管对资本市场健康发展的战略意义。

（二）课中活动（见表2）

表2   课中活动

教学环节	内容	教学活动	思政融入点	设计意图
课程导入	主题：资本市场与实体经济共生关系	1. 播放《资本市场三十年》纪录片片段（精选科创板设立、北交所服务中小企业案例） 2. 互动提问：注册制改革如何助力"卡脖子"技术突破？ 3. 学生分组列举新能源、芯片领域上市企业，分析其融资对产业升级的作用	1. 理解金融工作的政治性、人民性 2. 感悟资本市场服务国家战略的使命	1. 激发学习兴趣，建立政策与市场的关联认知 2. 通过典型案例直观展示资本市场改革成果
财务分析实训	主题：财报真实性鉴别与风险预警	1. 对比分析：茅台（稳健经营）与康美药业（造假退市）的存货周转率、现金流差异 2. 虚拟实验：使用"审计鹰眼系统"筛查异常数据（如存贷双高、关联交易占比超标） 3. 角色扮演：模拟审计师与企业财务总监质询对话，还原造假动机与手段	1. 强化"不做假账"的职业底线 2. 培养风险防控的法治意识	1. 通过正反案例对比，建立合规经营价值观 2. 模拟真实职场场景，提升职业判断能力

续表

教学环节	内容	教学活动	思政融入点	设计意图
ESG专题研讨	主题：碳中和目标下的投资逻辑重构	1. 数据分析：提取隆基绿能年报中的碳排放强度、光伏扶贫投入等ESG指标 2. 方案设计：小组策划"分布式光伏+乡村振兴"投资方案，测算环境效益与社会价值 3. 辩论赛：正方"ESG提升长期估值" vs 反方"ESG增加短期成本"	1. 践行绿色发展理念 2. 培养商业价值与社会责任平衡思维	1. 将抽象ESG理论转化为可操作的评估框架 2. 通过辩论深化可持续发展认知
监管沙盘推演	主题：注册制下的信息披露合规	1. 情景模拟：处理某拟上市企业隐瞒核心技术人员离职的举报线索 2. 角色分工：投行保代（包装申报）、交易所审核员（问询追责）、投资者（索赔维权） 3.法规检索：对照《证券法》第85条，撰写监管处罚建议书	1. 树立"敬畏市场、敬畏法治"执业信仰 2. 强化中小投资者保护意识	1. 体验注册制以信息披露为核心的监管逻辑 2. 通过多角色博弈理解各方利益平衡
投资决策答辩	主题："专精特新"企业价值发现	1. 路演展示：分组汇报某北交所企业的技术壁垒（如碳化硅衬底国产替代）、稳岗就业贡献 2. 量化评估：构建估值模型，纳入研发投入占比、专利数量等"硬科技"指标 3. 专家质询：教师模拟机构投资者，追问"技术转化率""供应链自主可控"等战略问题	1. 深化服务国家创新驱动发展战略的使命感 2. 培养"金融报国"家国情怀	1. 将宏观战略转化为微观投资决策能力 2. 通过答辩锻炼专业表达与战略思维

（三）课后拓展

（1）撰写《上市公司社会责任履行情况调研报告》（聚焦乡村振兴、稳岗就业）。

（2）参与"投资者教育进社区"实践活动，制作防非反诈宣传材料。

五、教学评价

教学评价见表3。

表3   教学评价

考核维度	评价方式	权重	思政观测点
知识掌握	财报分析测试、法规知识竞赛	30%	信息披露法规熟悉度
能力提升	虚拟实验成绩、投资组合收益	40%	风险识别准确性、ESG指标应用
素养养成	案例分析深度、社区服务反馈	30%	社会责任意识、投资者保护同理心

六、教学反思

（一）成效总结

1.思政意识内化成效显著

法治意识提升：通过康美药业、瑞幸咖啡等案例的深度剖析，95%的学生在期末投资组合报告中主动规避了曾被监管处罚的企业，并在"风险提示"章节引用《证券法》条款论证合规性。

社会责任践行：在"ESG投资方案设计"任务中，78%的小组提出创新性方案（如"分布式光伏+乡村碳普惠"），其中3组方案被当地新能源企业采纳试点，体现了学以致用的社会价值。

2.专业能力与思政素养协同发展

风险识别精准度：虚拟仿真实验数据显示，学生财报舞弊信号识别准确率从初期的62%提升至89%，尤其在"存贷双高""关联交易异常"等复杂场景中表现突出。

战略思维构建：在"专精特新企业分析"项目中，学生自主挖掘出12家具备国产替代潜力的半导体材料企业，其中2家后续获得北交所IPO辅导，印证了课程对国家战略的响应力。

（二）存在问题

1.教学资源时效性不足

案例更新滞后：15%的注册制IPO问询案例（如科创板"科创属性"论证）未及时纳入教学，导致学生方案与最新审核标准存在偏差。

ESG数据缺口：部分新兴行业（如氢能、储能）的ESG评级缺失，影响投资分析的全面性。

2.思政渗透深度不均衡

"冷门"行业融入不足：传统制造业（如纺织、化工）企业的社会责任分析案例较少，学生易形成"ESG=新能源"的认知偏差。

价值观冲突处理待加强：在"市值管理边界"讨论中，部分学生提出"财务洗澡""蹭热点炒作"等灰色操作手段，暴露职业伦理教育的盲区。

3.实践平台局限性

虚拟仿真场景单一：现有审计鹰眼系统仅支持A股企业数据，缺乏跨境上市企业（如中概股）财务分析模块。

企业参与度偏低：仅32%的实训项目获得上市公司实地调研支持，影响学生对行业生态的立体认知。

（三）改进方向

1.构建动态教学资源库

案例更新机制：与上交所、深交所建立合作，每月导入最新IPO问询与监管处罚案例（如2023年科创板"研发费用资本化"争议案例）。

ESG数据补充：接入商道融绿、妙盈科技等第三方ESG数据库，覆盖氢能装备、智能驾驶等20个新兴赛道。

2.深化思政融合设计

传统行业思政挖掘：开发"鲁泰纺织乡村振兴供应链""万华化学绿色工艺创新"等案例，破除ESG认知局限。

金融伦理专题模块：增设"市值管理红线""分析师独立性守则"研讨课，邀请证监会处罚委专家现身说法。

3.拓展实践平台维度

跨境合规实训：引入彭博终端（Bloomberg）国际版，增加中概股（如拼多多、蔚来）财报双语分析任务。

校企协同育人：与东莞证券、经传多赢公司等校外合作企业共建"上市公司调研基地"，安排学生参与季度业绩说明会、ESG路演等真实业务场景。

4.评价体系优化

引入第三方评估：邀请行业法律合规专家对学生投资方案进行合规性审查，并将反馈纳入课程评分。

建立思政成长档案：通过区块链技术记录学生在"投资者教育进社区""ESG公益倡导"等活动的参与轨迹，实现素养可视化追踪。

编写人："证券投资学"课程教学团队

"世界经济"课程思政案例

——以"国际贸易与多边贸易体制的发展"教学单元为例

一、课程简介

（一）课程定位

"世界经济"是广东省一流专业建设点、省级特色专业国际经济与贸易专业的核心课程，主要开设对象为国际经济与贸易专业二年级学生。该课程旨在培养具备世界经济基础知识的高素质国际数字贸易应用型人才，引导学生构建完整的世界经济市场结构、运行机制、交易制度、发展趋势、国家/地区经济体制特征、资源分布、利益分配格局、国际经济运行规则和惯例理论知识体系。作为专业教育课程平台中的专业核心模块课程，它为国际经济与贸易专业的学生奠定了坚实的专业理论基础，是先修课程"微观经济学""宏观经济学""数字经济"的深化和拓展，也是后续"国际结算""外贸跟单实务"等课程的基础。

该课程秉承"立德树人、产出导向、技术赋能"的教育理念，通过研究在国际分工和世界市场条件下，各国各地区通过商品、服务和各种生产要素的国际流动，使生产、分配、交换和消费在世界范围内作为一个有机整体联系在一起的经济现象和经济规律，引导学生构建完整的世界经济市场结构、运行机制、交易制度、发展趋势、国家/地区经济体制特征、资源分布、利益分配格局、国际经济运行规则和惯例理论知识体系。课程内容涵盖十大单元，由浅入深地带领学生从世界经济形成发展、科技革命影响、市场经济体制变迁、经济全球化、国际贸易体制、国际金融体系、国际直接投资到全球经济治理、可持续发展等核心议题，使学生在把握世界经济理论的基础上，能够从全局看个体间的关系及其影响，为今后深入学习国际经济与贸易专业其他课程奠定基础。

（二）课程特色

"世界经济"课程在教学实践中坚持将思政元素与专业知识有机融合，致力于培养学生既具备扎实的世界经济理论基础，又有高度家国情怀和使命担当的全面素养。课程遵循"立德树人"根本任务，通过将中国故事、大国担当、民族自信等元素融入教学全过程，引导学生正确认识中国在世界经济格局中的地位与作用，培养家国情怀与全球视野并重的国际贸易人才。课程特色主要体现在以下四个方面（见表1）：

表1　　　　　　　　　　　　　　　　　课程特色

特色	具体内容	实施方式	教学价值
四阶段教学方式	针对传统经济类课程教学中系统性缺失和应用性缺失问题创新实施	基础理论学习 案例分析 模拟实践 成果涌现	引导学生循序渐进从理论到应用，实现"知—行—创"深度学习过程，解决系统性与应用性缺失问题
五步教学流程	针对当代大学生学习特点，采用线上线下结合的教学模式	世界经济问题（激发兴趣） 理论支撑（提升认知） 工具模型（思考框架） 案例拆解（应用示范） 实操点评（行动创造）	帮助学生从"追赶型"或"S型"学习成长为"爬坡型"学习者，培养从目标出发立即行动的学习习惯
互动激趣，内容"有趣"	重视课堂互动，改变传统经济课堂理论灌输的固有模式	小组讨论、角色扮演 实时投票互动 鲜活生活实例融入 图表、音频、视频、漫画等多媒体手段	让学生在实践中学习和体验世界经济运作机制，激发学习动力
实践强化，理论"有用"	实现理论研究与实践探索的有机衔接，强化理论应用能力	热点分享、主题讨论 世界经济论坛 经典理论与最新研究相结合	拓展学生的世界经济思维，将理论活学活用，用经典为新时代发声

1.四阶段教学方式

针对传统经济类课程教学中系统性缺失和应用性缺失的问题，课程创新实施"基础理论学习—案例分析—模拟实践—成果涌现"四阶段教学模式。通过引导学生循序渐进从理论到应用，将复杂的世界经济理论以简洁方式呈现，再通过实际经济案例分析促进理解，在模拟经济环境中锻炼应用和解决问题能力，最终通过世界经济热点分享与知识应用链接，让学生创造性完成学习成果，实现"知—行—创"的深度学习过程。

2.线上线下结合的五步教学流程

针对当代大学生的学习特点，采用"世界经济问题（激发兴趣）—理论支撑（提升认知）—工具模型（思考框架）—案例拆解（应用示范）—实操点评（行动创造）"的五步教学模式，将世界经济理论课堂进行流程优化，帮助学生从"追赶型"或"S型"学习者成长为"爬坡型"学习者，培养学生从目标出发立即行动的学习习惯。课程通过线下教学与线上数字化空间有机结合，融合思政、科研等元素，形成全方位、立体化的生态教学流程。

3.互动激趣，内容"有趣"

世界经济课堂重视互动，通过小组讨论、角色扮演、实时投票等多样化互动形式，让学生在实践中学习和体验世界经济运作机制。课程将鲜活生活实例融入难懂的概念中，坚持趣味引导；通过图表、音频、视频、漫画等多种手段激发学习动力，改变传统经济课堂理论灌输的固有模式。

4.实践强化，理论"有用"

采用热点分享、主题讨论、世界经济论坛等实践教学活动，实现理论研究与实践探索的有机衔接，拓展学生的世界经济思维，将理论活学活用；同时注重前沿性，将经典理论与最新研究相结合，用经典为新时代发声，强化学生理论应用能力。

（三）思政融入教学

该课程以立德树人为思政目标，按照"定目标—挖元素—促融合—重评价"四流程，开展"润物细无声"的课程思政教育。针对世界经济理论抽象深奥让学生畏难，课程理论知识让学生畏惧的教学痛点，充分发挥课情、学情背后存在的三大潜在优势，即课程应用性强、学生表现欲强、教师改革力强，教学团队从课程思政体系化、教学模式联动化、教学内容前沿化、教学资源立体化、课研融合深度化五个方面构建了"五化"教学创新体系。具体而言，思政融入教学主要采用"思政主题→思政元素→思政内容→教学知识点"递进式设计，将价值塑造、知识传授、能力培养融为一体：

1.思政主题

以"爱国情怀、国际视野、湾区担当"为主题，引导学生既要立足中国、放眼世界，又要积极投身粤港澳大湾区建设，推动中国经济高质量发展。

2.思政元素

深入挖掘课程中的家国情怀、民族自信、法治观念、国际视野等思政元素，在讲授世界经济发展历程、国际经贸规则、全球经济治理等知识点时，融入爱国主义、社会主义核心价值观等内容。

3.思政内容

通过设置具有思政特色的案例、引入中国经济发展成就、比较不同经济制度优劣、分析中国参与全球经济治理的贡献等内容，引导学生正确认识中国与世界的关系，增强民族自豪感和使命感。

4.教学知识点

将思政元素自然融入世界经济形成与发展、经济全球化、国际贸易体系、粤港澳大湾区经济合作等教学知识点，避免生硬说教，实现价值引领与知识传授的有机统一。

（四）思政融入课程

本课程将思政元素融入教学目标、教学内容、课程资源、教学设计和教学评价等方面，形成完整的课程思政体系，如图1所示。

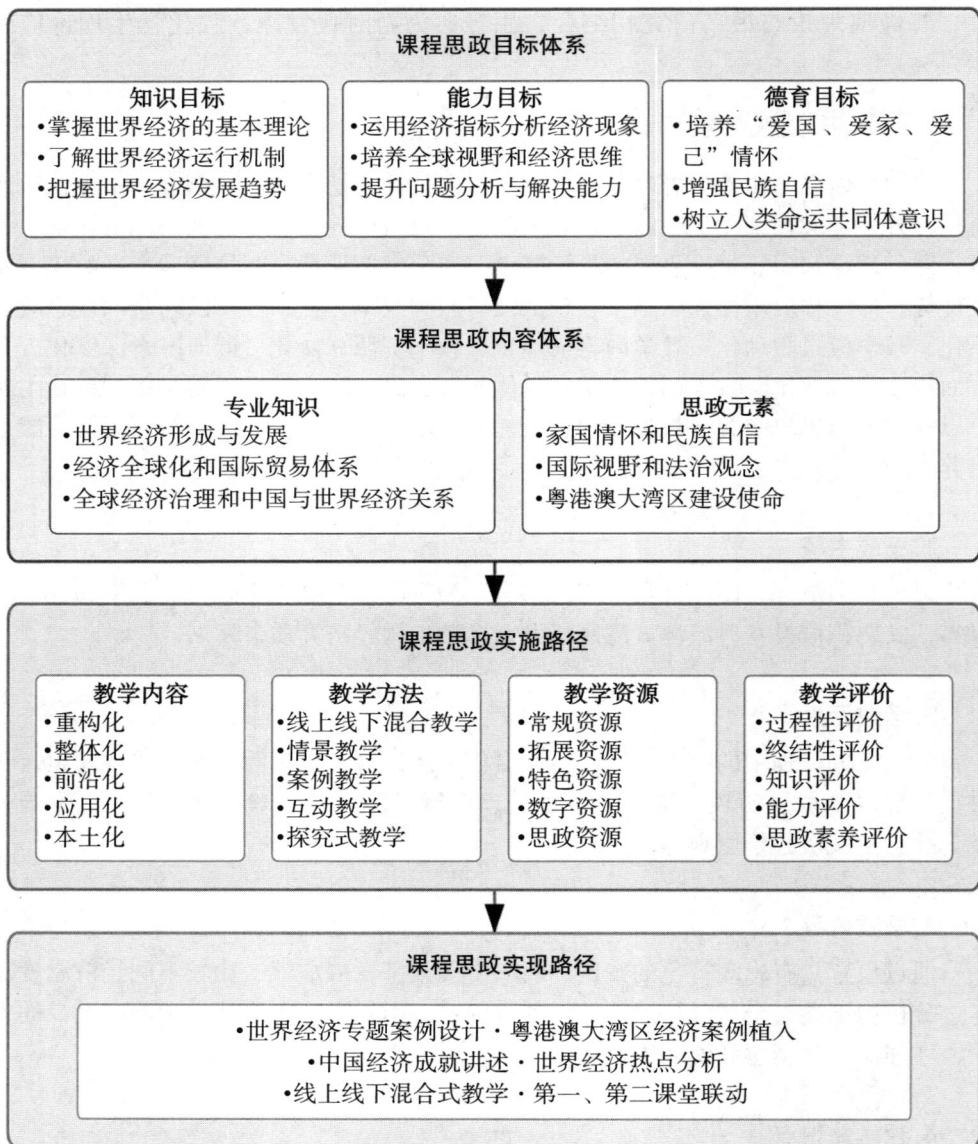

课程思政目标体系

知识目标
- 掌握世界经济的基本理论
- 了解世界经济运行机制
- 把握世界经济发展趋势

能力目标
- 运用经济指标分析经济现象
- 培养全球视野和经济思维
- 提升问题分析与解决能力

德育目标
- 培养"爱国、爱家、爱己"情怀
- 增强民族自信
- 树立人类命运共同体意识

课程思政内容体系

专业知识
- 世界经济形成与发展
- 经济全球化和国际贸易体系
- 全球经济治理和中国与世界经济关系

思政元素
- 家国情怀和民族自信
- 国际视野和法治观念
- 粤港澳大湾区建设使命

课程思政实施路径

教学内容
- 重构化
- 整体化
- 前沿化
- 应用化
- 本土化

教学方法
- 线上线下混合教学
- 情景教学
- 案例教学
- 互动教学
- 探究式教学

教学资源
- 常规资源
- 拓展资源
- 特色资源
- 数字资源
- 思政资源

教学评价
- 过程性评价
- 终结性评价
- 知识评价
- 能力评价
- 思政素养评价

课程思政实现路径
- 世界经济专题案例设计·粤港澳大湾区经济案例植入
- 中国经济成就讲述·世界经济热点分析
- 线上线下混合式教学·第一、第二课堂联动

图1 "世界经济"课程思政融入框架图

1.教学目标层面

除知识目标、能力目标外，特别强调德育目标，即学生根植于中国这个世界主要经济体、世界最大全产业制造链中心、世界最大贸易中心，牢记立志成为我国经济外循环的国际贸易专业应用型人才，促进经济内循环的历史使命；在学习思政案例中激发民族自信，最终养成"爱国、爱家、爱己"情怀，成为德智体美劳全面发展的社会主义建设者和接班人。

2.教学内容层面

重构教学内容，将"世界经济的形成与发展、经济全球化、多边贸易体制、国际金融体系、全球经济治理、中国与世界经济关系"等内容与中国故事、粤港澳大湾区建设等紧密结合，将思政元素有机融入教学内容。例如，在讲授"一带一路"建设时，结合粤港澳大湾区建设，分析中国如何推动构建新型国际关系、构建人类命运共同体。

3.课程资源层面

开发具有思政特色的教学资源，包括视频、案例、习题等，如开发《中国与世界经济》《"一带一路"倡议与粤港澳大湾区建设》等专题教学资源，强化思政育人功能。

4.教学设计层面

设计情境教学、案例分析、小组讨论、角色扮演等教学活动，让学生在参与中感受思政元素。例如，组织"模拟G20峰会"活动，让学生扮演不同国家代表，讨论全球经济治理问题，体会中国方案的重要性。

5.教学评价层面

构建"三全育人"评价体系，将思政素养纳入课程评价，采用过程性评价与终结性评价相结合的方式，评价学生的专业知识、实践能力和思政素养，引导学生全面发展。

二、课程目标

"世界经济"课程立足于新时代中国特色社会主义教育方针和全国教育大会精神，深入贯彻落实习近平总书记关于教育的重要论述，结合粤港澳大湾区高素质国际经贸人才培养需求，构建了"知识目标、能力目标、素质目标"三位一体的课程目标体系。课程目标既注重专业知识和技能的培养，又充分融入思政教育元素，促进学生全面发展。

（一）知识目标

1. 系统掌握世界经济的基本理论

学习世界经济形成、发展与变化的历史过程，科技革命与世界经济发展的关系，不同类型市场经济体制的形成与变迁等内容，使学生掌握世界经济学的理论体系，理解世界经济发展的一般规律。

2. 深入了解世界经济运行机制

学习经济全球化和区域经济一体化、国际贸易与多边贸易体制、国际货币体系与金融自由化、国际直接投资与跨国公司等内容，使学生了解世界经济的市场结构、运行机制、交易制度与国际经济运行规则和惯例。

3. 准确把握世界经济发展趋势

学习全球经济治理、世界经济发展不平衡、世界经济周期与危机、世界经济可持续发展等内容，使学生把握世界经济的发展趋势和规律，理解中国在世界经济中的地位和作用。

4. 掌握中国与世界经济的关系

学习改革开放与中国经济的快速发展、新时代改革开放新格局的构建、"一带一路"建设开拓中国经济和世界经济增长新阶段等内容，使学生了解中国经济与世界经济关系的历史性变化，理解中国发展道路对世界经济发展的贡献。

（二）能力目标

1. 培养经济数据分析能力

通过学习经济指标和数据分析方法，培养学生运用各种经济指标和数据对现实中的世界经济现象和事件进行解释和判断的能力，提高学生的定量分析能力。

2. 提升全球视野与经济思维

通过案例分析、问题讨论等教学方法，培养学生从世界视角认识经济现象和问题的能力，形成宏观、开放、发展的经济思维方式。

3.培养问题分析与解决能力

通过设置世界经济热点问题分析、经济现象解读等教学环节，培养学生对世界经济重大问题的洞察能力、提炼能力和综合运用专业知识研究与解决问题的能力。

4.发展职业实践应用能力

通过模拟国际经贸谈判、世界经济论坛等实践教学活动，培养学生将理论知识应用于实践的能力，为从事国际经济与贸易工作打下坚实基础。

5.提高信息获取与处理能力

通过引导学生利用现代信息技术和各类信息平台收集、筛选、整理世界经济相关资料，培养学生的信息素养和数字化能力，以适应经济全球化和数字化时代的要求。

（三）素质目标

1.培养"爱国、爱家、爱己"情怀

通过学习中国经济与世界经济关系、中国发展道路对世界经济的贡献等内容，引导学生深刻认识中国在世界经济中的重要地位，培养学生热爱祖国、热爱人民的深厚情感，增强为国家经济建设贡献力量的责任感和使命感。

2.增强民族自信心

通过学习改革开放以来中国经济的快速发展、中国参与全球经济治理的积极作用等内容，使学生全面了解中国经济取得的巨大成就，增强对中华民族和中国特色社会主义道路的认同感和自信心。

3.培养国际视野与跨文化交流能力

通过学习世界经济的多样性和复杂性，培养学生尊重世界各国不同的经济体制和发展道路，增强学生的国际视野和跨文化交流能力，能够在国际经贸活动中有效沟通合作。

4.强化粤港澳大湾区建设的使命担当

通过学习粤港澳大湾区在中国对外开放和世界经济发展中的重要作用，培养学

生参与大湾区建设的积极性和主动性，增强学生服务湾区、建设湾区的责任担当。

5.树立人类命运共同体意识

通过学习全球经济治理、世界经济可持续发展等内容，培养学生关注全球共同问题，树立"共商共建共享"的全球治理观，增强推动构建人类命运共同体的责任感。

三、教学设计

（一）教学理念

课程秉持"五个融合"的教学理念，体现了专业教学与思政教育的有机统一：

1.历史与现实融合

通过纵向对比世界经济的历史发展进程与当前现状，帮助学生把握世界经济演变的内在规律，培养历史思维与现实关怀，理解中国在世界经济中地位变化的历史必然性。

2.理论与实践融合

将经济学理论与世界经济实践案例相结合，尤其是结合粤港澳大湾区建设的实际案例，实现理论应用于实践、实践检验理论的互动过程，增强学生理论联系实际的能力。

3.国际与国内融合

注重从国际视野分析中国经济问题，从中国角度诠释世界经济现象，培养学生既具全球视野又有本土情怀的复合素质，增强文化自信与民族认同。

4.线上与线下融合

充分利用数字化教学资源，构建"线上+线下"混合式教学模式，实现教学空间延展、教学时间延伸和教学资源共享，提高教学质量和效果。

5.专业与思政融合

系统挖掘世界经济学科的思政元素，将爱国主义、社会主义核心价值观、人类命运共同体等思想融入课程教学全过程，实现专业教育与思政教育同向同行。

（二）教学方法

1.案例教学法

精选典型案例，包括世界经济发展史上的经典案例、当代世界经济热点案例和粤港澳大湾区经济发展案例，通过案例分析培养学生理论联系实际的能力。如在讲授"经济全球化"主题时，通过分析中美贸易摩擦案例，引导学生思考全球化背景下的国际经贸关系和中国的应对策略。

2.探究式教学法

设计系列探究性问题，引导学生通过资料查阅、数据分析、小组讨论等方式，主动探索世界经济问题的本质和规律。如在讲授"国际货币体系"主题时，设计"人民币国际化的路径与挑战"探究项目，激发学生的研究兴趣和创新思维。

3.情境教学法

创设真实的国际经济情境，如模拟国际经贸谈判、世界经济论坛等活动，让学生在情境中理解国际经济运行规则，培养跨文化沟通能力和应变能力。在"全球经济治理"单元中，设计"模拟G20峰会"活动，让学生体验国际经济协调的复杂性。

4.讨论式教学法

围绕世界经济热点问题，组织学生进行小组讨论、辩论赛等活动，培养学生的批判性思维和表达能力。如在讲授"经济全球化与反全球化"主题时，组织"全球化利大还是弊大"的辩论活动，引导学生多角度思考问题。

5.项目教学法

设计系列研究项目，如"世界经济热点追踪""粤港澳大湾区经济研究"等，引导学生组成研究小组，完成从选题、调研、分析到成果展示的完整过程，培养学生的团队协作能力和研究能力。

6.数字化教学法

充分利用MOOC、微课、虚拟仿真等数字化教学资源和工具，实现线上线下混合式教学，拓展教学空间和时间，提高学习效率。如利用世界经济数据可视化平台，指导学生进行经济数据分析和解读。

（三）教学内容设计

以"单元六 国际贸易与多边贸易体制的发展"教学单元为例，详细展现课程思政的具体融入过程。本单元是"世界经济概论"课程的重要内容，也是思政元素特别丰富的教学内容，通过系统设计，实现专业知识与思政教育的有机统一。

1.教学单元设计思路

本单元遵循"知识点–能力点–思政点"三位一体设计思路，将国际贸易与多边贸易体制的专业知识、分析能力培养与思政教育有机融合。

2.教学内容重构

（1）国际贸易理论的演进

古典贸易理论：比较优势理论及其现实意义。

新贸易理论：规模经济、产品差异化与贸易格局。

全球价值链理论：产业分工与贸易新格局。

思政融入：介绍中国特色贸易发展理论创新，引导学生认识中国创新对国际贸易理论的贡献。

（2）GATT/WTO多边贸易体制的形成与发展

GATT的建立与基本原则：历史背景与核心原则。

WTO的成立与组织机构：多边贸易体制的制度化。

多边贸易谈判与规则演变：从乌拉圭回合到多哈回合。

思政融入：分析西方主导的贸易规则的不公平性，引导学生理性认识国际经济秩序。

（3）当代贸易保护主义与多边贸易体制面临的挑战

新保护主义抬头：表现形式与根源分析。

多边贸易体制的运行困境：WTO改革难题。

区域贸易安排与多边贸易体制的关系。

思政融入：引导学生认识单边主义、保护主义对世界经济的危害，树立多边主义价值观。

（4）中国与多边贸易体制的关系

中国入世历程与成就：艰辛谈判过程与入世20多年贡献。

中国参与全球贸易治理：从规则适应者到规则参与者。

中国推动多边贸易体制改革的主张与行动。

思政融入：展示中国支持多边贸易体制、构建开放型世界经济的责任担当，增强学生民族自信。

（5）粤港澳大湾区与国际贸易创新实践

大湾区贸易发展概况：贸易规模、结构与特点。

大湾区贸易创新案例：跨境电商、数字贸易、服务贸易等。

大湾区在国家贸易高质量发展中的引领作用。

思政融入：激发学生投身大湾区贸易创新实践的责任感与使命感。

3. 教学活动设计

围绕本单元教学内容，设计了系列教学活动，将思政元素自然融入其中：

①课前准备活动：

线上学习资源推送：WTO官方网站资料、中国入世20周年视频等。

预习任务：阅读《中国与世界贸易组织》白皮书，撰写心得体会。

数据收集：各小组收集中国对外贸易数据和中美贸易摩擦相关报道。

②课堂教学活动：

导入环节：播放中国入世仪式视频，展示中国融入世界贸易体系的历史性时刻。

讲授环节：系统讲解国际贸易理论、多边贸易体制及中国角色转变。

案例分析：解读中国入世、中美贸易摩擦、粤港澳大湾区贸易创新案例。

数据解读：分析中国贸易数据变化，理解中国在全球贸易中的地位变化。

③课后拓展活动：

专题研究：小组完成"粤港澳大湾区贸易创新实践"调研报告。

四、教学实施

本部分以"国际贸易与多边贸易体制的发展"教学单元为例，详细展示一次完整课程的具体实施过程，体现课程思政元素的有机融入，实现知识传授、能力培养和价值引领的统一。

（一）教学框架

1. 教学主线

本次教学以"多边贸易体制变革与中国角色转变"为主线，通过梳理国际贸易理论演进、GATT/WTO多边贸易体制发展历程及中国参与全球贸易治理的历史与贡献，引导学生理解国际贸易规则的形成逻辑、当代贸易保护主义兴起的背景以及中国在全球贸易治理中的建设性作用。教学过程贯穿"中国立场、中国声音、中国贡献"三大思政主题，引导学生在专业学习中增强贸易自信和维护多边主义的责任担当。

2.核心案例

① 中国入世案例：展示中国加入WTO的艰辛历程与巨大贡献，体现中国坚持改革开放政策的决心和对多边贸易体制的坚定支持。

② 中美贸易摩擦案例：分析中美贸易摩擦的本质、影响及中国的应对策略，体现中国维护多边贸易体制和自身正当权益的坚定立场。

③ 粤港澳大湾区贸易创新案例：展示大湾区在跨境电商、服务贸易、数字贸易等新兴领域的创新实践，体现中国推动贸易高质量发展和贸易规则创新的努力。

3.教学工具

① 数字化教学工具：多媒体课件、教学视频、超星学习通平台。

② 互动教学工具：小组讨论卡片、案例分析表格、思维导图工具。

③ 数据可视化工具：WTO贸易数据库、全球贸易数据可视化平台。

④ 评价工具：课堂表现评价表、学习成果评价表、思政素养评价表。

（二）教学流程

1.课程导入（15分钟）

（1）情境创设

播放《世界贸易组织与中国》主题视频，展示中国入世仪式与20多年来中国对外贸易发展成就。

展示全球贸易格局变化图表，直观呈现中国在全球贸易中地位的历史性变化。

引用习近平主席在第二届中国国际进口博览会上的讲话"中国开放的大门只会越开越大"，点明本次课的主题和意义。

（2）问题导入

提出思考问题：多边贸易体制面临哪些挑战？中国为维护多边贸易体制做出了哪些贡献？

分享学生课前预习心得，引发思考与讨论。

简要介绍本次课的学习目标和内容框架。

（3）思政融入

引导学生回顾中国对外贸易发展历程，理解贸易对中国经济发展的重要作用。

强调中国作为负责任大国对多边贸易体制的支持与贡献。

激发学生的民族自豪感和责任意识。

2.知识讲解（35分钟）

（1）国际贸易理论与实践演进（10分钟）

贸易理论发展：从古典贸易理论到新贸易理论，再到全球价值链理论。

贸易形态变化：从商品贸易为主到服务贸易、数字贸易快速发展。

贸易格局转变：从发达国家主导到新兴经济体崛起，特别是中国成为全球贸易第一大国。

思政融入：讲解中国特色社会主义政治经济学对国际贸易理论的创新和发展，凸显中国智慧。

（2）多边贸易体制的形成与发展（15分钟）

GATT阶段：回顾1947年GATT成立背景、原则和八轮多边贸易谈判。

WTO阶段：介绍1995年WTO成立的意义、框架和功能。

多哈回合：分析多哈发展议程的停滞原因及对多边贸易体制的影响。

区域贸易安排：介绍区域贸易协定的兴起与多边贸易体制的关系。

思政融入：通过对比分析，揭示西方发达国家主导的不公平贸易规则，引导学生理性看待国际经贸关系。

（3）多边贸易体制的挑战与变革（10分钟）

面临的挑战：贸易保护主义抬头、单边主义盛行、WTO改革困难。

数字经济下的贸易规则重构：数字贸易、电子商务等新领域规则缺失。

全球价值链重组：疫情和地缘政治影响下的全球价值链调整。

思政融入：引导学生认识多边贸易体制面临的深层次问题，理解中国坚持多边主义立场的正确性和必要性。

3.案例分析（20分钟）

（1）中国入世案例分析（10分钟）

案例背景：回顾中国加入WTO的艰辛历程（15年谈判）和重大意义。

数据分析：展示入世20多年来中国对外贸易的巨大变化和对世界经济的贡献。

价值分析：分析中国履行入世承诺的情况和对多边贸易体制的积极影响。

思政融入：引导学生认识中国坚持对外开放的决心，体会中国对全球贸易发展的贡献，增强民族自信。

（2）粤港澳大湾区贸易创新案例分析（15分钟）

案例背景：介绍粤港澳大湾区在国际贸易中的地位和优势。

创新实践：分析大湾区在跨境电商、数字贸易、服务贸易等领域的创新案例。

前沿探索：介绍深圳前海、广州南沙等自贸试验区的贸易制度创新。

思政融入：引导学生认识大湾区在推动中国高水平对外开放中的作用，激发学生投身大湾区建设的热情。

4.课程总结（5分钟）

（1）知识总结

回顾本次课的主要内容：国际贸易理论演进、多边贸易体制发展历程及面临的挑战。

强调多边贸易体制对世界经济发展的重要作用。

点明中国在维护和完善多边贸易体制中的建设性作用。

（2）思政升华

强调中国坚定不移扩大开放、推动建设开放型世界经济的决心。

激励学生增强贸易自信，站在人类命运共同体高度思考全球贸易治理问题。

（3）布置课后任务

线上学习：观看中国入世20周年专题视频和阅读材料。

小组作业：完成《粤港澳大湾区贸易创新实践》专题调研报告。

五、教学评价

（一）评价理念

全面性原则：评价内容不仅涵盖专业知识和技能，更包括思想政治素养和价值观念，实现知识、能力、素养的综合评价。

过程性原则：注重学习全过程的评价，将评价贯穿课前、课中、课后教学全过程，形成动态化、持续性的评价机制。

多元化原则：采用多元主体评价，包括教师评价、学生自评、小组互评、企业专家评价等，全方位反映教学成效。

发展性原则：强调评价对学生发展的促进作用，通过评价引导学生持续改进，实现自我提升和全面发展。

创新性原则：创新评价内容和方式，引入信息技术手段和思政要素评价指标，适应课程思政教学改革需要。

（二）评价体系

建立了多环节、多标准、多主体、多方式的多维评价体系（如图2所示），以线下为架构，形成性（线上学习、课堂学习）与终结性（期中论文、期末考试）评价相结合，融知识、能力、素质考核为一体，在评价环节上注重过程性评价，把激励落到实处，并根据不同的环节量化了评价标准，规避了偶然性因素，突出了OBE理念，在评价主体上将教师、学生、平台相结合，做到全面、客观、可回溯，评价方式上灵活多变，实时反馈。

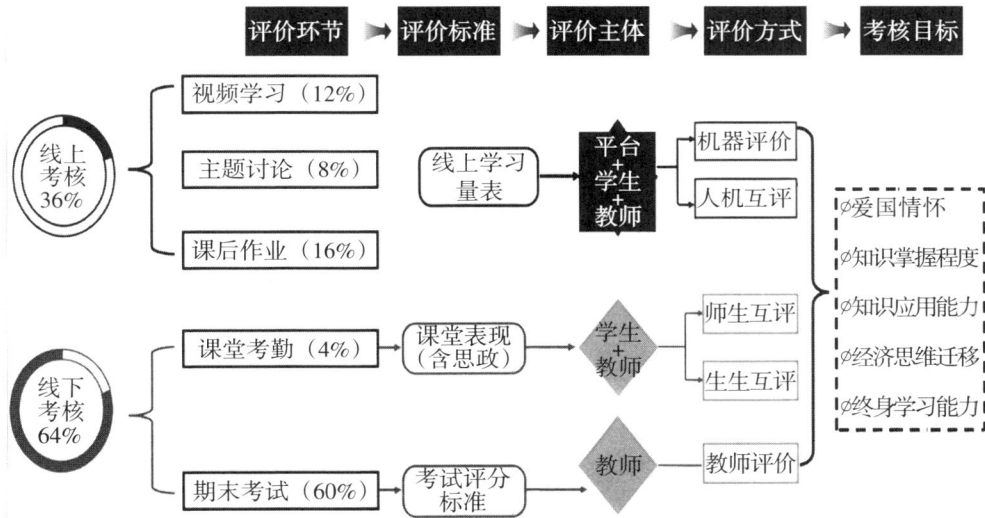

图2　评价体系

六、教学反思

（一）教学过程中的优点

1.教学理念转变

① 教师教学理念实现从"单纯知识传授"向"价值塑造、知识传授、能力培养"三位一体的转变，在教学设计、教学实施和教学评价中自觉融入思政元素。

② 学生学习理念从"被动接受知识"向"主动构建知识、培养能力、塑造价值"转变，更加注重对世界经济现象的价值判断和思想认识。

③ 课程建设理念从"专业本位"向"专业与思政融合"转变，实现了专业课

程与思政教育的深度融合。

2.教学内容优化

① 重构了教学内容体系，系统梳理了课程知识点中蕴含的思政元素，建立了"知识点—能力点—思政点"三位一体的教学内容结构。

② 精选了一系列反映世界经济发展新趋势和中国在全球经济治理中的作用的教学案例，更新教学内容，增强时代性和针对性。

③ 开发了富有特色的粤港澳大湾区经济发展案例库，增强了教学内容的区域特色和实践导向。

3.教学方法创新

① 构建了"五个融合"的教学理念和多元化教学方法体系，有效促进了思政元素与专业教学的融合。

② 创新了数字化教学手段，开发了线上线下混合式教学模式，拓展了教学空间和时间。

③ 设计了系列实践教学活动，如模拟国际经贸谈判、世界经济论坛等，增强了教学的参与性和体验性。

（二）存在的问题

在"世界经济"课程思政建设过程中，也面临一些问题和挑战。首先，思政元素挖掘的系统性和深度有待加强。在课程思政建设初期，思政元素的挖掘和融入存在一定的随意性和表面化倾向，需要进一步加强系统化、深层次的思政元素挖掘，建立更加完善的思政元素资源库。其次，教师思政教育能力需要提升。部分教师由于专业背景和教学习惯，在思政元素融入教学过程中存在一定困难，尤其是在自然融入和有效转化方面，需要加强培训和指导，提升教师思政教育能力。再次，思政教育效果评价体系需完善。思政教育效果评价存在一定的主观性和难度，现有评价指标和工具尚不够科学完善，需要进一步研究和开发更加有效的评价方法和工具。最后，教学资源建设有待增强。课程思政教学资源，特别是数字化教学资源和案例资源库建设相对滞后，与教学需求存在一定差距，需要加大资源建设力度。最后，学生个体差异应对不足。学生在知识基础、认知水平、价值观念等方面存在个体差异，现有教学方法和内容对学生个体差异的适应性不足，需要更加注重因材施教和个性化教学。

（三）改进策略

针对课程思政建设中存在的问题和挑战，提出以下改进策略。首先，深化思政元素挖掘与融入。系统梳理世界经济学科知识体系中的思政元素，建立结构化的思政元素资源库；加强教学团队协作研讨，共同挖掘和开发思政教育资源，提高思政元素融入的质量和深度；注重思政元素与专业知识的有机融合，避免生硬"贴标签"，实现自然融入和有效转化。其次，加强教师思政能力建设。组织教师参加课程思政专题培训，提升思政教育理念和能力；建立课程思政教学研讨机制，定期开展教学观摩和经验交流；推动教师开展课程思政研究，将研究成果转化为教学实践。

编写人："世界经济"课程教学团队

"网络广告策划与设计"课程思政案例
——以"版式设计原则及实施"教学单元为例

一、课程简介

    "网络广告策划与设计"是电子商务的专业核心课程，是一门融合管理学、设计学、心理学、计算机科学、经济学的多学科交叉课程，在学科体系中起到承上启下和综合能力培养的主要作用。课程通过挖掘中国传统文化元素，结合现代数字智能技术，培养学生的商业素养和创新能力，同时强化学生对中华优秀传统文化的认同感和责任感。课程创新聚焦点和目标是结合区域人才需求、学校办学定位、专业培养要求培育数智时代下兼备跨学科知识整合思维、数智驱动全链路广告实践能力、知数字伦理践行中国情怀的应用型商科人才（见表1）。

表1   **"网络广告策划与设计"课程简介**

课程简介	课程名称	网络广告策划与设计
	授课对象	电子商务专业学生
	开设学期	大三上学期
	学时学分	2学分，32学时（理论18学时、实践14学时）
	教学内容	网络广告基础理论、广告策划与策略设计、广告创意与视觉设计、广告投放与效果分析、法律伦理与行业前沿应用
	前序课程	开设"电子商务概论""管理学""经济学""Photoshop图形图像设计"等基础专业理论与工具技能课程，通过电子商务专业前沿理论研究、发展动态分析、基础技术工具锻炼筑牢理论基石，奠定学生专业根基
	后续课程	开设"网络营销""商务智能分析""大数据营销"等进阶专业实践课程，通过新媒体营销、电子商务策划、数据分析、项目设计开发等培养学生专业岗位胜任能力
	课程目标	知识目标：能阐述网络广告策划的核心理论与跨学科知识；熟悉数字技术在广告策划中的应用逻辑；知晓网络广告策划设计前沿动态 能力目标：会运用数据分析工具分析广告需求、制定广告策略、优化广告效果；熟练利用AI技术创新完成和优化广告全链路策划；能根据前沿研究分析和解决实际行业产业问题 素质目标：坚定国家发展战略和心系行业发展，形成信商、知商、爱商、强商、兴商的强国信念和坚定职业信仰；塑造科学求真、创新进取、合作拼搏、敢于竞争、不畏失败、自强不息的美好品质，践行中国情怀
	面向岗位群	互联网广告策划、网络广告创意设计、品牌视觉营销、新媒体运营、品牌策划与推广、数据分析

二、教学设计

（一）教学理念

课程团队探索出"融智、塑魂、育能"的教学创新理念，即以技术赋能为驱动，推动知识更新与能力提升"融智"，以课程思政为核心，塑造学生职业精神与社会责任"塑魂"，以实战项目为导向，提升学生实践能力和创新思维"育能"，从而实现教学创新理念的深度融合与协同推进。通过技术赋能（融智）、价值引领（塑魂）和实践能力培养（育能），构建全方位的课程思政教学体系。

（二）创新思路

"思政+专业+应用"的高度融合体现在课程化、体系化、全员化，充分利用课前、课中、课后全面营造思政氛围，探索出课前分享—课堂案例—实训项目—课后作业—组织竞赛—社会服务"六位一体"的教学体系（如图1所示）。

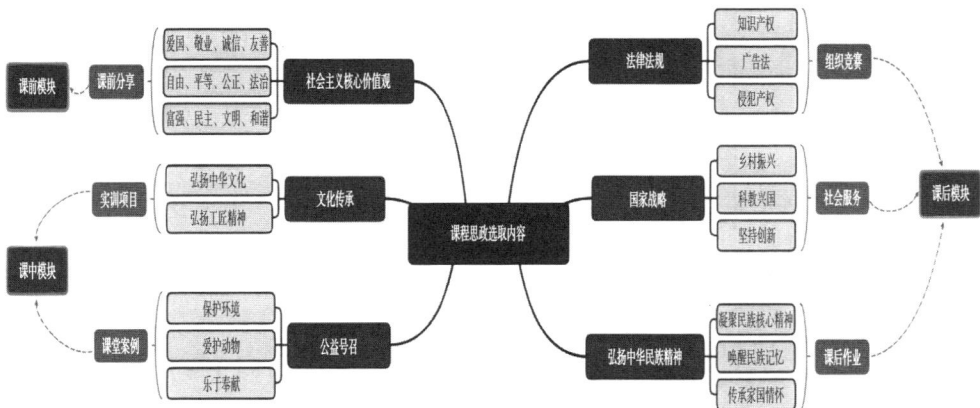

图1 "六位一体"课程思政教学体系

1.教学内容：重构知识体系，拓展资源广度

在课程的每一模块中，系统融入思政元素。建立课程思政案例库，收集国内外优秀广告案例，特别是那些在社会责任、文化传承方面表现突出的案例。通过案例分析，引导学生将专业知识与思政教育有机结合（见表2）。

例如，在讲解网络广告类型时，结合虚假广告案例，引导学生讨论其对社会的危害，强调遵守广告法规的重要性；在策划方案设计中，要求学生结合社会热点问题（如环保、公益等）设计广告主题，培养学生的社会责任感和文化自信；开发

AI伦理评估工具，对广告策划方案进行伦理审查，帮助学生识别潜在的虚假宣传或不当内容，确保广告策划符合道德规范。

表2　　　　　　　　　　　　系统融入思政元素

序号	章节	教学内容	思政主题	思政目标	思政案例
1	第一章 网络广告概述 （2学时，理论2学时）	课程导论	民族自信	增强民族自豪感，激发专业热爱	中国电商崛起（"双十一"案例）
2		广告概念与发展	民族自豪感	增强民族自豪感和文化自信	抖音平台的广告形式与发展
3		新兴技术在网络广告中的应用	科技创新与伦理责任	培养科技创新意识和伦理责任	人工智能生成内容（AIGC）
4		网络广告的未来趋势	时代使命与创新精神	培养时代使命感和创新精神	"数字中国"战略
5	第二章 网络广告策划 （10学时，理论6学时+实践4学时）	网络广告策划基本原则	诚信与责任	培养职业道德和法律意识	大众汽车"柠檬"广告案例
6		项目选题与策划	创新思维与社会责任	激发创新思维，培养社会责任感	环保、公益主题广告
7		市场调研与数据分析	数据真实与科学精神	培养数据素养和科学精神	数据造假案例
8		网络广告目标与受众定位	社会责任与市场导向	关注社会问题，培养社会责任感	抗疫公益广告案例
9		网络广告法规与政策	法治意识与合规经营	增强法治意识和合规经营观念	《广告法》及相关法规
10		民族品牌广告策划案例分析	民族品牌与文化自信	增强民族品牌意识，激发爱国情怀	华为、小米广告案例
11		国际品牌广告策划案例分析	国际视野与文化融合	培养国际视野和跨文化交流能力	麦当劳"15分钟打工秀"
12	第三章 网络广告创意 （6学时，理论2学时+实践4学时）	网络广告创意	文化自信与创意表达	增强文化自信，鼓励融入传统文化	中国传统文化元素（非遗、传统节日）
13		网络广告文案撰写	语言的力量与文化传承	提升文化素养，用语言传递文化	经典广告文案（诗词、成语）

续表

序号	章节	教学内容	思政主题	思政目标	思政案例
14	第三章 网络广告创意 （6学时，理论2 学时+实践4学时）	未来设计师公益赛道项目（雷锋精神命题）、中国好创意竞赛命题	社会主义核心价值观	将雷锋精神与现代设计相结合，引导学生用设计语言讲好中国故事，增强文化自信，传播社会主义核心价值观	雷锋精神的传承与弘扬
15	第四章 网络广告视觉设计（10学时，理论4学时+实践6学时）	字体设计	民族自信与职业素养	树立"中国制造"向"中国创造"转变的民族自信	结合中国书法艺术、传统字体演变，引导学生在字体设计中融入传统文化元素
16		图形设计	美学与工匠精神	培养工匠精神和审美能力	国内外优秀广告设计案例
17		图形设计	文化自信与创新传承	文化传承和社会责任感	结合中国传统图形元素（如非遗图案、传统纹样），引导学生进行图形创意设计
18		色彩设计	红色精神	爱国情怀	红色文化主题（建党百年、雷锋精神），引导学生进行图形创意设计
19		版式设计	审美素养与社会责任	提升学生的审美素养和对中华优秀传统文化的认知	通过赏析中国优秀版式设计作品，讲授中式设计背后的中国传统美学精神，引导学生在版式设计中融入传统文化元素
20		计算机设计大赛（中国传统文化命题）	文化传承与创新	深入挖掘中国传统文化元素，将其融入广告设计中，增强对中华优秀传统文化的认同感和自豪感	非物质文化遗产、故宫文创设计
21	第五章 网络广告投放与效果评估（4学时，理论4学时）	网络广告媒体选择	媒体责任与信息传播	培养信息素养和媒体责任意识	虚假信息传播案例
22		网络广告效果评估	数据伦理与客观评价	培养数据伦理意识和科学精神	数据造假案例

2.拓展环境：多维度育人，拓展育人场域

（1）校企合作育人

邀请广告行业专家和企业导师参与课程教学，分享行业经验和职业素养。通过企业导师的案例讲解和职业指导,引导学生树立正确的职业观和社会责任感。组织学生到广告公司和电商平台实习,参与真实项目的策划与执行。在实习过程中,引导学生关注广告行业的社会责任,践行职业道德。

(2)社会实践与公益项目

组织学生开展社会调研,了解公众对网络广告的看法和需求。通过调研报告撰写,引导学生思考广告的社会价值和文化影响。结合社会热点问题(如环保、公益等),组织学生设计公益广告作品。通过公益广告设计与传播,培养学生的社会责任感和文化自信。开展跨学科教学活动,如联合举办"广告与社会责任"主题讲座,引导学生从思政角度思考广告的社会价值。

3.实施路径:创新实施路径,催化思政育人效果

通过"引热点—融数智—情共鸣—新应用"的创新实践路径,探索课程思政的有效模式,旨在培养具有文化自信、创新精神和社会责任感的数字广告人才(见表3)。

表3　　　　　　　　　　　创新实践路径各模块内容

模块	定义	目标	思政案例
引热点	以当前社会热点事件、流行趋势或行业动态为背景,激发学生的学习兴趣和创新思维	提升学生对社会热点的敏感度,培养从热点中挖掘创意的能力	中国电商崛起、乡村振兴、数字赋能产业升级
融数智	通过数据分析挖掘用户需求、市场趋势和广告效果,为广告策划提供科学依据	培养学生数据分析能力和数据伦理意识,提升广告策划的科学性和精准性	大数据技术、人工智能生成内容(AIGC)、数据造假案例
情共鸣	通过故事化的方法增强广告的吸引力和感染力,传递品牌价值和社会责任	培养学生用故事传递情感和价值观的能力,增强广告的文化底蕴和社会影响力	传统文化元素、民族品牌故事、公益广告案例
新应用	鼓励学生将新技术、新理念应用于广告策划与设计中,提升广告的创新性和科技感	培养学生的技术应用能力和创新思维,推动广告策划与设计的创新发展	新兴技术应用、跨领域融合、创新实践项目

三、教学实施——以版式设计原则及实施为例

(一)课堂教学目标和思政育人目标

在"网络广告策划与设计"课程的学习中,"版式设计原则及实施"是第四章网络广告视觉设计的重点内容,也是网络广告设计的重要组成部分。本课堂教学重点是讲授版式设计原则,难点在于依据格式塔设计心理学明确版式设计的气质与风

格，进行实战演练。具体教学目标有以下三点：

1.知识目标

熟知板式设计的原则，领悟中国传统美学留白的魅力，学习绿色可持续设计观；了解不同风格版式特点，结合真实企业命题和市场需求，与学科竞赛结合提升科学素养。

2.能力目标

具备创意设计能力，敢于创新突破；以工作规范为标准设计实施，精益求精完成；能分析评价作品，在团队合作中提升沟通协调力；通过企业命题与竞赛，提高实践及解决问题能力。

3.思政育人目标

激发学生对设计的热忱与兴趣，强化文化自信与认同感；弘扬精益求精的工匠精神，培育社会责任感，以设计回馈社会；树立正确职业观念，传承中国传统文化，为行业发展贡献智慧与力量。

（二）教学设计（见表4）

表4 教学设计

授课内容	课程思政融入点	融入方式与教学方法	预期成效
回顾上节课所学内容： （1）网络广告的配色原则 （2）传承中国传统色 	1.文化自信 2.价值观教育 3.中国传统文化传承 4.关心国家大事	1.案例导入：中国戏剧人物颜色 2.中国的事情案例：2023年杭州亚运会开幕式上，一幕幕中国传统色的大量应用，尽显国风雅韵，中华美学	1.文化自信：中国戏剧中人物形象，体现了我国悠久的历史文化和深厚的艺术底蕴，增强学生对中国传统文化的自豪感和认同感 2.价值观教育：脸谱颜色的象征意义，传递出爱国的价值观，激励学生树立正确的国家观和民族观，培养爱国情怀 3.审美教育：激励学生树立正确的国家观和民族观，培养爱国情怀 4.关心国家大事：亚运会等国家大型活动，引导学生掌握学习节奏，聚焦学习问题，带学生关心国家大事，并激发学生学习兴趣与民族自豪感

授课内容	课程思政融入点	融入方式与教学方法	预期成效
企业命题实战作业反馈： 	1.思辨思维 2.工匠精神	1.问题导向：通过同学互评、教师评价、企业导师评价后修改，前后稿件在网上效果的对比 2.实验反馈：对广告设计作品做到精益求精，践行大国工匠精神	1.组织小组学习的教学活动，促使学习者主动思考，分享学习成果 2.引导同学们在做广告设计中围绕品牌和市场规律设计广告
1网络广告的版式设计原则 1.2 对齐：建立秩序、精致、整洁感的视觉感受 实施时的小诀窍： 2.1建立网格：实现视觉元素的逻辑编排 大格包小格，格格斑马线 2.2运用黄金分割：经营位置	1.规则意识 2.科学严谨的态度	1.知识点讲解：通过学习对齐原则，学生可以认识到规则的重要性。对齐原则建立了秩序，这与社会生活中的规则意识相呼应 2.案例导入：追求精致和整洁感的过程，体现了一种严谨认真的态度	1.培养自觉遵守规则的意识，成为有纪律、有责任感的公民 2.引导学生对待学业和未来的职业秉持一丝不苟的态度，注重细节，努力做到最好，培养敬业精神和工匠精神
1网络广告的版式设计原则 1.4 重复：营造统一感，多样化重复，强化整体视觉感 	1.创新精神与勇于突破 2.社会责任感：以人为本与绿色可持续设计观国际视野	1.讲好故事：贝聿铭的建筑作品以其独特的创新设计而闻名于世。他善于将现代建筑风格与传统建筑元素相结合，在他的作品中，常常能看到对中国传统文化的巧妙运用 2.他的设计实现了人文关怀和绿色可持续化发展 3.贝聿铭的建筑作品遍布全球，他的设计风格融合了中西方文化的精髓，具有广阔的国际视野。他的作品也促进了不同文化之间的交流与融合，为世界文化的多样性做出了贡献	1.激发学生对本国文化的热爱和自信，鼓励他们在学习和工作中积极传承和弘扬优秀传统文化 2.勇于创新的精神可以激励学生在学习和生活中敢于突破常规，培养创新思维和创造力 3.以人为本的设计理念体现了对人的尊重和关爱，有助于培养学生的人文关怀精神和社会责任感 4.启发学生拓宽自己的视野，积极学习和借鉴不同国家和地区的优秀文化和先进经验，培养国际化的思维方式和交流能力

授课内容	课程思政融入点	融入方式与教学方法	预期成效
1 网络广告的版式设计原则 1.5 留白：提升版面意境 	传承中国传统文化，同时增强学生文化自信	中国元素案例："中国绘画注重意境"的审美理想。留白创造出空间感，使版面元素之间有足够的呼吸空间，达到和谐的视觉效果	学生可以了解和传承中国传统文化中的美学价值，提高审美水平
1 网络广告的版式设计原则 1.5 留白：提升版面意境 	传承中国传统文化，同时增强学生文化自信	谢赫"六法"和郭熙《林泉高致》，从中国传统著作里体会中华美学，传承中国美。认识美，创造美，传播美	1.通过对传统美学的传承，学生能感受到中华文化的源远流长和博大精深，激发他们对民族文化的热爱 2.学生在认识和创造美的基础上，积极传播中华美学，能够让更多的人了解和欣赏中国传统文化的魅力。这有助于提升国家文化软实力，增强民族凝聚力
2 设计心理学（格式塔心理学） 大脑喜欢简化事务来帮助快速决策，因此排版时以完整的区块来对齐，就能让大脑产生和谐舒服的感受 	整体观念与大局意识	思想启发：格式塔心理学强调整体大于部分之和，在版式设计中，设计师需要从整体的角度去考虑页面的布局、色彩、图形等元素的组合	格式塔心理学的观念可以引导学生树立大局意识，在看待问题和处理事务时，不仅关注局部细节，更要从整体的角度进行思考和把握
3 课堂演练 	1.团队合作与协作精神 2.批判性思维	实验实践： 1.课堂演练和小组汇报通常需要学生们组成团队共同完成任务。在这个过程中，学生们学会分工合作、相互支持、发挥各自的优势，共同为实现目标而努力 2.学生互评环节也可以促进批判性思维的发展。学生们需要对他人的作品进行分析和评价，提出合理的建议和改进意见	培养了学生的团队合作意识和协作精神，让他们明白在集体中每个人都有自己的价值，只有团结协作才能取得更好的成果。 具备批判性思维能力，能够客观地分析问题、发现不足之处，并提出有效的解决方案

以学生发展为中心，贯彻OBE教学理念，以"以美润心、数智赋商"为价值引领，在充分掌握学生特点和课程特点的基础上实施课堂教学，课前引学：引航——课中研学：师讲生听（初探）、生讲师听（探索）——课后辅学：创新挑战，做到三全育人。

四、教学评价

为了更精准地把握学生的学习潜能，在课程评价体系中强化过程考核，细化评价量规，做到主体多元、要素多元、维度多元、方式多元。构建由形成性过程评价、可视化结果评价、成长性增值评价组成的三维评价方式。在形成性过程评价中由课前的平台理论前测、课中适应能力表现、学习主动性、应变抗压能力，课后成果产出、创业导师评价组合表现形成；在成长性增值评价中对学生职业素养提升（职业认同感、追求卓越、团队协作贡献）、技能水平提升（数据分析能力、AI辅助应用能力、实际案例解决能力）、知识素养提升（产业问题拓展）、心理素质提升（小组竞争压力应对、适应能力）协同进行评估，从而激励学生全面卓越发展（如图2所示）。

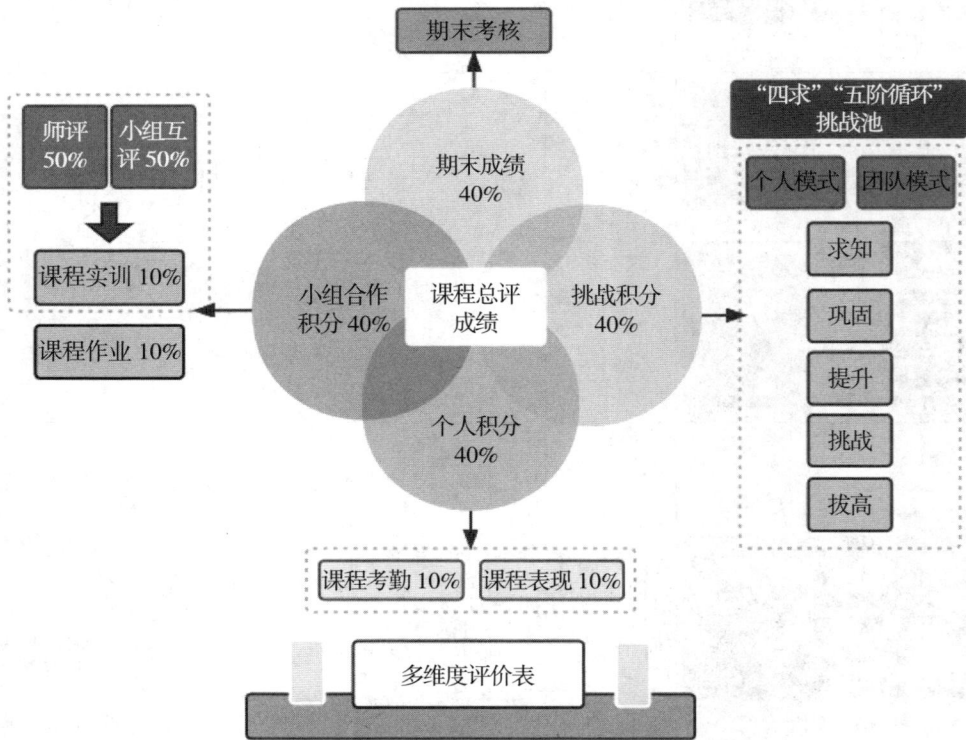

图2　多维度评价体系

五、教学反思

（一）教学成效

1.以生为本：魂定·智汇·实能促学生全面成长

通过"引热点—融数智—情共鸣—新应用"的教学实践，学生的创新思维、数据分析能力、情感表达能力和技术应用能力显著提升，广告策划的科学性和精准性得到增强。学生在广告策划中能够主动融入传统文化元素、民族品牌故事和社会责任，增强文化自信和民族自豪感，培养了良好的职业道德和社会责任感。

2.教学相长：促教学团队、课程建设全面发展

通过实施课程产教融合创新实践，学生综合素养全面提高，形成积极创新氛围。学生提升了参与各种科技创新活动的积极性，比赛参与率逐年上升，相关竞赛成绩优异，高阶能力有效提升。近三年团队教师指导学生参加包含创新创业大赛等各类竞赛获奖56项，其中包含16项国家级奖项；指导学生在省级或省级以上期刊发表学术论文28篇；就业方向与人才培养目标匹配度高，专业及课程就业覆盖率达95%；指导学生为5家企业网站撰写了近150篇网站推广软文并获得收益；带领学生参加攀登计划项目、做三产融合汇报、为乡村振兴项目做社会调研。

3.同频共振：成果推广促多方教学深度改革

产教融合的实施不仅提高了教学质量及促进学生成长，更是促进了课程团队教师全面发展。教师团队荣获包含省级青年教师教学大赛三等奖、省级高校美育教师教学基本功比赛一等奖、校教学创新大赛一等奖等教学成果；教师团队发表相关教科研改革论文20篇，获批教改项目11项；在师德师风建设中成效显著，教师团队积极践行师以德立身、以德立学、以德施教、以德育德，多次参与社会爱心活动，团队教师多次获得"最喜爱的教师""优秀党员""优秀教职工"等荣誉称号。

课程团队同步卓越成长，课程获批校级一流课程、线上线下混合式一流教学课程，并立项质量工程项目，被超星平台作为"优质课程"收录为"示范教学包"。课程辐射班级率达17个，受益人数3 000余人次，教学视频43个，共发布课堂活动583余次，超星讨论区话题78个，回复互动3 700余次。

（二）教学反思

1.热点更新与案例补充

热点话题的更新速度较快，需要教师及时关注社会动态，不断更新教学案例，确保教学内容的时效性。

2.技术更新与资源补充

数据技术和新兴技术的更新速度较快，需要教师不断更新教学资源，确保学生掌握最新的数据分析方法和技术工具。

3.思政目标强化

情感与价值观的传递需要长期的引导和培养，需要教师在教学过程中不断强化思政目标，确保学生在广告策划中始终坚守正确的价值导向。

编写人：“网络广告策划与设计”课程教学团队

"投资银行学"课程思政案例
——以"投资银行监管"教学单元为例

一、课程简介

（一）课程定位

1.课程的重要性

"投资银行学"是我校投资学专业的核心必修课程之一，旨在培养学生掌握投资银行的基本理论、业务流程和操作技能，提升风险分析、合规操作及金融创新的实践能力，具备从事投资银行相关工作的专业素养。课程以新商科建设为导向，强调"产教融合、知行合一"，将理论教学与行业实践紧密结合。投资银行作为金融市场的重要参与者，在企业融资、并购重组、资产管理等方面发挥着关键作用。而投资银行监管是确保投资银行稳健运营、维护金融市场秩序、保护投资者利益的重要保障。通过本课程中投资银行监管部分内容的学习，学生能够深入理解监管体系的重要性，并将相关知识运用到实际工作场景中。

2.思政定位

在投资银行监管模块中，重点融入"国家金融安全观"、"法治意识"、"职业道德"与"社会责任"等思政元素，引导学生理解监管对维护金融市场稳定、防范系统性金融风险的重要作用，树立金融从业者的底线思维与家国情怀。促使学生深入理解我国"守住不发生系统性金融风险底线"这一政策的战略高度与决策逻辑，培养学生成为兼具专业素养与高尚道德情操的金融人才。

（二）课程内容与特点

本课程具有较强的理论性与实践性。在理论方面，涉及金融监管法规、经济学原理等多学科知识；在实践方面，需要学生能够运用所学理论分析实际投资银行监管案例，具备解决实际问题的能力。同时，随着金融市场的不断发展和创新，投资银行监管政策也在持续更新，这就要求课程内容与时俱进，紧密结合行业动态。

"投资银行学"课程内容涵盖投资银行的起源与发展，证券承销、并购重组、资产管理的具体业务与操作流程，投资银行组织架构以及投资银行监管等多个方面。其中，投资银行监管模块是课程的重点内容之一。该模块主要介绍投资银行监管的必要性、监管目标、监管原则、监管机构及其职责、监管方式与手段，以及国内外投资银行监管的实践与经验教训等内容。通过对投资银行监管的深入学习，学生能够理解投资银行监管的重要性和复杂性，掌握监管政策对投资银行业务的影响，培养其合规意识和风险防范能力。

(三) 课程在专业人才培养中的作用

在金融专业人才培养体系中，"投资银行学"课程为学生提供了专业核心知识和技能，投资银行监管部分更是培养学生合规意识、风险防范意识以及社会责任感的重要环节。通过本课程的学习，学生不仅能够掌握投资银行的业务操作，更能从宏观层面理解金融市场运行的规则和监管的必要性，为未来从事金融领域相关工作奠定坚实的基础，有助于培养适应新商科建设要求的具有综合素质和创新能力的应用型金融人才。

二、课程目标

(一) 知识目标

(1) 掌握投资银行监管的基本概念、目标和原则，理解监管体系的构成及其相互关系。

(2) 熟悉国内外投资银行监管机构的设置及其职责，了解不同监管模式的特点和优缺点。

(3) 了解投资银行监管的主要内容与模式，如市场准入监管、业务活动监管、风险监管、信息披露监管等，掌握其具体操作流程和要求。

(4) 熟悉我国投资银行监管政策的演变历程，理解当前监管政策的背景和主要内容。

(5) 了解投资银行监管的国际经验与教训，能够对比分析我国与世界主要国家投资银行监管的不同点及不同模式的优缺点，提出改进建议。

(二) 能力目标

(1) 培养学生分析和解决投资银行监管问题的能力，能够运用所学知识对投资银行监管实践中出现的问题进行分析和判断，并提出合理的解决方案。

(2) 提高学生的专业实践能力，通过案例分析、模拟操作等方式，将理论知识与实际操作相结合，提升学生的实际操作能力。

（3）培养学生的创新能力，鼓励学生在学习过程中提出新的观点和想法，能够从不同角度思考投资银行监管问题，并为相关机构提供有益的建议。

（4）培养学生的团队协作能力，通过小组案例研讨、角色分工等活动，使学生学会与他人合作，共同完成学习任务，提高团队合作意识和沟通能力。

（三）素质目标

（1）引导学生树立正确的价值观和职业观，增强社会责任感和使命感，使其认识到投资银行监管对于维护国家金融安全、促进金融市场稳定发展的重要意义。

（2）培养学生的法治意识和合规意识，使其深刻理解投资银行监管政策的法律依据和制度保障，自觉遵守相关法律法规和职业道德规范，做到依法合规经营。

（3）增强学生的家国意识和民族自豪感，通过介绍我国投资银行监管体系的发展历程和取得的成就，让学生了解我国在金融监管领域的探索与创新，坚定对中国特色社会主义金融监管体系的信心，坚定制度自信。

（4）培养学生的国际视野和全球意识，通过对比分析国内外投资银行监管的实践与经验，使学生了解国际投资银行监管的最新动态和发展趋势，为我国投资银行监管体系的国际化发展提供参考和借鉴。

三、教学设计

（一）教学理念

本课程坚持"三位一体"的教学模式，高度重视知识传授、能力培养与价值塑造的有机融合，确保三者协同共进。始终坚持以学生为中心的教育理念，将能力培养作为教学的核心导向，全方位、无死角地将思想政治教育巧妙融入教学的每一个环节与全过程。

采用理论与实践深度结合的教学策略，积极引导学生开展自主学习、合作学习以及探究学习，着力培养学生的综合素质与创新能力。在具体教学实践中，以问题为驱动，以真实的监管案例为切入点，有效激发学生的批判性思维，促使学生深入思考、积极探索。充分借助虚拟仿真平台，精心设计角色模拟监管场景，让学生在模拟演练情境中深刻理解投资银行监管的必要性与重要性，切实增强学生的实践能力与专业素养。

在教学过程中，尤为注重培养学生的社会责任感、法治意识以及职业道德，使学生在扎实学习专业知识的同时，能够牢固树立正确的价值观与职业观，为未来投身金融行业奠定坚实的思想道德基础，成长为德才兼备的高素质综合型金融人才。

（二）思政元素挖掘与融入

1.该课程的主要思政点

"投资银行学"课程以立德树人为根本任务，将立德树人内化到课程教学的各方面、各环节。有机融入家国情怀、社会责任、道德规范、法治意识、历史文化、思维品质、科学创新精神等德育元素，坚持价值引领贯穿教学全过程。希望学生毕业后在工作中、生活中，严于律己，遵纪守法，做一个有责任感、有使命感的好公民，能够成长为有坚定的理想信念、高尚的道德情操、掌握扎实专业技能的理财投资人才。具体章节的思政点和思政融入方式见表1。

表1　　　　　　　　　　"投资银行学"课程思政点

教学内容（以章为单位）	课程思政点	融入方式与教学方法	思政育人预期成效
投资银行概述	亚投行服务"一带一路"与粤港澳大湾区跨境金融合作；深交所服务大湾区科创企业相关案例	案例教学（大湾区企业上市路径分析）+视频（大湾区金融枢纽建设纪录片）	理解国家战略与区域发展的协同性，树立金融服务实体经济的价值观
股份有限公司与首次公开发行	全面注册制下大湾区企业IPO机遇（以大疆为例）；香港交易所互联互通机制（沪深港通）对大湾区资本流动的作用	情景模拟（模拟大湾区企业IPO路演）+数据对比（注册制前后大湾区企业融资效率变化）	强化制度自信，培养服务区域经济发展的使命感和法治思维
上市公司再融资	粤港澳大湾区绿色债券发行案例（如广汽新能源项目）；跨境融资政策创新（前海、横琴试点）	小组研讨（设计大湾区企业ESG再融资方案）+政策解读（《关于金融支持粤港澳大湾区建设的意见》）	理解绿色金融与国家"双碳"目标，培养可持续发展理念和金融创新能力
债券发行与承销	大湾区地方政府专项债支持基建（港珠澳大桥、深中通道）；离岸人民币债券的大湾区实践	案例分析（大湾区基建项目融资模式）+角色扮演（承销团队设计湾区特色债券产品）	强化使命感、责任感，树立风险意识
企业并购	腾讯并购东南亚科技公司的大湾区视角；顺丰并购嘉里物流的跨境资源整合案例	案例辩论（跨境并购中的国家安全审查）+企业调研（走访大湾区并购重组服务中心）	培养全球化视野与合规意识，理解产业链、供应链安全对国家经济金融安全的意义

教学内容（以章为单位）	课程思政点	融入方式与教学方法	思政育人预期成效
创业投资	深创投支持大湾区硬科技企业案例（如大疆、云从科技）；香港"创新板"与澳门特色金融协同发展	项目式学习（设计大湾区科创企业融资方案）+企业专家讲座（邀请湾区创投机构从业者进校分享）	激发科技报国情怀，培养创新精神与产融结合思维
证券投资基金	基金老鼠仓典型案例；大湾区内优秀基金公司和基金经理	案例分析讨论（老鼠仓的危害与防范）+企业调研（走访大湾区的优秀基金公司，访谈优秀基金经理）	关注职业道德问题，强化法治意识，在基金投资领域严守道德和法律底线
资产证券化	大湾区基础设施REITs试点（如深圳人才安居集团）；美国次贷危机的风险警示	沙盘推演（设计公租房REITs产品结构）+风险模拟（通过模拟软件模拟资产证券化产品的风险）	强化风险防控意识，理解金融创新与民生保障的平衡
投资银行的监管	粤港澳三地金融监管协作机制（跨境"监管沙盒"）；前海深港国际金融城合规体系建设	分小组进行政策辩论（跨境金融创新与监管博弈）+模拟听证会（设计大湾区金融科技监管框架）	树立法治意识与底线思维，理解"一国两制"下金融治理的中国特色

2.本次课的思政点

本次课内容为投资银行监管，主要内容包括投资银行监管的目标与原则，监管的内容与模式，国内外投资银行监管实践与发展趋势，教学方法上综合采用案例教学法、小组讨论和行业专家进校等多种方式。具体的内容和思政点如下：

（1）投资银行监管概述

讲解投资银行监管的概念、必要性、目标和原则，结合实际案例分析监管目标的实现方式和原则的重要性。介绍监管机构的设置与职责，包括国内外主要监管机构的组织架构和职能分工，让学生了解监管体系的运作机制。

思政融入点：

通过介绍投资银行监管的必要性，引导学生认识到投资银行监管对于维护国家金融安全、促进金融市场稳定发展的重要意义，增强学生的社会责任感和使命感。

引导学生树立正确的价值观和职业观，使其认识到投资银行从业人员应以维护市场秩序、保护投资者利益为己任，自觉遵守相关法律法规和职业道德规范。

（2）投资银行监管的内容与模式

讲解投资银行监管的主要内容，如市场准入监管、业务活动监管、风险监管、信息披露监管等方面，介绍中国的投资银行监管模式，分析比较我国监管模式与欧美国家主要监管模式的不同，各类模式的优缺点。

思政融入点：

通过介绍投资银行监管的具体内容与模式，引导学生树立法治意识和合规意识，使其深刻理解投资银行监管政策的法律依据和制度保障，自觉遵守相关法律法规和职业道德规范。引导学生认识到信息披露监管对于保护投资者利益、维护市场公平竞争的重要作用，培养学生的诚信意识和社会责任感。

（3）国内外投资银行监管实践与发展趋势

对比分析国内外投资银行监管的实践经验，包括监管模式、监管效果等方面的差异。探讨投资银行监管的发展趋势，如金融科技对监管的影响、宏观审慎监管的发展等，培养学生的创新思维和国际视野。

思政融入点：

通过介绍我国投资银行监管政策的演变历程，引导学生了解我国在金融监管领域的探索与创新，坚定对中国特色社会主义金融监管体系的信心。

引导学生关注当前我国投资银行监管政策的热点问题，如防范金融风险、加强投资者保护等，培养学生的社会责任感和使命感，使其能够为我国金融市场的稳定发展贡献自己的力量。

（三）教学方法

1.案例教学法

选取国内外投资银行监管的典型案例，如次贷危机中的监管失灵、瑞幸咖啡财务造假案、摩根大通"伦敦鲸"事件等，组织学生进行案例分析，引导学生进行深入思考和讨论。在案例分析过程中，引导学生从知识、能力和思政等多个维度进行思考，培养学生的综合分析能力和职业素养，增强学生的实践能力和创新思维能力。

2.小组讨论法

针对投资银行监管中的热点问题和难点问题，如监管政策的合理性、金融创新与金融监管等，组织学生进行小组讨论。通过小组讨论，鼓励学生发表自己的观点和见解，培养学生的团队协作能力和沟通能力以及批判性思维，同时引导学生在讨论中深化对思政元素的理解和认识。

3.角色扮演法

模拟投资银行经营场景，让学生分别扮演投资银行从业人员、监管机构工作人员等角色，模拟监管过程和业务操作。通过角色扮演，让学生更加直观地感受投资银行监管的实际运作，增强学生的实践能力和职业体验，培养学生的职业道德和法律意识。

4.线上线下混合式教学法

利用在线教学平台如超星学习通等，发布教学视频、案例资料、讨论话题等学习资源，让学生在课前进行自主学习。课堂上，通过教师讲解、案例分析、小组讨论等方式进行知识深化和拓展。课后，学生通过在线平台完成作业、参与讨论、社会实践等方式，巩固所学知识。线上线下混合式教学法能够充分发挥线上教学和线下教学的优势，提升教学效果。

5.专题讲座法

邀请金融监管部门的专家或投资银行的从业人员来校进行专题讲座，介绍投资银行监管的最新政策法规、监管实践与经验教训等内容，拓宽学生的视野，增强学生的实践能力和职业素养。

四、教学实施

（一）课前准备

教师：在超星学习通上发布投资银行监管相关的教学视频、案例资料和预习任务，引导学生进行课前自主学习。

学生：根据教师的要求，认真观看教学视频，阅读案例资料，完成预习任务，并将预习过程中遇到的问题反馈给教师。

任务驱动：学生分组调研2008年金融危机中投行角色，提交"监管漏洞清单"。

思政预热：观看美国金融纪录片《监守自盗》，思考"个人利益与公共责任冲突时的选择"。

（二）课堂教学

1.课程导入

教师通过展示近期投资银行领域的热点新闻或监管事件，引发学生的兴趣和思考，导入本节课的教学内容。如最新的某投资银行因违反法规受到处罚的新闻报道，引导学生思考法律法规在投资银行监管方面的重要性。

2.理论精讲

教师结合教学内容，运用多媒体课件、案例分析等方式对重点难点知识进行讲解。在讲解过程中，注重将思政元素融入其中，引导学生树立正确的价值观和职业观。

3.重点知识

讲解中国"双峰监管"模式，同时对比欧美的监管模式，比较不同监管模式的特点。这部分通过对比中美应对金融危机的措施，阐释中国"守住不发生系统性金融风险底线"的决策逻辑和政策高度，自然地融入思政教育。

4.案例分析+小组讨论

教师选取典型的投资银行监管案例，如"瑞幸咖啡财务造假事件"，组织学生进行案例分析。学生以小组为单位，对案例进行深入剖析，运用所学知识提出解决方案，并在课堂上进行汇报展示。教师巡视，引导学生积极参与讨论，鼓励其他小组的学生进行提问和评价，发表不同的观点和见解，最后教师进行总结和点评。通过案例分析，培养学生的综合分析能力和解决实际问题的能力，同时强化学生的思政意识。也可以选取某上市公司违规操作导致投资者损失的案例，引导学生从道德和法律层面分析投资银行的责任，以及如何加强监管保护投资者利益。

5.模拟实战、角色扮演

教师布置角色扮演任务，学生按照事先分配好的角色进行模拟演练。在演练过程中，学生要严格按照投资银行监管的要求和业务流程进行操作，要求体现出不同角色的职责和行为规范。演练结束后，学生进行角色体验分享，教师进行总结和评价。通过角色扮演，让学生更加深入地理解投资银行监管的实际运作，增强学生的职业素养和思政意识。以模拟"瑞幸咖啡财务造假事件"为例，由不同学生角色分别扮演瑞幸公司的高管、审计机构、证监会调查组，通过对主题"业绩对赌压力下是否应篡改数据？"开展讨论，审计机构如何及时发现财务漏洞，调查组介入等进行模拟，大概还原事件。最后教师进行总结：引用《证券法》第85条，强调"信息披露真实"是资本市场的生命线。也可以模拟"某投行内幕交易预警"，学生分饰不同角色，需在规定时间内完成证据收集、风险评级与处置建议。通过模拟实战、角色扮演，学生印象深刻，同时可以将思政元素在无声中融入进去。

（三）课后拓展

1.分组活动

学生分成若干小组，每个小组挑选下面的任一活动，按要求完成。

社会调研：走访本地上市公司，访谈该公司合规部门负责人，撰写《企业视角下的监管痛点报告》交给指导老师，老师进行点评，给予相关意见，对优秀的报告予以推荐发表。

公益宣传：制作"投资者保护"短视频，发布于投资学专业的小红书号或抖音号等官方平台，投资学专业抖音号为：GGS投资人。

2.参观活动

组织学生开展课外实践活动，如参观金融监管机构、调研投资银行等，让学生在实践中进一步加深对投资银行监管的认识和理解。同时，鼓励学生参与金融领域的志愿者活动，培养学生的社会责任感。

3.常规作业

教师在超星学习通上发布课后作业和拓展学习资源，引导学生进行课后复习和拓展学习。学生完成课后作业，并将作业提交至超星学习通。教师及时批改作业，对学生的学习情况进行反馈和评价。

五、教学评价

（一）评价指标体系构建

1.知识掌握情况

通过课堂提问、作业、单元知识小测等方式，考查学生对投资银行监管相关知识的理解和掌握程度，占总成绩的30%。

2.能力提升板块

根据学生在案例分析、小组讨论、角色扮演等教学活动中的表现，评价学生的分析问题、解决问题、沟通协作等能力，以及相关小组任务的完成度、创新度等，占总成绩的40%。

3.思政表现

观察学生在课堂教学和课外实践活动中的思想认识、社会责任感等方面的表现，如案例分析中的价值判断、团队合作、社会责任感的体现等方面，通过教师评价、学生自评和生生互评等方式进行综合评价，占总成绩的30%。

（二）评价方式

1.过程性评价

在教学过程中，通过课堂表现、作业完成情况、小组讨论参与度等对学生进行持续评价。教师及时给予学生反馈和指导，帮助学生不断改进和提高。过程性评价占总成绩的60%。

2.终结性评价

在课程结束时，通过期末考试对学生的知识掌握情况进行综合评价。终结性评价占总成绩的40%（如图1所示）。

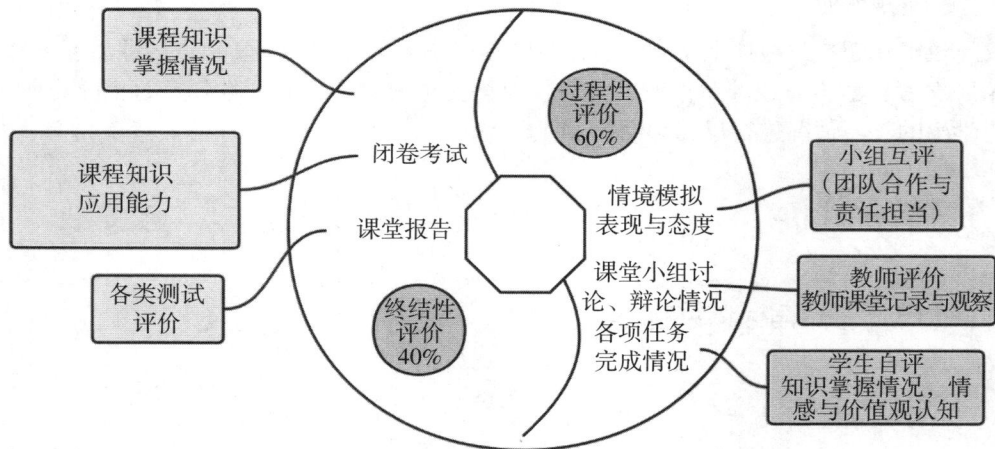

图1 "投资银行学"课程评价方式

（三）评价结果反馈与应用

教师及时将评价结果反馈给学生，让学生了解自己在知识、能力和思政等方面的优势和不足，明确努力方向。

根据评价结果，教师对教学过程进行反思和总结，发现教学中存在的问题和不足之处，及时调整教学内容和教学方法，不断提高教学质量。同时，将评价结果作为学生课程成绩评定、评优评先等的重要依据。

六、教学反思

（一）预期成效

1.学生反馈

90%以上的学生认为"小组讨论+角色扮演"加深了对监管必要性和重要性的理解，对相关知识也更感兴趣，更愿意听教师的讲解。

2.社会影响

某些小组制作的投资者保护短视频累计播放量破万，被地方金融相关部门转发。某些小组撰写的《企业视角下的监管痛点报告》，内容翔实，得到相关部门的肯定。

（二）教学过程中的优点

1.思政元素融入较为自然

通过案例分析、小组讨论等教学活动，将诚信、公正、法治意识、社会责任感等思政元素有机地渗透到专业知识教学中，使学生在学习专业知识的同时，受到了思政教育的熏陶。

2.教学方法多样

案例教学法、小组讨论法、角色扮演法和线上线下混合式教学法的综合运用，充分调动了学生的学习积极性和主动性，提高了学生的参与度和学习效果。学生在不同的教学活动中，锻炼了分析问题、解决问题、沟通协作等能力，培养了创新思维和职业素养。

3.教学评价体系较为完善

从知识掌握、能力提升和思政表现三个维度对学生进行综合评价，评价方式采用过程性评价和终结性评价相结合，能够全面、客观地反映学生的学习情况。评价结果反馈及时，为学生的学习和教师的教学改进提供了有力的支持。

（三）存在的问题

（1）部分学生在小组讨论和案例分析中，参与度不够高，热情不够，个别学生有依赖他人的现象。这可能与小组分工不够明确、部分学生学习不够扎实等因素有关。

（2）在教学内容的深度和广度上，还需要进一步拓展。随着金融市场的快速发展和创新，投资银行监管领域不断涌现新的问题和挑战，教学内容需要及时更新和完善，以满足学生对知识的需求。

（3）线上教学资源的利用还不够充分，部分学生在自主学习过程中，对线上教学视频和资料的学习不够认真，然而对这方面缺乏有效的监督和管理机制。

（四）改进措施

（1）加强对小组合作学习的指导，明确小组分工，建立有效的激励机制，鼓励每个学生积极参与小组活动。同时，关注学生的个体差异，对于自信心不足的学生，给予更多的鼓励和指导，提高学生的参与度和团队协作能力。

（2）教师要不断关注金融市场动态和学术研究前沿，及时更新教学内容，引入最新的投资银行监管案例和研究成果，拓宽学生的知识面和视野。同时，鼓励学生自主学习和研究，培养学生的创新能力和终身学习意识。

（3）完善线上教学资源的管理和监督机制，例如设置在线测试、作业提交等环节，对学生的自主学习情况进行跟踪和评价。同时，加强与学生的在线互动，及时解答学生在自主学习过程中遇到的问题，提高学生对线上教学资源的利用效率。

通过本次课程思政案例的设计与实施，在"投资银行学"课程投资银行监管内容的教学中，实现了专业知识教学与思政价值引领有机融合，取得了较好的教学效果。在今后的教学中，将不断总结经验，持续改进教学方法和教学内容，进一步提高课程思政教学质量，为培养具有高尚职业道德、强烈社会责任感和创新能力的应用型金融人才贡献力量，同时为新商科建设提供"课程思政+产教融合"模式的参考样例。

编写人："投资银行学"课程教学团队

"新媒体营销"课程思政案例
——以"新媒体营销活动设计"教学单元为例

一、课程简介

"新媒体营销"是市场营销专业的一门专业核心课程，同时也是校级线上线下一流本科课程。本课程是依照应用型本科院校教育培养目标与新媒体行业实际需求设置的专业必修课。本课程主要面向市场营销类、电子商务类、营销与策划类相关专业学生，电商从业者，以及社会学员，以实现技能提升和知识更新。本课程不但着眼于新媒体营销的前沿领域，强调对新媒体营销基本理论、策略的掌握，更强调对新媒体营销技术、方法的实际运用，培养学生的新媒体营销思维、新媒体平台应用、新媒体推广工具运用、新媒体营销策划、内容策划与传播、信息流广告运作、社交媒体互动、营销效果评测等实战技能。本课程旨在帮助学生全面掌握新媒体环境下的营销理论与实践，培养其敏锐的市场洞察力和创新能力，并在教学中有机融入思政元素，引导学生树立正确的价值观、职业操守和社会责任感。

（一）课程背景与意义

随着信息技术和互联网的迅猛发展，新媒体已成为企业营销的重要阵地。面对大数据、人工智能、移动互联网等新技术的不断涌现，传统营销模式正面临前所未有的变革。如何在新的技术与媒体环境下实现精准营销、提升品牌影响力，成为企业亟待解决的问题。与此同时，新时代对人才的要求不仅仅停留在专业技能上，更需要具备正确的世界观、人生观和价值观。因此，在"新媒体营销"课程中融入思政教育，通过案例教学、实践讨论等多种方式，将理论与实践、专业知识与思想政治教育深度融合，既培养学生的专业能力，又引导学生树立社会主义核心价值观。以"新媒体营销"为中心，辐射出"课程简介""课程目标""教学设计""教学实施""教学评价""教学反思"等六个主要部分，直观展示了课程整体结构和资源布局（如图1所示）。

图1　课程总体结构与教学资源布局

（二）课程内容体系

本课程内容涵盖新媒体营销的基本理论、策略方法、实践操作、数据分析、品牌塑造、网络舆情管理以及危机公关等多个方面。通过对经典案例的剖析和实际项目的模拟，学生不仅能掌握营销工具和平台操作，还能在实际操作中体会到诚信、责任与创新的内涵。课程还特别设置了关于企业社会责任、文化传承与思政融合的专题讲座，旨在引导学生在新媒体时代以开放、包容、创新的视角看待社会变革。

（三）思政融入的基本思路

在教学过程中，我们坚持"以学科带思政、以思政促学科"的原则，将马克思主义理论、社会主义核心价值观以及国家战略融入课程讲授、案例讨论、实践训练和考核评价中。通过教师讲述、学生讨论、团队合作等多种形式，将思政教育渗透到新媒体营销的各个环节，实现知识传授与思想引领的双向互动（如图2所示）。

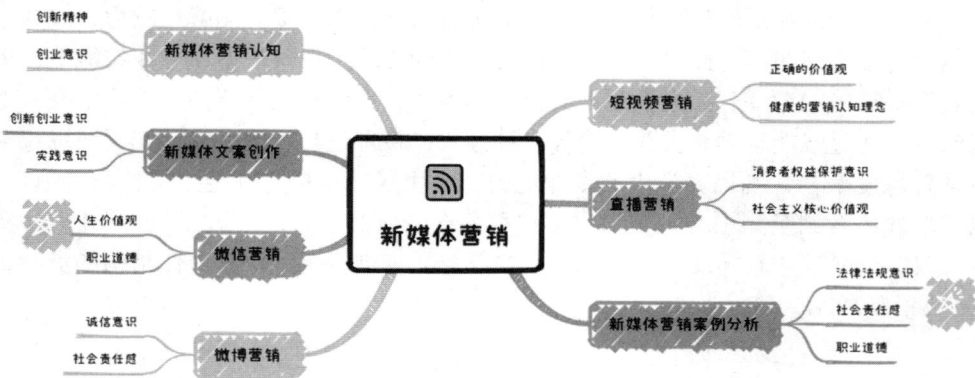

图2　课程思政元素匹配教学内容

二、课程目标

"新媒体营销"课程在培养学生专业能力的同时，着力实现以下目标（如图3所示）：

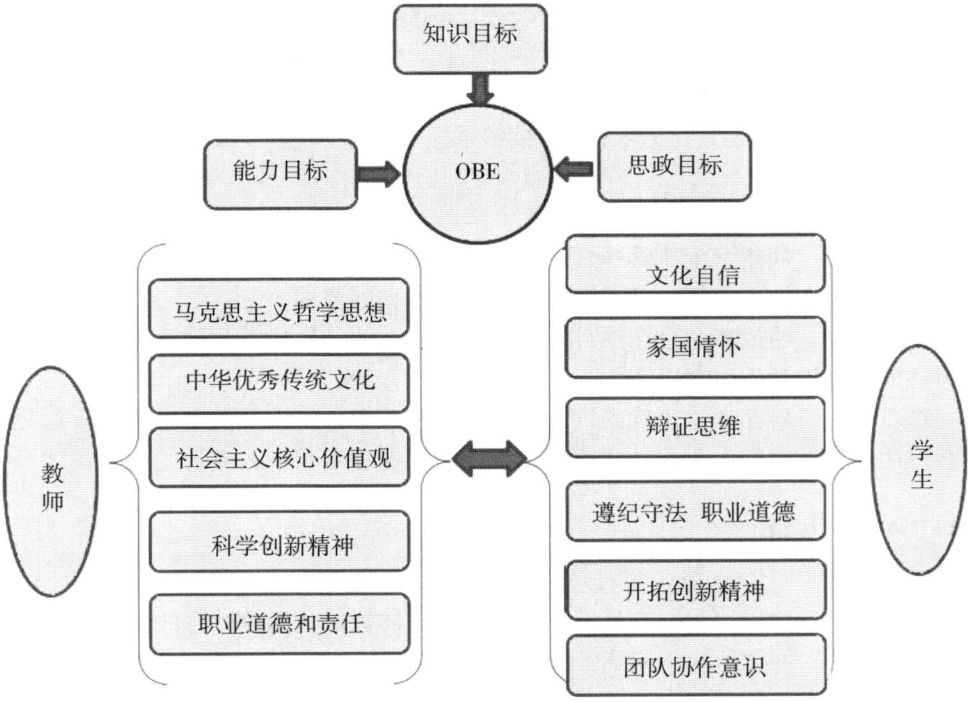

图3 课程目标结构图（展示专业技能与思政素养的双重目标）

（一）专业知识与技能目标

理论掌握：系统学习新媒体营销的基本理论，包括消费者行为分析、数字营销策略、网络广告投放、内容营销和社交媒体营销等，掌握营销策划、实施和评估的基本方法。

技能训练：通过实验、案例分析、模拟项目等方式，培养学生利用各类新媒体工具（如微信公众号、短视频平台、社交媒体平台等）进行精准营销的能力，以及数据采集、处理和分析的实操能力。

创新实践：鼓励学生在实践中探索创新营销模式，借助新媒体平台开展品牌宣传、互动营销和客户关系管理，提升实际操作能力和团队协作能力。

（二）思政教育目标

价值引领：通过课程案例和专题讨论，引导学生在营销实践中树立正确的价值观，理解企业社会责任与国家战略的内在联系，进而形成正确的人生观和职业道德。

文化传承：结合中国传统文化与现代企业文化建设，帮助学生在营销实践中融入社会主义核心价值观，做到"知行合一"，把爱国情怀、责任意识与创新精神贯穿于企业品牌建设和营销传播之中。

社会责任：培养学生关注社会热点问题、环境保护和公共利益，强化"以人民为中心"的发展理念，使其在未来职场中能够承担起推动社会进步和经济发展的责任。

（三）教学成果目标

学业成果：期望学生能够通过理论考试、项目汇报、论文撰写等形式，全面掌握新媒体营销知识，达到国家及院校制定的教学大纲要求。

实践成果：通过校企合作项目和校内外实战演练，形成一系列优秀的营销案例和实践报告，提升学生解决实际问题的能力。

思政成果：培养学生正确的价值判断和职业道德，使学生在未来的职业生涯中能够将社会责任感融入企业经营管理中，做到专业发展与个人成长的双赢。

三、教学设计

在教学设计阶段，我们充分借鉴国内外新媒体营销及思政教育的先进理念，采用"产学研用"一体化教学模式，构建了"线上线下互动、理论与实践融合、专业与思政双向促进"的教学体系。

（一）教学内容模块划分

根据课程目标与学生实际需求，课程内容划分为以下模块：

1. 新媒体营销基础理论模块

讲解新媒体营销的基本概念、发展历程及现状，分析全球及中国新媒体营销的发展趋势，着重讲授数字营销、社交媒体营销和内容营销的核心理论。

2. 新媒体平台应用模块

详细介绍各大新媒体平台（如微博、微信、抖音、快手等）的运营模式、用户特征与营销优势，结合具体案例解析平台特性及广告投放技巧。

3.营销策略与案例分析模块

通过案例剖析,学习企业如何借助新媒体进行品牌推广、市场定位和产品推广,同时融入思政元素,讨论企业社会责任和文化传承。

4.数据分析与效果评估模块

探讨大数据在新媒体营销中的应用,介绍数据采集、处理与分析方法,并学习如何通过数据评估营销效果和调整策略。

5.思政专题与企业社会责任模块

专门设置专题课程,将新媒体营销与思政教育有机融合,从国家战略、文化传承、社会责任等角度出发,探讨如何在营销实践中实现"以人为本"的发展理念(如图4所示)。

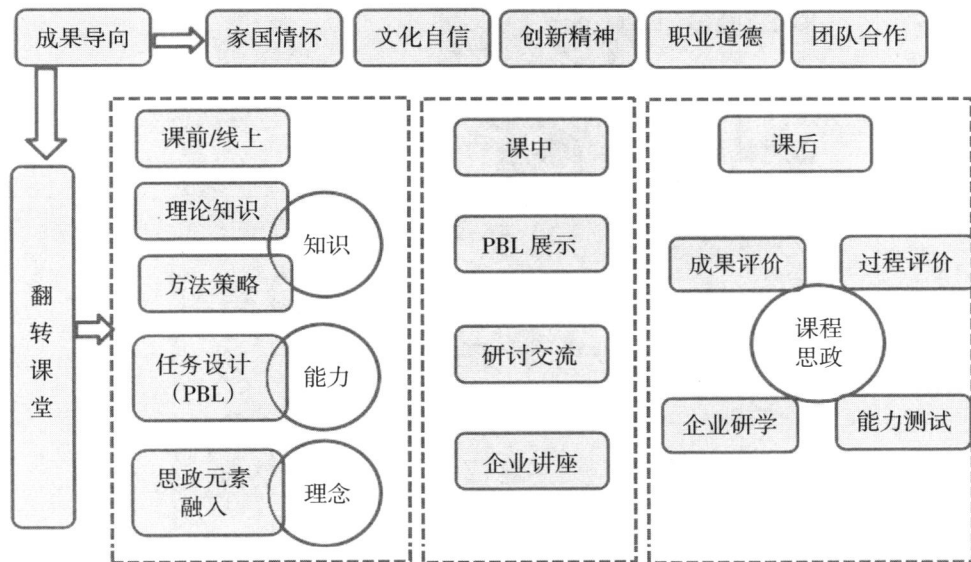

图4　基于OBE理念课程思政教学流程设计

(二)教学方法与策略

为实现"学以致用、知行合一"的教学目标,教学方法主要包括:

案例教学法:精选国内外知名企业的新媒体营销案例,深入分析其成功经验与失败教训,同时引入思政讨论,引导学生从多角度思考问题。

翻转课堂:利用线上平台发布课前视频、资料和测试题,激发学生自主学习的兴趣；课堂上通过小组讨论、项目汇报等形式促进师生互动。

项目驱动法：组织学生以团队为单位参与真实的营销策划项目，要求学生撰写策划方案、开展调研，并在校内外进行展示和交流。

混合式教学：结合线上教学平台与线下课堂，实现资源共享与实时互动，保证教学的连续性和深度。

思政融合教学：在每个模块中有意识地融入思政元素，通过讨论、专题讲座和反思报告，引导学生树立正确的价值观与职业道德。

（三）教学资源与平台建设

本课程依托学院自主开发的线上教学平台与企业合作资源，建立了一套多媒体、互动性强的教学资源库（如图5所示），具体包括：

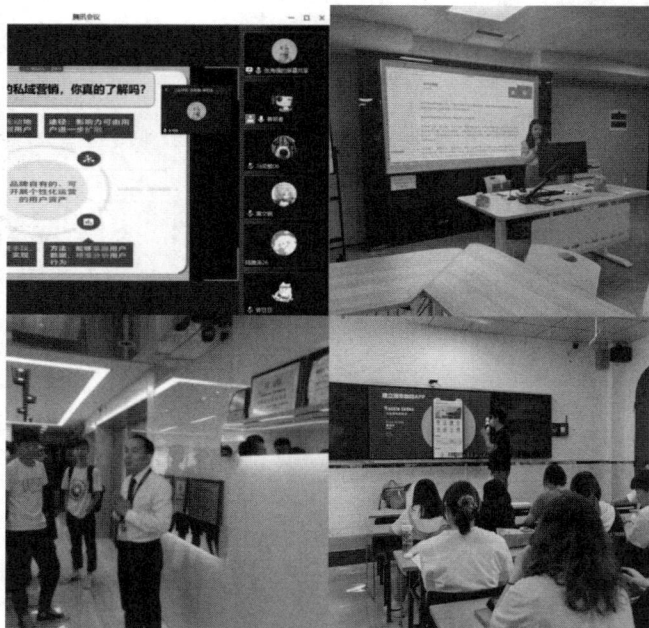

图5　线上平台及校企共建实验室资源展示图

多媒体课件：采用PPT、视频、动画等形式，直观展示新媒体营销的理论知识和实践案例。

线上学习系统：集成在线测试、作业提交、讨论交流等功能，便于学生自主学习与即时互动。

校企共建实验室：与广州探迹科技有限公司等企业合作，建立实训基地，为学生提供真实项目操作平台，保证理论与实践深度融合。

思政专题资料：汇集国内外关于企业社会责任、文化传承、社会主义核心价值观的经典案例和研究成果，为教学提供丰富的理论支持。

（四）教学进度安排

依据教学大纲和课程学时要求，将整个课程分为理论讲授、案例分析、实践操作、项目汇报四大阶段，具体安排如下：

前期阶段（1—4周）：以理论讲授和基础知识为主，重点讲解新媒体营销基础理论及各平台应用；同时安排线上讨论，初步引入思政话题。

中期阶段（5—10周）：以案例教学和项目驱动为主，组织学生分组分析经典案例，并结合实际企业案例开展专题讨论，侧重于营销策略、数据分析和社会责任的落实。

后期阶段（11—15周）：开展项目实训与效果评估，各小组提交项目策划方案，并进行现场答辩；同时安排思政专题总结，探讨如何将专业知识与社会责任深度融合。

总结阶段（16周）：全课程回顾与总结，开展师生交流会，展示优秀案例及教学反思成果，并撰写课程总结报告。

四、教学实施

在教学实施阶段，我们围绕既定教学设计，采取"线上线下相结合"的模式（如图6所示），确保课程内容与思政要求落到实处。下面从课堂教学、实践项目、互动讨论和考核评价四个方面详细介绍教学实施过程。

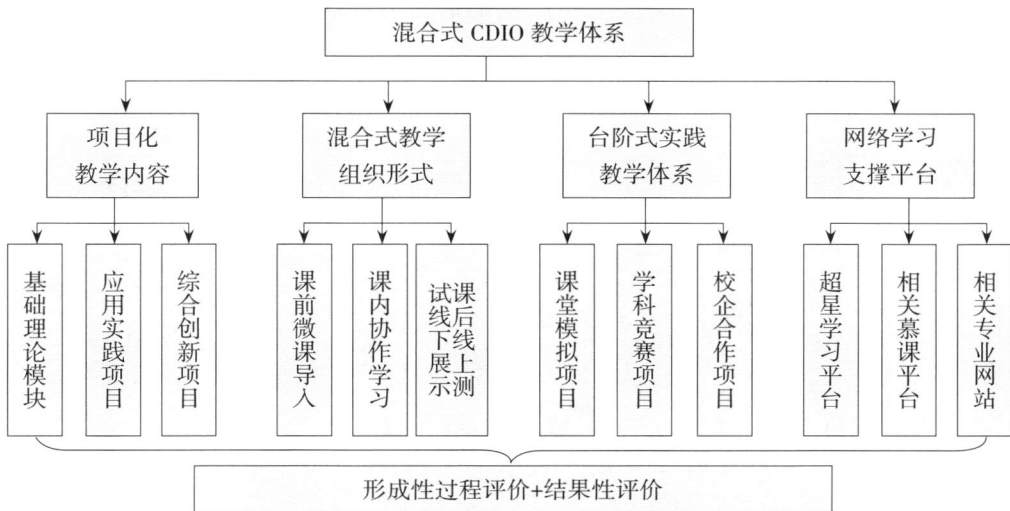

图6　混合式CDIO教学体系的设计

从新文科建设的视角选取各类思政案例素材，丰富教学内容、构建本课程的思政案例教学体系和资源库（见表1）。

表1   课程思政与案例讨论相融合

教学内容	课程思政点	融入方式与教学方法	思政育人预期成效	思政素材
新媒体营销认知	党的领导，伟大成就，民族复兴	1.案例分析法，小组讨论法。《致敬国家丰碑——全国红色故事讲解员大赛》充分利用了新媒体的优势，把丰富多彩、感人肺腑的红色故事传递给千家万户。2.讲授法，任务导向法。结合新媒体发展条件，介绍我国数字经济基础设施建设成就、相关政策	1.展现党领导人民在革命和建设中取得的伟大成就，从而坚持党的领导，坚定民族复兴的伟大目标。2.了解数字基础设施现状及发展趋势，展望其对新媒体营销的影响，同时了解我国经济建设取得的伟大成就，坚定实现民族复兴的伟大理想	1.国务院关于印发"十四五"数字经济发展规划的通知（国发〔2021〕29号），http://www.gov.cn/zhengce/content/2022-01/12/content_5667817.htm 2.我国数字经济发展规模实现全球领先. http://www.cww.net.cn/article? id=566340 3.致敬国家丰碑——全国红色故事讲解员大赛_CCTV节目官网（cctv.com）http://tv.cctv.com/2021/12/19/VIDA7ybuwcnvWBe6HrB80zdk211219.shtml
新媒体营销策划	文化传播，文化自信	1.案例分析法，答辩法。结合国潮国风的品牌营销策划案例，加强对中国传统文化元素的应用，提高话题营销创作能力。2.研讨法，操作法，翻转课堂法。结合李子柒国际影响力，讨论新媒体如何传播文化，以及文化如何赋能新媒体营销	1.提升对时事热点的敏锐观察力及运用能力，强化对中国传统文化的自信。2.巧用新媒体，实现文化与营销互动	1.国潮来袭，新品牌抓住年轻人的4大法则 https://m.thepaper.cn/baijiahao_12177047 2.李子柒的个人空间_哔哩哔哩_bilibili https://space.bilibili.com/19577966/channel/series 3.中央电视台李子柒报道 https://space.bilibili.com/19577966? spm_id_from=333.788.b_765f7570696e666f.1 4.农民日报："李子柒"现象：将"三农"元素织入审美叙事 http://www.ce.cn/culture/gd/202006/01/t20200601_35012445.shtml
新媒体营销文案创作	法治建设，弘扬传统文化、社会主义核心价值观	1.案例法，操作法。分析花西子品牌对于东方文化，中国美学的推广应用。2.翻转课程法，案例法。从典型的标题党、营销号虚假新闻、造谣着手，结合广告法、刑法等分析其危害性；结合社会主义核心价值观、传统优秀商业文化，分析优秀营销文案应该避免的坑	1.引导学生树立正确的文案写作价值观，弘扬社会主流文化，传播正能量。2.结合相关法律，提高学生法治素养	1.花西子荷兰世园会 助力东方文化走向世界. http://k.sina.com.cn/article_7517400647_1c0126e4705903juyg.html 2.盘点标题党，这些实例博了眼球，丢了真相 https://baijiahao.baidu.com/s? id=16112924289797443 37&wfr=spider&for=pc 3.批量造谣的营销号，就得连锅端. https://m.thepaper.cn/baijiahao_6606393 4.法律文件，中国人大网. http://www.npc.gov.cn/npc/c12488/list.shtml 阅读广告法、刑法等新媒体营销文案创作相关条款

续表

教学内容	课程思政点	融入方式与教学方法	思政育人预期成效	思政素材
新媒体广告	法治素养，广告道德	案例分析法，辩论法。以苏泊尔虚假宣传广告被罚案为切入点，学习广告法和理解广告道德	新媒体广告形式创新，在提高广告效率的同时，坚守广告创意的法律和道德底线	1.苏泊尔被罚3 480 000元！因为一条奇葩广告 https：//m.thepaper.cn/baijiahao_5097636 2.法律文件，中国人大网. http：//www. npc. gov. cn/npc/c12488/list.shtml 阅读广告法、刑法等新媒体营销文案创作相关条款
微博营销	政治素养，批判性思维	案例分析法，辩论法，翻转课堂法。以微博热点事件营销、热搜带给用户的负面影响为切入点，引导学生通过人民日报等官方主流媒体微博获取权威信息，提高学生的政治素养，免受谣言和错误思想影响	发挥权威媒体平台舆情引导功能，学生关注时事政治热点，善用主流权威媒体平台信息辨别真伪，提高学生政治素养，引导学生独立思考，辨别事件真伪	1.虚假新闻有哪些危害？应如何治理？ http：//www.zgjx.cn/2020-04/08/c_138956678.htm 2.虚假新闻泛滥的深层成因与治理-中国社会科学网. http：//sky.cssn.cn/zx/bwyc/202210/t20221020_5550417.shtml 3.微博造谣文章转发超20万：别让你的善良成为摧毁受害者的武器. https：//zhuanlan. zhihu. com/p/125340124
微信营销	法治意识，营销道德	案例分析法，小组讨论法，任务导向法。通过微信诈骗信息宣传和推广的典型案例，展示微信营销乱象，警示学生谨防诈骗	提高学生法治意识和辨识朋友圈广告的能力，规范朋友圈营销行为，防止在微信上上当受骗	1.十堰一大学生出租微信号赚钱却成为电信诈骗帮凶. https：//baijiahao. baidu. com/s?id=1743145520234378594&wfr=spider&for=pc 2.微信九大骗局，须谨慎对待-法律知识|华律网. https：//www.66law.cn/laws/157899. aspx？from=singlemessage&isappinstalled=0

教学内容	课程思政点	融入方式与教学方法	思政育人预期成效	思政素材
头条营销	科技伦理，法治社会，青年成长	1. 翻转课堂法，辩论法，实践操作法。通过头条信息推荐案例解读算法推荐机制，识别可能的违法、违规行为，如侵犯用户隐私权。 2. 案例分析法，研讨法。信息茧房效应，引导学生正确看待新闻、视频等算法推荐的危害性	1. 坚守科技伦理，保护客户权益，提高学生广告合规意识，做受众喜爱的信息流广告。 2. 从算法推荐导致信息茧房效应着手引发思考和讨论，让学生认识到信息茧房的成因、危害，从而使青年在广泛接收各方面信息的同时，破解信息茧房效应，开阔青年视野	1. 引导青少年科学规避"信息茧房" https://baijiahao.baidu.com/s?id=17164807295638221 40&wfr=spider&for=pc 2. 中共中央办公厅 国务院办公厅印发《关于加强科技伦理治理的意见》 http://www.gov.cn/zhengce/2022-03/20/content_5680105.htm 3. 中华人民共和国个人信息保护法 http://www.npc.gov.cn/npc/c30834/202108/a8c4e3672c74491a80b53a172bb753fe.shtml
抖音营销	乡村振兴，创新、创业精神	1. 案例分析法，实践操作法，研讨法，视频演示法。展示视频营销助力乡村振兴案例，利用短视频和直播助农。 2. 翻转课堂法，实践操作法，研讨法，视频演示法。展示青年返乡抖音创业案例，激发学生创新创业精神	1. 理解乡村振兴政策，培育学生利用短视频和直播助力农村繁荣和农业发展。 2. 培育大学生创新创业精神，引导青年到农村去，通过新媒体营销带动乡村发展，振兴乡村经济文化	1. 抖音电商发布助农数据：一年助销农特产28.3亿单 https://baijiahao.baidu.com/s?id=1744915496801917518&wfr=spider&for=pc 2. 大学生返乡创业，用海外抖音服务器做Tik Tok，助力家乡农产品远销海外. https://www.sohu.com/a/584411777_121355534 3. 小伙留学归来下乡创业，在抖音电商带货东北农产品. https://tech.ifeng.com/c/8JfkheeyRQt
知乎营销	探索真理，科学精神，终身学习	讨论法，案例法。讨论知乎等网络平台答案的专业度以及深度，启发学生善用网络信息	引导学生终身学习，弘扬科学和真理探索精神	自媒体平台有哪些？头部平台、知识平台、问答平台、社区平台汇总简介. https://zhuanlan.zhihu.com/p/232280657
新媒体营销效果测评及整合	效率观念，效果意识	案例法，实践操作法。新媒体营销传播案例效率与效果分析，展现评价指标的作用	展现营销资源运用效率评价指标，培养成本控制意识，提高学生量化评价能力	1. 互联网广告烧钱太厉害？这5个要点你要知道 https://baijiahao.baidu.com/s?id=1662127321394829532&wfr=spider&for=pc 2. 营销绩效 - MBA智库文档. https://doc.mbalib.com/tag/%E8%90%A5%E9%94%80%E7%BB%A9%E6%95%88

（一）课堂教学实施

在课堂上，我们采用多媒体讲授与案例讨论相结合的形式，既注重理论深度，又强化实践应用。在每一次课堂讲授中，教师不仅介绍新媒体营销的基本原理和工具，还专门穿插思政内容。例如，在讲解品牌塑造时，结合企业社会责任和文化传承的案例，探讨企业在追求利润的同时如何履行社会责任。

为增强课堂互动，教师利用线上平台进行实时问答，并通过小组讨论和情景模拟等方式，引导学生就"诚信经营""社会责任"等话题展开讨论，使学生在掌握专业知识的同时形成正确的价值判断。

下面以一堂课的具体课堂教学设计与实施为例（见表2、图7、表3、图8）：

表2   **教学基本情况**

课程概况			
授课主题	第三节 新媒体营销活动设计		
课程名称	管理学	课程性质	☑必修 □选修
课程类型	□通识课 □公共基础课 ☑专业课	学时/学分	32/2
授课专业	市场营销	授课年级	三年级
授课章节	第二章 新媒体营销策划	授课学时	1
学情分析			
知识基础	前期已经学过市场营销学、市场调查、广告学等专业基础课程，有一定的市场营销理论基础，也学习了广告媒体传播的相关知识，但是因为传播学、艺术学的课程没有学过，所以跨学科的知识储备较为薄弱		
能力基础	学生在大三年级，大二已经学过并参与过相关市场调查、品牌分析等实训项目，有一定的专业实操能力，但是因为前期的实训项目偏向在实验机房完成，仿真项目的操作较少，企业和产业的项目几乎没有参与，因此在项目融合的实战操作能力还比较薄弱，但是他们也很有表现的欲望，动手操作上手能力较强		
学习特点	学生为00后的大学生，很有自己的个性、想法和主见，学习热情和主动性需要老师推动和提升，但是他们也很有表达的愿望和发挥创意的想法，因此需要更加有趣生动丰富的教学内容以及更加多样化的教学方式和手段才能激发学生的学习积极性以及加强学生的学习驱动力		
信息素养	学生伴随着互联网成长起来，因此对于互联网的应用较为熟练，前期的计算机基础以及网络搜索应用能力已经具备，培养较为容易；对于新媒体的营销应用有一定的网络信息基础，对于翻转课堂、智慧课堂等新兴教学手段的应用能够及时跟上，并且参与程度也很高		

续表

教学分析	
教学内容	第二章第三节新媒体营销活动设计
教学目标	知识目标： 了解新媒体营销活动设计的三大模块 掌握营销活动优质内容创作的五大步骤
	能力目标： 能够创新性地设计品牌营销活动
	素质/价值目标： 培养学生创新性的职业素养，弘扬中国传统文化，传播社会主流价值观和正能量，服务社会经济
教学重点	新媒体营销活动优质内容创作的五大步骤
教学难点	用户洞察的工具模型、提炼BIG IDEA

课程思政	
思政素材	人民日报的《新千里江山图》、奥利奥与故宫IP联名营销传播的案例
思政元素	党的二十大报告，江山就是人民，人民就是江山，家国情怀的提升 中国传统文化的弘扬与传播、助力乡村振兴
融入方式	案例赏析、课堂团队创作

教学资源	
使用教材	使用教材：秋叶.新媒体营销概论［M］.2版.北京：人民邮电出版社，2019. 主要讲解第二章新媒体营销策划第三节新媒体营销活动设计，融合了新时期相关的思政元素和热点新闻、案例等
参考书目	［1］李东进.新媒体营销与运营［M］.北京：人民邮电出版社，2022. ［2］黄桓.新媒体运营与推广［M］.北京：清华大学出版社，2021. ［3］初广志.整合营销传播概论［M］.北京：高等教育出版社，2018. ［4］郭国庆.市场营销学［M］.3版.北京：中国人民大学出版社，2016. ［5］吴波虹.市场营销学［M］.长春：吉林大学出版社，2016. ［6］张勇.广告创意训练教程［M］.北京：高等教育出版社，2015.
在线资源	中国广告网、中国营销传播网、数英网等专业网站和人民网、新华网、央视网等主流媒体相关信息，以及字节跳动、巨量引擎、阿里妈妈等数据营销平台

续表

教学方法与手段		
教学方法	教法	BOPPPS教学法、小组讨论法、案例教学法、项目式教学法、情景教学法、视频教学法
	学法	基于问题、成果导向的自主探究式团队学习、线上线下同步翻转课堂学习法、情景参与式学习法、实践操作法、小组合作学习法
教学手段		运用智慧课堂、超星学习通平台实现线上线下翻转课堂

教学环节

知识回顾→课程导入→案例赏析→情景创设→知识讲授→课堂小组任务→点评总结→课程小结→布置下次课预习任务

教学特色

基于CDIO教学理念，运用三进五融合教学内容，教学内容模块化；基于问题导向进行项目式教学；渗透专业思想、反映学科前沿；融合课程思政，促进文理交融；通过课外知识拓展，学科竞赛和实战项目执行，强化创新能力

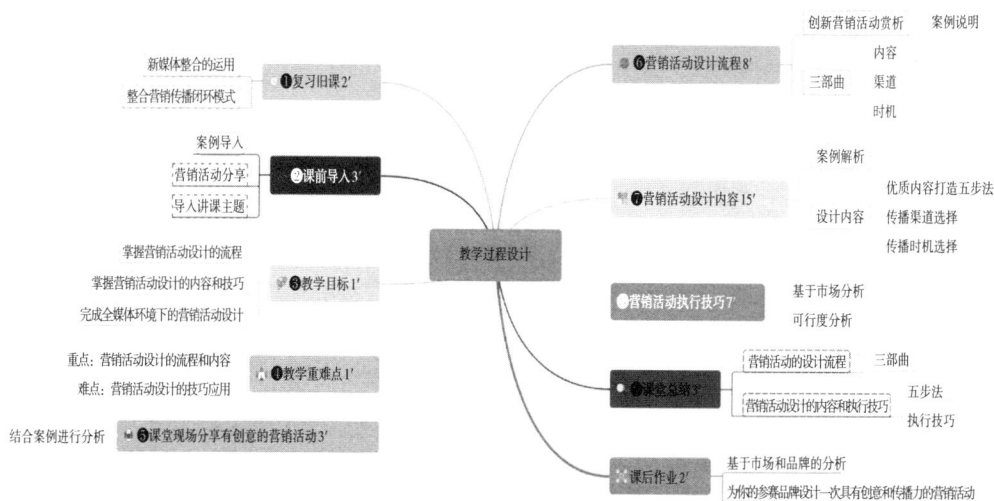

图7　教学流程设计

表3   教学过程

教学环节	内容	教学活动		课程思政	设计意图	教学手段与方法
		教师	学生			
导入	知识回顾：新媒体营销传播的工具：单向传播、双向传播、闭环传播 课前H5互动：新年刷屏传播——2023年你最想做的三件事情					
案例赏析 课堂提问	案例赏析：人民日报《新千里江山图》 提问：你会被什么样的营销传播活动吸引并愿意参与其中？ 通过学生思考回答，让大家感受营销活动设计的重要性	引导提问互动	参与H5活动互动，观看教学案例视频	关注党的二十大召开，心怀家国，牢记使命，江山就是人民，人民就是江山	课堂H5互动，激发学生的学习热情和课堂参与	案例教学、参与式教学
讲授新课	通过课堂的案例导入，引入新课： 第二章新媒体营销策划第三节新媒体营销活动设计，说明本次课堂的教学目标、教学重点和难点	教授新课	做笔记，认真听讲			
课堂情境模拟	导入新课内容：老师讲解 一、优质的内容 第一步，寻找用户洞察 SIPS模型的应用 根据前期选定的广告比赛的品牌，现场进行模拟消费者调查，最后老师进行点评总结。 第二步，寻找关联 第三步，提炼BIG IDEA 第四步，嫁接一个具体的创意 第五步，打磨成形	设置情景模拟	参与到消费者模型的应用调查环境	基于用户需求，解决市场的痛点，培养极致的品质职业素养	调动学生角色扮演的热情，打造场景化的教学氛围	角色扮演法、情景教学法：现场角色扮演，进行用户洞察的实际应用

续表

教学环节	内容	教学活动		课程思政	设计意图	教学手段与方法
		教师	学生			
教学内容讲解	第一步,消费者洞察:深入展示如何进行用户的洞察 第二步,运用ROI理论进行活动关联 广告创意与商品之间的关联性 广告创意与消费者之间的关联性 广告创意与竞争品牌之间的关联性	老师讲解	学生听讲,认真做笔记	基于学科最前沿理论及模型的讲解,引导学生保持对学术的追求以及终身学习的能力	对知识进行提升的讲解,达到一定的高阶性,激发学生求知和探索的渴望	BOPPPS教学法
案例赏析	视频案例赏析:奥利奥×故宫年度宫廷大戏10 600块小饼干倾情出演 课堂提问:请发表对奥利奥与故宫IP联名营销传播的看法,你认为是成功的吗?为什么? 第三步,提炼BIG IDEA	案例分析,课堂提问超星学习通主题讨论	超星学习通平台发表观点,参与主题讨论	弘扬中国传统文化,中国文化元素的应用	激发学生发散思考的潜力,加强学生的表达能力	线上线下翻转课堂
课堂创意大比拼	课堂练习:运用ROI理论将周杰伦与奥利奥饼干关联起来,关联构思与创意,在超星平台发表BIG IDEA并展示 奥利奥×周杰伦:用50 000块小饼干,还原你的青春BGM 课堂思考: 你认为奥利奥×周杰伦的关联创意具备了哪些成功的要素? 二、选择性价比高的渠道 1.尽量去找领域里前几名的资源合作 2.设置合理的机制,让它们的效果最大化 3.集中推出,短时间最大曝光 三、好时机 借助天然时机 借助已知热点 关于突发热点的借势营销	课堂练习,绘制思维导图	团队讨论,绘制创意思维导图	创新是良好的职业素养基础	培养学生创新的发散思维,提高学生动手实操的能力	线上线下翻转课堂

续表

教学环节	内容	教学活动		课程思政	设计意图	教学手段与方法
		教师	学生			
项目作业结果展示×团队互评	请结合上述知识点，根据前期小组讨论选定的广告比赛品牌，为其设计初步的营销活动主题和创意构思 项目作业结果展示×团队互评 1.各小组展示课堂实训的结果 2.团队互评打分，提问点评	老师讲解，课堂团队分组，任务分配	参与完成团队分组任务	关注时事政治热点，培养学生团队合作的精神	培养学生关心国家大事，运用时机策略为营销活动助力	BOPPPS教学法、项目式教学法
课堂总结	新媒体营销活动设计的三大模块 营销活动设计内容创作的五大步骤	教师总结，布置课后作业和预习任务	记录并完成	助力乡村振兴，服务社会经济	培养学生服务社会的意识	
课后作业布置	请运用新媒体营销活动设计的内容创作过程，为你们团队的家乡特色特产构思一个新媒体营销活动方案					
布置预习任务	预习第三章新媒体营销文案创作 线上资源预习任务：收集查阅20条微信、网络文案，分析其营销传播效果					

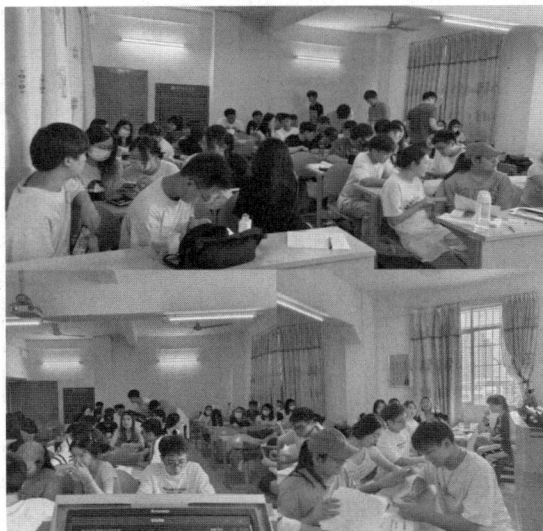

图8　课堂现场师生互动讨论场景

（二）实践项目实施

为进一步推动理论与实践的融合，课程特别设计了项目实训环节（如图9所示）。学生以小组为单位，选择真实企业的新媒体营销案例，撰写营销策划方案。项目从市场调研、目标定位、创意策划到效果评估，全流程模拟企业营销实际操作，并要求每个项目中都必须嵌入思政元素，讨论企业如何在追求经济效益的同时履行社会责任。

图9　校企共建项目实训现场照片

在项目实施过程中，校企合作导师定期走进课堂，对项目进展进行现场指导，并组织专家评审，确保项目具有实战性和思想深度。

（三）线上互动与讨论

借助学院自主开发的线上平台，教师发布预习资料、课件和测试题，学生通过平台自主学习。每周安排固定的线上讨论主题，如"如何在新媒体环境中传承中华文化""企业社会责任在数字营销中的体现"等，教师和学生共同参与讨论。此外，平台上还设有匿名提问和意见反馈通道，及时解决学生在学习过程中遇到的问题，保证线上线下教学的无缝衔接。

（四）专题讲座与校企合作

课程期间，我们邀请了行业内资深专家和企业高管开展专题讲座，重点讲解新媒体营销的最新趋势和企业责任理念，促进校企资源共享（如图10所示）。专家讲座不仅从技术和市场角度解析新媒体营销，还结合国家战略和社会主义核心价值观，讲述企业在新时代背景下如何实现可持续发展。这些讲座既拓宽了学生的视野，也为课堂教学提供了丰富的第一手资料，形成了校企共育、产学研融合的良好局面。

企业在分享新媒体专业群建设思路

企业在分享新媒体人才需求现状信息

广州大洋教育业务主管陈瑶女士在发言

企业新媒体考研室教师交流人培经验

图10 企业和行业专家进校讲座交流

五、教学评价

教学评价是衡量课程效果的重要环节，我们采用多元化评价方式，既注重过程性评价，也重视结果性评价，确保教学目标的全面达成。

（一）过程性评价

课堂参与度：通过课堂提问、小组讨论、线上答题等形式，对学生的课堂参与情况进行实时记录。教师依据学生的互动情况、问题回答质量及参与热情给予平时成绩评价。

项目实施过程：在项目实训过程中，通过阶段性检查、项目汇报和专家点评，对小组合作情况、项目方案的创新性和可操作性进行评分，并反馈改进意见。

思政融入情况：针对课程中思政元素的讨论情况，采用专题讨论记录和反思报告的方式，对学生对社会主义核心价值观、企业社会责任等方面的理解进行考核。

（二）结果性评价

理论考试：期末设置闭卷理论考试，考查学生对新媒体营销基本理论、平台应用、数据分析等知识的掌握情况，同时穿插开放性题目，考查学生对思政内容的理解与应用。

项目成果展示：各小组需提交完整的营销策划方案，并进行现场展示和答辩，由专家组从方案创新、实践可行性、思政融入等多个维度进行综合评分。

课程论文与反思报告：要求学生撰写课程论文，既要探讨新媒体营销策略，也要反思在实际项目中如何实现企业社会责任和文化传承，论文需达到一定的学术水平，并作为成绩的重要组成部分。

（三）综合评价与反馈

为确保评价公平公正，我们建立了"师生互评+专家评审+自我反思"的多元评价机制，并定期召开教学反馈会，邀请学生、同行和企业导师共同探讨教学改进方案。评价结果不仅反映在期末成绩上，还作为后续课程改进的重要依据，实现教学效果的持续提升（见图11、表4）。

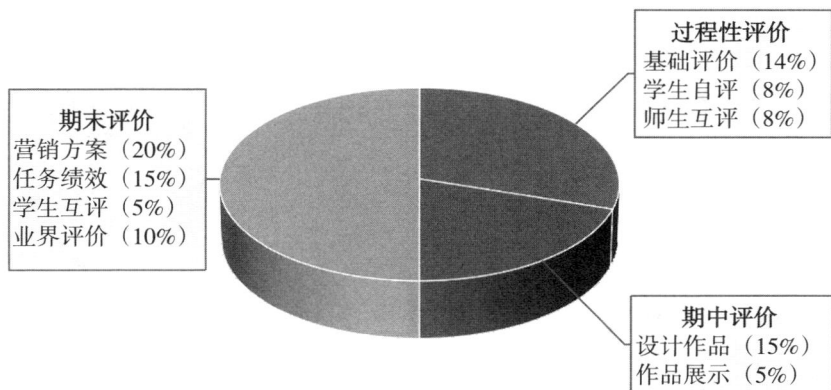

过程性评价
基础评价（14%）
学生自评（8%）
师生互评（8%）

期末评价
营销方案（20%）
任务绩效（15%）
学生互评（5%）
业界评价（10%）

期中评价
设计作品（15%）
作品展示（5%）

图11 综合考核评价

表4 评价项目及具体内容

评价项目		评价内容	评价形式	权重（%）	分值
过程性评价	基础评价	知识理解、参与讨论、回答问题、出勤情况	学习效率（课堂表现）	20	20
	学生自评	知识掌握与态度	工作态度 学习成效	10	10
结果性评价	学习单元评价	营销方案	工作熟练程度 方案合理性	30	30
		各类团队工作任务的效果和质量：知识成果转化	作品、方案、报告等质量	20	20
第三方评价	学生互评 企业、教师评价	团队合作情况、工作效果	实践工作执行成果	20	20
合计				100	100

六、教学反思

经过多轮的"新媒体营销"课程教学，我们在理论教学、实践项目和思政融合方面取得了显著成效，同时也暴露出一些不足，需在今后的教学中不断改进。

（一）成功经验

1. 理论与实践深度融合

通过翻转课堂和项目驱动教学，学生在课前自学、课堂讨论和实战演练中，既掌握了新媒体营销的核心理论，也积累了丰富的实战经验。校企合作为学生提供了真实的营销场景，使教学内容更具时代感和实践性。

2. 思政融入有效落地

在教学过程中，通过专题讲座、案例讨论和反思报告，有效地将社会主义核心价值观、企业社会责任和文化传承等思政元素融入专业教学，使学生在掌握专业知识的同时形成正确的价值判断和社会责任感。

3.线上线下资源共享

利用学院自主开发的线上平台，打破了时空限制，实现了优质教学资源的共享。线上讨论和实时答疑大大提高了学生的学习热情和互动性，促进了教学效果的全面提升。

（二）存在的问题

1.课堂互动深度不均

尽管大部分学生积极参与课堂讨论，但仍有部分学生在思政话题讨论中存在畏难情绪，未能深入探讨问题内涵。今后需设计更多引导性问题，激发全体学生参与讨论的积极性。

2.项目实施时间较紧

部分小组在项目策划过程中时间安排不合理，导致项目成果展示时内容略显仓促。需要在学期初明确项目各阶段时间节点，并增加阶段性检查，确保项目进度与质量。

3.线上平台功能待完善

线上平台虽然为学生提供了自主学习和讨论的空间，但在互动功能、数据统计和反馈机制上还有待提升，未来可引入更多智能化功能以提高教学管理效率。

（三）改进措施与未来展望

1.优化教学环节设计

针对课堂互动不足的问题，下一步计划在每堂课前设计预习任务和互动问卷，通过线上投票和分组讨论进一步激发学生参与热情。同时，邀请思政教育专家定期参与课堂，共同指导学生进行深度思辨。

2.延长项目实训周期

为保证项目策划的深度与质量，拟在后续课程中延长项目实训周期，并增设中期阶段反馈和指导环节，确保每个阶段任务均落到实处，推动学生在实践中不断总结、反思和提升。

3.完善线上平台建设

针对现有线上平台的不足，计划与信息技术部门合作，开发更适合新媒体营销课程的智能互动模块，如在线测评、实时讨论分组、项目进度监控等，进一步提升师生互动和教学管理效率。

（四）教学反思总结

总体来看，本课程在"产学研用"融合和思政教育方面取得了显著进展。学生在课堂和项目实践中不仅学到了新媒体营销的专业知识，还深刻理解了企业在新时代背景下履行社会责任、推动文化传承的重要意义。通过此次教学改革，教师团队也收获了丰富的教学经验，深刻认识到在教学中融入思政元素的重要性和必要性。未来，我们将继续深化"线上线下互动教学模式"，进一步完善教学资源与评价体系，努力将"新媒体营销"课程打造成为既有前沿理论又具实践深度，同时兼具思想引领作用的精品课程。

七、结语

"新媒体营销"课程的教学实践充分体现了校企融合、产学研用和思政教育有机结合的理念。通过系统的教学设计与实施，不仅帮助学生掌握了新媒体营销的专业技能，还引导他们在营销实践中践行社会主义核心价值观，培养社会责任感与创新精神。今后，我们将不断总结经验、完善不足，努力把这门课程建设成为引领新商科人才培养的标杆课程，为学生未来在数字经济时代的发展奠定坚实基础，为社会培养更多具有专业素养和家国情怀的新型营销人才。

编写人："新媒体营销"课程教学团队

"跨境电商综合实训"课程思政案例

——以"跨境电商政策与法规"教学单元为例

一、课程简介

"跨境电商综合实训"是跨境电商专业的核心实践课程，共3学分，48学时。本课程立足"数字经济"与共建"一带一路"，旨在培养学生跨境电商全链路运营能力，涵盖平台运营、国际物流、数据分析、跨境支付等核心模块。课程依托速卖通、亚马逊、阿里巴巴国际站等主流平台，通过真实项目实战，帮助学生掌握跨境电商运营全流程技能，为我国跨境电商产业输送兼具专业素养与国际视野的复合型人才。

（一）主要内容

教学内容主要包括平台运营实务、跨境供应链管理、数据化运营以及跨境支付与风控四大核心模块，具体包括跨境电商主流平台店铺搭建、产品信息优化、站内外营销推广、国际物流通关、汇率风险与知识产权合规，通过项目驱动，开展选品分析–店铺运营–流量转化–物流配送全流程实践，融入RCEP政策解读、跨境电商直播等新业态，培养跨境贸易全链路闭环操作能力。

（二）课程特色

1.创建"产教双驱、三阶递进"实战化教学模式

构建"校企协同–项目贯穿–赛创融合"三维联动机制，依托速卖通、阿里巴巴国际站、亚马逊企业平台，设计"基础实训（模拟）→进阶实战（店铺运营）→高阶创新（品牌出海）"三阶能力培养路径，实现技能链与产业链无缝对接。

2.打造"五力聚合"新商科育人体系

立足数字经济时代需求，形成以数字运营力（数据分析与流量转化）、国际商务力（跨文化沟通与RCEP规则应用）、技术融合力（数据挖掘与系统操作）、创新创业力（新媒体直播）、职业发展力（跨境电商岗位证书）为核心的培养范式，培养具有中国情怀的全球化电商人才。

二、课程目标

在数字经济与全球化深度融合的背景下，跨境电商行业正经历快速变革，传统的教学模式已难以满足行业对复合型、数字化人才的需求，此时需要以"技术赋能、实践导向、综合能力培养"为核心，构建"三维六层"目标体系。

(一) 知识目标

（1）掌握跨境电商全链路运营框架，理解跨境电商主流平台规则体系、国际物流通关流程、跨境支付结算机制，熟悉 RCEP 等区域贸易协定对跨境电商的政策影响。

（2）构建数字化商业分析知识体系，掌握基础指标解读、工具数据可视化方法，了解跨境电商合规边界、AI 选品算法逻辑与伦理风险。

(二) 能力目标

（1）具备全平台运营实践能力，能独立完成跨境店铺搭建、Listing 优化、CPC 广告投放等基础操作，具备营销策略优化、短视频精准引流等新兴渠道运营能力。

（2）具备数据驱动决策能力，熟练进行库存与订单管理，能基于市场数据预测爆品趋势，应对物流延误纠纷、知识产权侵权等突发事件的危机处理。

(三) 素质目标

（1）具备数字时代职业素养，树立数据隐私保护意识，遵守《跨境数据安全法》等法规，培养技术向善理念，在算法应用中规避文化偏见与伦理风险。

（2）具备全球化协作精神，理解目标市场的文化、消费习惯、法律法规等，提升跨文化敏感度，在竞赛中锻炼团队协作能力，形成"竞合共生"商业思维。

三、教学设计

(一) 设计理念及思路

本课程立足国家"数字经济"战略与共建"一带一路"倡议，结合跨境电商行业前沿需求，贯彻 OBE 教育理念，致力于培养兼具国际视野、家国情怀、数字素养与商业伦理的复合型跨境电商人才。

针对当前课程思政教学中存在的突出问题，一是学生三"缺"：全球化责任意识缺失、数字伦理认知欠缺、跨文化协作能力短缺；二是教师三"难"，国际化思政资源挖掘难、数字技术赋能思政设计难、校企协同育人机制落地难；通过"锚定目标–深挖元素–多维融合–动态评价"四维闭环，构建"专业能力+思政素养"双螺旋培养体系。课程以"数字经济责任"为主线，聚焦战略认同（服务国家战略）、数字伦理（跨境合规）、职业担当（诚信经营）、文化自信（中国品牌出海）四大思政维度，将思政元素深度嵌入"平台运营、跨境支付、国际物流、数据分析"等核心模块，实现技能培养与价值引领同频共振（如图1所示）

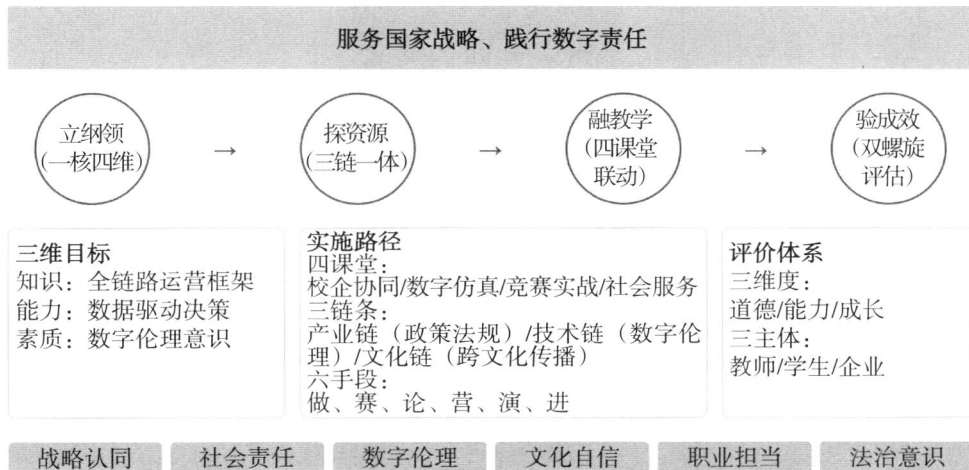

图1　"跨境电子商务综合实训"课程思政设计

（二）课程思政的实施：立-探-融-验

1.立：紧扣国家战略，凝练"一核四维"思政目标

立足"数字中国"与"双循环"发展格局，结合跨境电商"国际化、数字化、合规化"特征，围绕"服务国家战略、践行数字责任"核心目标，制定四大思政维度。第一，战略认同。理解RCEP规则、"一带一路"跨境电商政策，增强服务国家对外开放的使命感。第二，数字伦理。强化数据安全、知识产权保护意识，树立合规经营理念。第三，文化自信。通过中国品牌出海案例，培育"讲好中国故事"的文化传播能力。第四，职业担当。结合跨境企业真实项目，培养诚信履约、绿色物流的社会责任感（如图2所示）。

2.探：构建"三链一体"思政资源库

基于跨境电商全链路业务场景，从产业链（政策法规）、技术链（数字伦理）、文化链（跨文化对话）三维脉络开发教学思政元素。

"一核"+"四维"思政目标图

职业担当
培养跨境企业的社会责任感，专注于诚信和绿色物流。

战略认同
了解国际贸易协议和政策，以增强国家开放使命感。

服务国家战略
践行数字责任

文化自信
培养讲述中国品牌全球化故事的能力。

数字伦理
强调数据安全和知识产权，以促进合规经营。

图2 课程思政目标矩阵

在产业链中，融入《电子商务法》《跨境数据安全法》等法律法规解读，设计"海外仓绿色物流""知识产权侵权案例"等教学模块；在技术链中，通过数据爬取合规性分析、AI选品算法伦理探讨，强化技术向善意识；在文化链中，结合社交媒体直播、品牌文案设计，融入中华文化符号与国际传播策略。

3.融："做、赛、论、营、演、进"六大手段实现思政浸润

采用"校企协同课堂、数字仿真课堂、竞赛实战课堂、社会服务课堂"四维融合模式。在校企协同方面，引入阿里巴巴国际站"数字丝路"企业案例，开展合规经营沙盘模拟。在数字仿真方面，通过虚拟仿真实训平台，模拟数据泄露风险场景，强化危机应对能力。在竞赛实战中，以OCALE大赛为载体，设计"一带一路"市场开发任务，考核团队协作与文化敏感度。在社会服务中，对接乡村跨境电商助农项目，践行"数字经济赋能乡村振兴"的使命担当。

通过"做、赛、论、营、演、进"六大手段实现思政元素与专业教育有机融合。做，即基于店铺运营，开展选品-上架-推广-物流全流程实战。赛，以OCALE全国跨境电商大赛为载体，设置战略级任务挑战。论，针对行业热点开展结构化研讨，培养批判性思维。营，集中特训校企联合开展沉浸式工作坊，强化专项能力。演，通过虚拟仿真平台构建风险应对场景。进，深入产业一线进行岗位认知与实践。

4.验：构建"双螺旋"成效评估

建立"技能达标度+思政内化度"双螺旋、三阶（过程-诊断-总结）评价机制。通过技能达标度，即通过证书考核、企业项目交付质量评估专业能力，以及思

政内化度，即采用"过程性行为观测+反思性成果+第三方评价（企业导师评分）"三重指标，量化思政素养提升效果。动态反馈至教学目标与内容迭代，形成"教-学-评"良性循环（见表1）。

表1　　　　　　　**"跨境电子商务综合实训"课程评价体系**

评价类型	评价主体	数字技能链（65%）	思政素养链（35%）
过程性评价	学生+企业导师	跨境店铺运营数据 直播流量转化率 运营实操优化记录	合规经营日志 文化敏感度行为观测 团队协作贡献度
诊断性评价	教师+行业专家	数据分析报告质量 市场选品算法应用 跨境支付方案设计	数据隐私保护案例 品牌出海伦理辩论 RCEP政策应用
总结性评价	教师+学生	企业项目交付评分 跨境电商岗位证书	社会服务实践报告 数字责任反思

四、教学实施

教学实施见表2。

表2　　　　　　　　　　　　　　**教学实施**

		教学模块	思政主题	融入方式
教学 内容 分析	以"跨境电商政策与法规"教学单元为例，通过理论与实践结合，帮助学生掌握国际贸易规则、数据隐私保护、知识产权合规等核心内容，同时融入思政教育，强化学生的家国情怀、法治意识和社会责任感。随着跨境电商的快速发展，各国政策法规的复杂性成为企业国际化经营的主要挑战。欧盟《通用数据保护条例》（GDPR）、美国《关税法》等政策对中国企业出海提出了更高的合规要求。通过案例分析、虚拟仿真实验和项目实践，引导学生理解政策法规对行业发展的影响，培养其合规经营意识和国际化战略思维			
		国际贸易协定与关税政策	服务国家战略	分析RCEP协定对东南亚市场的推动作用，引导学生思考政策红利与企业发展机遇
		数据隐私保护与GDPR合规	法治意识与社会责任	通过数据加密和用户授权满足GDPR要求，讨论数据隐私保护的重要性与企业责任
		知识产权保护与侵权风险	诚信经营	华为如何通过法律合规和技术创新突破国际封锁，强调自主创新和法治意识对国家战略的重要性
		跨境电商通关	社会责任	通过服务国家战略，增强家国情怀和使命感

教学 目标	1. 知识目标 （1）掌握跨境电商的主要政策法规框架，包括国际贸易协定、关税政策、数据隐私保护等。 （2）熟悉主要国家/地区的关税分类标准、税率计算规则、税收优惠政策等对跨境电商的监管要求。 （3）理解政策法规对企业运营的具体影响，掌握多平台布局、本土化合规团队建设规避政策风险。 2. 能力目标 （1）能够分析政策风险并制订合规方案，系统性评估目标市场的政策风险。 （2）具备跨文化沟通能力，能够通过文化敏感性化解冲突，处理国际法律纠纷。 （3）利用虚拟仿真平台模拟报关通关、数据合规等实操场景。 3. 素质目标 （1）通过共建"一带一路"政策解读，引导学生理解跨境电商在推动中国制造"走出去"、促进共建国家经贸互联中的战略价值。分析中欧班列物流通道如何降低企业合规成本，增强服务国家战略的使命感。 （2）结合华为应对美国出口管制的案例，强调法律合规对企业生存的重要性。让学生体验法律的严谨性，树立"守法经营是商业底线"的职业信仰。 （3）结合可持续发展目标，理解环境效益与社会价值，培养危机处理中的责任担当意识。 （4）通过对比欧盟、东盟、非洲等地区的政策差异，培养学生尊重文化多样性、寻求合作共赢的开放思维。在东南亚市场进入策略任务中，强调本土化合规与全球化标准的平衡
教学 设计	（一）理论指导：布鲁姆教育目标的思政渗透模型 本单元思政融入遵循布鲁姆教育目标分类学的认知-情感-动作技能三维框架，构建"知识理解-价值认同-行为践行"的递进式思政渗透模型： 1. 知识理解层 通过政策法规条文解析、国际贸易规则对比等教学活动，帮助学生建立合规知识体系。通过 RCEP 与 CPTPP 条款对比表格，引导学生理解区域经济一体化背后的中国智慧。 2. 价值认同层 "合规" vs "违规"讨论，探讨企业的核心价值观与制度性交易成本问题。播放《大国外交》等片段，展示中国参与制定跨境电商国际规则，如《电子商务反腐败联合倡议》的历程，强化制度自信。 3. 行为践行层 学生在虚拟仿真、项目实践中，通过合规决策轨迹，完成从政策调研、风险评估到合规方案落地的完整闭环。 （二）思政融入路径 1. 模块化嵌入 将思政元素分解为"国家战略""法治合规""社会责任"三个主题，嵌入教学各环节。 2. 案例驱动 选取华为应对美国制裁、SHEIN 数据合规等真实案例，引导学生思考政策法规的实践意义。 3. 实践强化 通过虚拟仿真实验模拟政策风险场景（如海关扣货、数据泄露），锻炼学生的合规决策能力
教学 方法 与资 源	1. 案例教学法 案例 1：华为应对美国出口管制的合规策略 内容：分析华为如何通过法律合规和技术创新突破国际封锁。 思政目标：强调自主创新和法治意识对国家战略的重要性。 案例 2：SHEIN 的欧盟数据合规实践 内容：探讨 SHEIN 如何通过数据加密和用户授权满足 GDPR 要求。 思政目标：培养数据伦理意识和社会责任感。 2. 虚拟仿真实验 实验：跨境电商报关通关模拟 任务：处理不同国家的关税申报、商品检验流程。 思政目标：强化政策合规意识和风险应对能力。 3. 项目式学习 项目：共建"一带一路"市场合规拓展方案 任务：为中小企业设计东南亚市场合规进入策略。 思政目标：通过服务国家战略，增强家国情怀和使命感

续表

教学环节	内容	教学活动	课程思政	设计意图	信息化手段
1. 课程导入	主题：跨境电商政策法规的重要性	活动1：播放"一带一路"跨境电商成果视频	1. 通过"一带一路"成果视频，强调国家战略对行业的推动作用	1. 激发学生对政策法规的学习兴趣	1. 多媒体课件视频播放
		活动2：互动提问："为什么政策法规是跨境电商企业的'生命线'？"学生自由发言，教师总结	2. 引导学生思考合规经营对国家形象的影响	2. 初步建立"合规即责任"的认知	2. 在线互动工具
2. 知识讲解	主题：国际贸易协定与关税政策	活动1：讲授RCEP、CPTPP等协定的核心条款	1. 结合RCEP解读中国在区域经济合作中的引领作用	1. 夯实政策法规知识基础	1.PPT课件，含政策条款标注
		活动2：对比分析欧美关税政策差异。以美国《关税法》和欧盟《通用关税规则》为例	2. 通过政策对比，培养国际视野和开放包容精神	2. 培养学生快速获取和解析政策信息的能力	2. 在线政策数据库，WTO官网、商务部政策库
		活动3：政策法规速查，竞赛学生分组查找东盟国家最新关税政策，并展示结果			
3. 案例教学	主题：华为应对美国出口管制的合规策略	活动1：案例背景介绍	1. 聚焦案例中的国家战略意识与法治精神，强调自主创新对国家竞争力的意义，呼应"服务国家战略"的思政主题	1. 引导学生理解法律合规与技术创新的协同作用，培养国际化合规思维与危机应对能力	1. 结合虚拟平台模拟合规决策场景，增强实践代入感
		活动2：小组讨论分析华为如何通过法律合规和技术创新突破封锁	2. 通过合规谈判场景，培养法律法治意识和谈判技巧	2. 强化以法律为盾，以技术为矛的思维	2. 在线协作工具
4. 虚拟仿真实验	主题：跨境电商报关通关模拟	活动：任务发布学生分组处理虚构的欧盟CE认证缺失导致海关扣货事件	1. 通过海关扣货事件，强调合规对"中国制造"国际形象的影响。2. 培养危机处理中的责任担当意识	培养团队协作与跨文化沟通能力	在线合规工具（欧盟CE认证自查表）
5. 数据隐私合规演练	主题：SHEIN的欧盟数据合规实践	活动1：分析SHEIN如何通过数据加密和用户授权满足GDPR	探讨数据隐私保护的伦理意义，培养科技向善的社会责任感	掌握数据隐私法规的具体应用	GDPR条款在线查询工具
		活动2：合规方案设计学生分组设计用户数据收集合规流程		培养逻辑严谨的合规思维	
6. 项目式学习	主题：共建"一带一路"市场合规拓展方案	活动：任务发布为某中小企业设计东南亚市场（如越南）合规进入策略	结合"一带一路"倡议，强化服务国家战略的使命感	综合运用政策法规知识解决实际问题	"一带一路"倡议
7. 总结与反思	主题：课程总结与思政升华	活动1：学生反思撰写学习日志，总结政策法规对个人职业发展的启示	1. 通过宣誓仪式，内化"诚信经营、服务国家"的职业信仰	1. 巩固知识，强化价值观内化	1. 在线学习日志平台（石墨文档）
		活动2：教师点评结合学生表现，强调合规意识与家国情怀的重要性	2. 结合个人反思，强化社会责任意识	2. 为后续课程埋下思政延续的伏笔	2. 电子签名工具
8. 课后拓展		以小组为单位，完成政策调研报告：分析"东盟国家关税政策变化"，提出企业应对建议			

五、教学评价

（一）知识考核（30%）

理论测试：涵盖国际贸易协定、数据隐私法规等知识点。
政策分析：评估学生对政策影响的理解深度。

（二）能力考核（40%）

虚拟实验成绩：根据合规方案设计的完整性和实操表现评分。
小组项目展示：评价方案创新性、可行性和团队协作能力。

（三）素质考核（30%）

案例分析：要求体现社会责任、法治意识等思政观点。
课堂参与度：记录学生在讨论、辩论中的贡献。

六、教学反思

（一）成效总结

1.思政意识显著提升

通过本单元的教学实践，学生普遍展现出对政策法规的深刻认知与主动遵守意识。例如，在"知识产权保护与侵权风险"模块中，90%的学生在合规方案设计中主动规避了高风险商品（如仿制电子产品、未授权品牌服饰），并通过引用《中华人民共和国电子商务法》《欧盟知识产权指令》等法律条款，详细论证其合规性，建议企业在选品前通过第三方机构筛查侵权风险，体现了对法治精神的深入理解。

2.实践能力增强

通过案例教学与项目式学习，学生掌握跨境电商政策法规的核心应用技能。
（1）报关通关能力
学生能够快速定位欧盟《产品安全法规》，设计包含"紧急认证申请"的完整应对策略。

（2）风险预判能力

在东盟关税政策分析任务中，学生通过对比马来西亚、泰国、越南的税收差异，提出"分仓备货+关税预核算"策略，有效降低企业成本。

（3）社会责任感深化

项目引导学生关注可持续发展。例如，某小组提出"碳中和物流方案"，建议企业采用电动运输车辆、可降解包装材料，并与东南亚本地环保组织合作开展碳积分置换。这些方案不仅符合环境、社会、治理理念，更体现了学生对社会责任的深刻认知。

（二）存在问题

1.政策更新滞后

课程案例库中部分内容未能及时反映最新法规变化，影响了教学时效性。导致学生方案与实际政策脱节。这一问题在期末项目答辩中暴露明显，许多小组因政策信息过时，提出的物流清关方案存在合规风险。

2.跨文化理解不足

学生对非欧美国家的政策文化差异掌握不足，具体表现为：宗教文化敏感度低：在东南亚市场方案中，部分学生未考虑穆斯林市场对商品包装（如酒精成分标注）的特殊要求。

3.政策解读表面化

对东盟国家关税规则的分析多停留在数字层面，缺乏对政策背后经济意图的理解（如泰国对电子产品高关税实为保护本土制造业）。

（三）改进方向

1.动态更新教学资源

建立政策法规动态数据库，对接商务部"国际贸易单一窗口"、WTO政策库等官方平台，实时抓取全球190个国家/地区的跨境电商法规更新。每学期末组织教师团队对案例库进行迭代，淘汰过时案例，新增热点事件。

2.引入AI辅助分析

利用自然语言处理技术，将政策文本自动转化为"合规要点清单"。例如，输入欧盟《数字服务法》全文,系统自动生成"平台责任""用户申诉机制"等模块的思维导图。

3.校企合作深化

每学期邀请2~3名企业导师,如阿里巴巴国际站合规总监、法务顾问开展专题分享,内容涵盖热点事件解读:如TikTok美国数据合规争议、SHEIN应对法国"快时尚禁令"策略。

4.实操技能培训

海关争议申诉文书撰写、跨境知识产权维权流程。可设立"企业合规挑战赛"。由跨境电商平台发布真实合规难题,如"如何应对巴西新出台的跨境包裹100%查验政策",学生分组提交解决方案,优胜方案可获得企业实习机会。

5.校企案例共创计划

将企业真实纠纷案例脱敏后转化为教学素材。例如,某企业因未标注以色列Kosher认证导致商品下架的案例,可直接用于"宗教文化合规"模块教学。

通过本轮教学反思,课程团队进一步明确了"政策时效性""文化适配性""校企协同性"三大优化方向。未来将通过动态资源更新、跨文化实训强化、校企深度合作,持续提升课程的实践价值与思政成效,为培养"懂法规、有情怀、善创新"的跨境电商人才提供坚实支撑。

编写人:"跨境电商综合实训"课程教学团队

"数据挖掘与可视化"课程思政案例

——以"商务数据可视化综合实训"教学单元为例

一、课程简介

（一）基本情况

"数据挖掘与可视化"是我校电子商务专业开设的一门实验实践类课程。该课程融合了统计学、机器学习、商务知识等领域的理论和技术，旨在从各种复杂数据中提取高价值的知识和信息，提高使用数据的能力，在电子商务、市场营销、金融投资等领域具有广泛的应用。本课程主要聚焦商务智能中的数据挖掘与可视化环节，内容涵盖数据挖掘基础、数据挖掘算法以及可视化实践等核心模块，旨在通过学习理解数据挖掘的基本概念和原理，了解数据挖掘在商业中的常见应用，熟悉常用的数据挖掘算法和可视化技术，能合理使用相关知识进行数据处理、模型构建和分析结果解读，能运用Python语言，结合DeepSeek、Kimi和豆包等人工智能工具完成数据采集、建模与可视化呈现，具备基本的数据分析、处理和挖掘能力，拥有数据驱动决策思维与跨领域问题解决能力。

（二）课程思政特色

本课程体系以"五新"育人框架为核心，通过新理念构建以学生为中心的课程体系，以新视角将思政教育与社会实践、数字化场景深度融合，以新技术赋能教学手段创新，以新素材活化时政热点与红色文化资源，以新实践强化数字化教学与实践育人协同。在此基础上，创新实施"三共"教学策略：通过案例教学、情景模拟等互动方式激发学生兴趣，从价值观等现实议题切入实现情感共鸣；以小组讨论、角色扮演促进师生共情，在价值观碰撞中深化认知；最终通过项目式学习与实践成果展示达成价值共振，将社会主义核心价值观有机融入专业教学全过程。此"理念-方法-效果"的闭环设计，既符合大学思政课一体化建设要求，又能通过动态评估机制持续优化教学策略，有效提升了思政教育的实效性与感染力。

二、课程目标

（一）知识目标

掌握数据挖掘和数据可视化的基本概念、原理和方法。理解数据预处理、特征提取、模型构建等关键步骤，熟悉常用的数据挖掘算法和技术，如聚类分析、分类分析、关联规则挖掘等，能够使用可视化工具进行数据展示。

（二）能力目标

具备基本的数据分析、处理和挖掘能力，拥有数据驱动决策思维与跨领域问题解决能力。能够运用数据挖掘工具进行数据预处理、模型构建和结果解读，熟悉从问题定义、数据收集、数据分析到结果展示的全过程，能够根据实际问题选择合适的数据挖掘算法和技术，利用可视化工具以直观、易懂的方式呈现数据结果，具备独立或合作完成数据挖掘项目的能力。

（三）素质目标

养成严谨的学术品格，具备良好的商业道德和数据伦理意识，建立技术应用中的合规意识，培养创新意识和探索精神，提升团队协作和沟通能力，增强社会责任感和爱国情怀。

三、教学设计

（一）理念和思路

"数据挖掘与可视化"课程思政采用"讲授-案例-实践-互动"四位一体的线上线下混合教学模式，综合利用讲授法、案例分析法、实操演练法、小组讨论法等方法，结合翻转课堂实现"预习-探究-答疑"的认知闭环。思政教育贯穿始终，通过案例讨论，将民族自信心、数据信息安全、工匠精神、创新意识等思政元素融入专业教学，同时结合电子商务真实案例、乡村振兴等社会热点等素材打破专业与思政课程壁垒。采用任务驱动法、情景模拟法等创新教学手段，通过师生角色互换实现"以学生为中心"的教学范式转变，培养学生逻辑推理能力、独立解决问题能力与主动学习意识。

（二）课程思政元素挖掘

本课程主要围绕数据挖掘与可视化的核心内容展开，包括数据挖掘的基本概念、原理和方法，数据预处理技术，常用数据挖掘算法和技术，数据可视化原理和方法等。每一个教学内容都蕴含了丰富的思政元素，结合内容挖掘课程思政元素见表1。

表1　　　　　　　　　　　结合内容挖掘课程思政元素

序号	章节/知识单元	课程思政点	融入方式与教学方法	思政育人预期成效
1	项目一：商务数据分析基础	爱国情怀、民族自豪感、团队意识	政策法规：《"十四五"电子商务发展规划》和《关于大力发展电子商务加快培育经济新动力的意见》 案例讲解：商务数据分析发展历程（重点中国大数据） 操作实训：组建项目团队，完成京东或淘宝等国内电商平台的数据采集	1. 厚植家国情怀，增强民族自豪感 2. 培养团队意识、进取精神和社会责任感 3. 遵循互联网经济的商业伦理和职业道德，培养职业素养
2	项目二：商务数据分析的流程	职业素养、信息保密意识、法治意识、民族自信	政策法规：《中华人民共和国电子商务法》 视频播放：商务交易过程中数据流动 讨论：数据在分析过程中的安全性（正面反面多角度思考） 操作实训：利用淘宝平台企业的数据进行预处理操作	1. 增强信息安全意识、个人隐私保护意识 2. 培养"学法、知法、守法、崇法"的品德 3. 增强民族自信、爱国情怀
3	项目三：商务数据分析方法	职业素养、辩证思维、可持续发展观、工匠精神	政策法规：《中国电子商务发展二十年》和双十一电商数据 讨论：用什么方法可以发现热销商品背后的退货现象 案例讲解：某电商企业发展兴衰成败案例分享（从数据分析角度看） 操作实训：以电商助残公益项目案例，运用回归分析方法优化销售策略	1. 提高电商职业素养教育，提升社会责任感 2. 培养辩证思维看待科技发展 3. 树立可持续发展观念 4. 培养精益求精的工匠精神
4	项目四：商务数据分析技术	职业认同感、创新思维、爱国情怀、乡村振兴	视频播放：《辉煌中国》 政策法规：国家乡村振兴战略 操作实训：1. 以电商助农项目的案例来进行聚类分析 2. 以大学生三创赛数据分析赛道项目的电商创业项目，进行关联规则分析	1. 关注民生热点，增强对电商行业的职业认同 2. 培育创新思维，思考电商新模式 3. 增强爱国主义情怀，增强服务农业农村现代化、服务乡村振兴的使命感和责任感

序号	章节/知识单元	课程思政点	融入方式与教学方法	思政育人预期成效
5	项目五：商务数据可视化	社会责任感、职业素养、信息安全意识、团队合作	讨论：如何能让一个可视化大屏呈现更多有价值的信息 操作实训：以乡村振兴的电商平台数据为基础进行可视化展示	1. 提高民族自信心和社会责任感 2. 培养良好的职业素养和精益求精的工匠精神 3. 培养创新意识 4. 提高信息安全意识和团队合作意识
6	项目六：商务数据分析应用场景	民族自信、科技兴国、工匠精神	视频播放：《李克强-我愿为电子商务新业态代言》 操作实训：以华为手机产品的用户画像为基础，设计用户推荐系统	1. 深植爱国情怀和民族自豪感 2. 树立科技兴国、人才强国意识 3. 培养精益求精的工匠精神
7	项目七：商务平台店铺数据分析	诚信教育、法律意识、明辨是非	视频播放：京东618视频剪辑 案例讲解：某企业的直播营销翻车案例 操作实训：以淘宝商户数据为基础，进行平台流量来源分析、网店客户服务分析、客户行为分析等	1. 加强诚信教育、法律意识教育、道德意识教育 2. 培养一定辨别、分析能力，能够自觉抵制不正当竞争
8	项目八：商务模型综合案例	商业伦理、职业道德、与时俱进	政策法规：电动车行业的商业数据分析报告 案例讲解：人工智能技术在电商领域的运用案例 操作实训：以团队方式按"三创赛"项目要求完成商务数据分析任务 视频播放：《广工商三创赛项目回顾》	1. 培养学生树立正确的商业伦理观和职业道德观，守正务实，诚信交易，健全人格 2. 让学生意识到与时俱进、科技创新的重要性

（三）教学方法与手段

本课程采用"创设情景-知识讲解-操作实训-项目总结-拓展阅读-课后作业"分步法，将思政元素融入教学全流程。在教学过程中充分运用了讲授法构建知识框架、案例分析法深化认知、实操演练法强化技能、小组讨论法培养协作能力，结合翻转课堂实现"预习-探究-答疑"的认知闭环。课程设计遵循"基础理论→算法实践→综合项目"的渐进式模块化路径，引入企业真实数据集，构建产教融合实践场景。

四、教学实施

"商务数据可视化综合实训"是本课程中"项目五：商务数据可视化"中的重点内容，也是本课程的重要组成部分。表2以此为例介绍教学实施过程。

表2　　　　　　　　　　　　　教学实施过程

环节		活动与内容
课前	旧课复习	1.商务数据可视化的步骤 电商数据背景分析　数据处理　数据分析　数据展示 2.常见数据类型的可视化样式及运用 时间数据　比例数据　关系数据　文本数据
课中	课程导入	【案例背景】民族要复兴，乡村必振兴！为了实现中华民族的伟大复兴，越来越多的电商平台加入到了乡村振兴的热潮中。GGS电商是一家服务乡村振兴的初创电商类网站。在竞争激烈的电商市场中，为了深入了解自身平台业务的表现，公司管理层决定对"双十一"在内的近六个月的交易数据（脱敏数据）进行全面分析。面对这些数据，为了更清晰地把握销售趋势，需要对数据中品牌商品，尤其是热门品牌和商品，进行点击量、加入购物车量、购买量、关注量的分析和预测，对购买客户的年龄、性别、区域特点进行分析和总结，最后直观呈现数据变化；用可视化图形展示，为后续经营策略调整提供有力依据。 【引出任务】请综合运用所学知识完成如下任务： （1）按要求对电商数据进行数据处理； （2）对用户行为数据进行分析； （3）以可视化图形展示分析结果。 【思政融入】通过名言名句和乡村振兴热点，提高民族自信心和社会责任感
	案例分析	【互动讨论】分析三个任务的解题关键点，引导学生利用学习通和本课程的AI助手进行讨论分析，并利用词云总结提炼关键内容。 【点评提炼】由老师提炼总结，给出解题关键。 （1）数据规范性标注； （2）数据分析流程； （3）可视化图像选择。 【思政融入】通过对分析过程的讲解推理，培养良好的职业素养

环节		活动与内容
课中	操作实训	此处采用"分任务，进阶式"设计操作实训任务。 任务1：按要求对电商数据进行数据处理 1.演示操作 （1）删除无效数据和重复数据； （2）填补缺少数据； （3）规范数据格式、筛选和汇总数据等。 2.展示问答 利用学习通选择学生演示成果，进行学习通的主题讨论。 3.点评小结 对结果进行点评，并对存在的问题提出解决思路。 【思政融入】通过数据的规范和安全，提高信息安全意识。 任务2：对用户行为数据进行分析 1.演示操作 （1）每日用户行为分析； （2）"点击"和"购买"变量间的相关性。 2.展示问答 分步操作并分享成果到学习通。 3.点评小结 对结果进行点评，并对存在的问题提出解决思路。 【思政融入】通过演示通用方式后，鼓励学生可以灵活运用不同工具和软件来解决问题，培养创新意识。 任务3：以可视化图形展示分析结果 1.演示操作 （1）展示销售情况； （2）预测未来趋势。 2.展示问答 小组演示成果，进行学习通的主题讨论。 3.点评小结 对结果进行点评，并对存在的问题提出解决思路。 【思政融入】通过反复对比不同可视化图形效果，不断追求完美，培养精益求精的工匠精神和团队合作意识
	项目总结	【本课总结】结合板书回顾本节知识内容，并强调本课重难点。 （1）数据规范性的要求； （2）数据分析的方法选择（难点）； （3）可视化大屏的制作（重点）
课后	拓展阅读	阅读文章：如何利用人工智能大模型DeepSeek来辅助电商数据可视化，了解常见工具操作。 【思政融入】通过课外拓展培养创新精神，培养与时俱进的意识
	课后作业	本课巩固：完成教材课后作业； 新课预习：机器学习的基础。 【思政融入】通过作业养成日积月累的良好学习习惯

五、教学评价

（一）评价体系

本课程采取过程性考核的模式，过程性考核包括2次平时作业、5次项目实训+平时考勤和课堂表现，所有过程性考核成绩经折算后计入末考成绩，具体框架如图1所示。

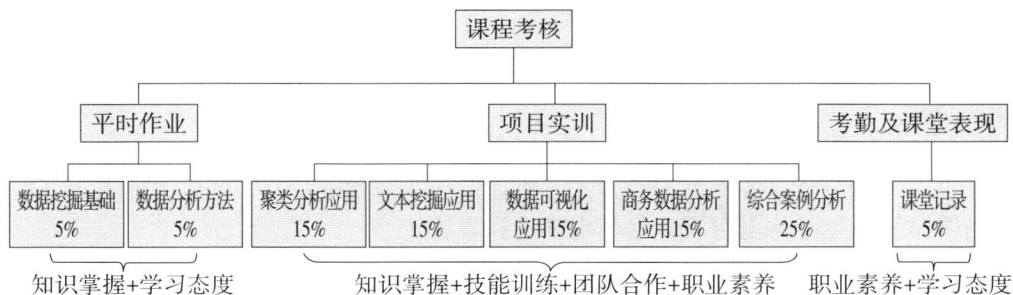

```
                          课程考核
        ┌──────────────────┼──────────────────┐
     平时作业            项目实训          考勤及课堂表现
   ┌────┬────┐  ┌────┬────┬────┬────┬────┐      │
 数据挖掘 数据分析 聚类分析 文本挖掘 数据可视化 商务数据分析 综合案例分析  课堂记录
  基础   方法   应用   应用   应用15%   应用15%   25%      5%
  5%    5%    15%   15%
```

知识掌握+学习态度　　　知识掌握+技能训练+团队合作+职业素养　　职业素养+学习态度

图1　评价体系

（二）评价标准

1.知识目标达成情况

通过课堂测验、作业等方式，评价学生对数据挖掘与可视化基本理论和方法的掌握情况。

2.能力目标达成情况

通过上机操作、项目实践等方式，评价学生的数据挖掘与可视化工具使用能力和问题解决能力。

3.素质目标达成情况

结合作业和实训的完成情况以及考勤和课堂表现，综合评价学生在爱国情怀、职业素养、工匠精神、科研道德、团队协作与沟通能力等方面的表现。

（三）评价方法

根据考核方式的不同，结合超星学习通平台灵活运用以下评价方式进行评价。
系统评价：利用学习通中的教学系统对客观化的课堂测验、考勤记录进行系统评价统计。

教师评价：对主观题考核、项目汇报和课堂表现等采用教师综合评价。

同学评价：部分小组实训会加入小组互评方式，提高学生参与和增加评价的客观性和公正性。

自我评价：引导学生进行自我反思和评价，促进自我提升和成长。

六、教学反思

（一）教学亮点

1.理实结合紧

通过案例分析、实操练习等方式，将理论与实践紧密结合，使学生能够更好地理解和掌握数据挖掘与可视化的基本理论和方法。

2.教学方法多

采用讲授法、案例分析法、实操演练法、小组讨论法等多种教学方法，激发学生的学习兴趣和参与度。

3.教学资源丰

提供教材、参考书、在线课程、数据挖掘软件、可视化工具等多种教学资源，支持学生自主学习和实践操作。

4.思政育人深

将思政元素融入课程教学中，培养学生的爱国情怀、职业素养、工匠精神、科研道德、团队协作与沟通能力和数据伦理意识等。

5.评估机制活

采用"理论考核+项目实训+日常表现"多维度评价体系，结合学习通的学生学习行为数据分析，利用"系统、教师、同学和自评"多角度评价方式，实时反馈学习效果，评价全面真实。

（二）优化改进建议

课程思政应进一步加强互动交流，摒弃单向灌输，通过教学环节的精心设计，融合线上线下平台资源，构建"讲授-互动-实践"三维融合的教学场景，使专业知识点与价值导向在情景交融中自然渗透，实现知识传授与价值引领的有机统一。

针对学生课前准备不足导致的参与度不足问题，建议采用"任务前置+资料预研"机制，通过布置专题性探究任务，引导学生围绕核心问题开展文献搜集与案例分析，系统性提升课堂讨论的深度与主动性。

还可以从数据分析课程群组的跨学科特性出发，建立"思政元素挖掘-案例库建设-教学实践"的闭环体系，要求教师既要深耕专业领域前沿动态，又要构建"知识逻辑-历史脉络-实践场景"的思政资源挖掘框架，通过社会主义核心价值观引领课程内容的时代性创新。

编写人："数据挖掘与可视化"课程教学团队

"Python程序设计"课程思政案例
——以"Python流程控制"教学单元为例

一、课程简介

（一）课程定位

Python语言自问世以来，凭借简单易学的语法、丰富的类库、良好的可移植性等特点，迅速成为众多数据科学家和人工智能研究者的首选编程语言。当前，人工智能正日益渗透至各行各业，展现出极为广阔的发展前景。随着人工智能和信息技术的迅猛发展，Python程序设计已成为现代工作与生活多个领域中不可或缺的关键技术，而掌握Python程序设计能力也成为了高校学生综合素质的重要组成部分。

本课程旨在引导学生掌握Python编程语言的基本语法、数据结构、控制流程、函数定义、面向对象编程等核心知识，同时培养学生运用Python解决实际问题的能力，为后续专业课程学习和未来职业发展筑牢根基。课程设计以专业特色为基础，将Python编程技能与实际应用场景相结合，强化学生解决问题的能力，紧密结合应用型本科院校的办学定位，以培养高素质应用型人才为目标，将思政教育有机融入教学全过程，重点培养学生的实践能力、创新精神和社会责任感。

（二）课程特色

本课程以"技术赋能 + 价值引领"双主线为特色，将Python编程技术能力培养与思政教育深度融合，通过三阶能力培养模式、四维融合教学模式和特色资源库有机结合，旨在全面提升学生的专业素养和综合素质。

1.聚焦"Python工具+电商场景+国家战略"三阶能力培养模式

工具性：掌握Python流程控制语法，实现业务逻辑代码化。

专业性：面向电商订单决策、库存预警等典型场景开发。

战略性：通过代码实现乡村振兴、国货支持等政策落地。

2.应用四维融合教学模式

语法规则→电商业务逻辑；程序调试→政策执行校验；代码优化→政务服务优化；项目开发→社会责任践行。

3.结合特色资源库

包含832个脱贫县农产品数据的"助农商品数据库"；
国家乡村振兴局政策文件与代码映射表。

（三）思政融入教学（见表1）

表1 整门课程的思政设计与融入点

授课项目	思政设计与融入点（基于专业知识的思政内容设计）	思政育人元素
Python基础语法	通过变量的命名和初始化，引导学生认识到规范性和精确性的重要性，培养学生的责任感和诚信意识	培养学生的科学精神和求真务实的态度
流程控制	结合条件语句讲解，引导学生思考决策的道德维度，通过循环结构体会坚持和毅力的价值	增强学生的伦理决策能力和坚持精神
组合数据类型	利用序列类型讲解数据的组织和管理，通过集合的去重特性，引导学生理解多样性和包容性	培养学生的团队协作能力和模块化思维
函数	通过函数的封装和复用，教授团队协作中的分工与合作，培养学生的集体主义精神	培养学生对集体主义和包容性的理解
文件与数据网格化	讨论数据案例与隐私保护的重要性，强调法律意识和职业道德	提升学生的数据安全意识和法律素养
异常处理	通过异常处理学习面对问题的态度，培养解决问题的能力	培养学生的问题应对能力和应变能力
面向对象编程	通过类与对象理解社会角色与责任，强调个体与社会的关系	培养学生的社会责任感和面向对象的编程思维
常用库的使用	介绍国家信息化成就，培养学生的爱国情怀和自主创新意识	增强学生的国家自豪感和技术创新意识
综合项目程序设计	综合运用所学知识解决实际问题，培养学生的综合实践能力和解决复杂问题的能力	综合运用所学知识，提升学生的综合能力和创新思维

二、课程目标

（一）知识目标

（1）掌握 Python 语言的基本语法元素，如变量、数据类型、运算符、表达式等。

（2）理解 Python 的数据结构，包括列表、元组、集合、字典等，并能熟练运用它们解决实际问题。

（3）掌握 Python 的控制流程语句，如条件判断、循环结构等，编写结构清晰的程序。

（4）理解函数的定义、参数传递和返回值，能够自定义函数并灵活运用。

（5）掌握面向对象编程的基本概念，如类、对象、继承、多态等，能够运用面向对象的思想设计和实现程序。

（二）能力目标

（1）提高学生的编程实践和自主学习能力，能够运用 Python 语言编写简单的程序，学会使用调试工具，能够定位并修复代码中的错误，同时掌握代码优化的技巧，提高程序的运行效率和稳定性，解决实际问题。能够通过查阅文档、在线资源等途径获取知识，并不断更新自己的技能。

（2）锻炼学生的创新能力，鼓励学生在编程过程中尝试新的方法和技术，探索不同的解决方案。通过编程实践，培养学生的逻辑思维能力和问题解决能力，学会将复杂问题分解为可管理的子问题，并逐一解决。

（3）增强学生的团队协作与沟通能力，通过小组项目实践，学会与他人沟通合作，共同完成任务，分享知识和经验。

（三）素质目标

（1）培养学生具有正确的思想政治家国情怀，让学生了解我国在计算机领域的发展成就，增强民族自豪感和自信心。

（2）引导学生树立正确的价值观，培养学生的计算思维和逻辑思维，以及严谨的科学态度、勇于创新的精神和良好的职业道德。

（3）增强学生的社会责任感，使学生认识到编程技术对社会的影响，鼓励学生运用所学知识为社会发展贡献力量。

（4）树立正确的价值观和职业道德观，能够在实际工作中自觉遵守相关法律法规和职业道德准则。

三、教学设计

（一）教学理念

本课程"以学生为中心"，以培养学生的综合素质和能力为目标，采用"理论与实践相结合"的教学模式。通过案例分析、项目驱动、团队合作等方式，激发学生的学习兴趣和主动性，引导学生将所学知识应用到实际问题中，培养学生的实践能力和创新思维。同时，注重课程思政元素的融入，将思政教育贯穿于整个教学过程中，通过案例分析、讨论交流等方式，引导学生树立正确的价值观和职业道德观，培养学生的社会责任感和使命感。

（二）教学方法

1.场景案例教学法

选取国内电子商务典型应用场景案例，切入相关知识内容，真实场景应用能帮助学生更好地理解理论知识。将中央文件条款转化为判断条件（如将"帮扶户识别标准"转化为if条件)，以国家乡村振兴政策为切入点→学生编码实现，应用AI伦理研讨，对比学生代码与DeepSeek生成代码的政策适配性。

2.项目任务驱动实践教学法

安排丰富的实验课程，让学生在实践中巩固所学知识。实验内容涵盖基础知识练习、综合编程实践和项目开发等不同层次，逐步提高学生的编程能力。采用小组合作学习的方式，将学生分成小组，共同完成实验任务。通过小组讨论、分工合作，培养学生的团队协作能力和沟通能力。同时鼓励学生在小组内分享经验和心得，互相学习，共同进步。

3.线上线下混合式教学法

建设在线课程平台，上传教学视频、课件、习题等学习资源，方便学生随时随地进行学习。同时，通过在线讨论区、答疑区等互动平台，加强师生之间、学生之间的交流与合作。利用线上教学平台布置作业、进行测试和考试，及时了解学生的学习情况。同时，根据学生的学习数据，分析学生的学习难点和薄弱环节，有针对性地调整教学内容和方法。

（三）教学内容设计

项目：Python流程控制

1.教学目标

（1）熟悉程序表示方法。

（2）掌握单分支结构if语句的语法应用。

（3）掌握双分支结构if-else语句、多分支结构语句和分支嵌套语法应用。

（4）使学生熟悉程序的基本结构，能够归纳每个结构的执行流程。

（5）使学生掌握分支结构，能够通过不同语句实现不同的分支结构。

不同目标层级的具体要求见表2。

表2　　　　　　　　　　　不同目标层级的具体要求

目标层级	具体要求	达标率
基础层	能实现3层条件嵌套判断	95%
提高层	能用字典实现策略模式替代多重if-elif	78%
创新层	能设计政策条件变更的热更新机制	62%

2.教学内容

（1）单分支结构：if语句和双分支结构：if-else语句。

（2）多分支结构：if-elif-else语句。

（3）分支嵌套。

不同知识模块的思政渗透密度和典型载体见表3。

表3　　　　　　　　不同知识模块的思政渗透密度和典型载体

知识模块	思政渗透密度	典型载体
分支结构	87%	助农产品运费补贴计算系统
循环结构	65%	脱贫监测数据周报生成程序
函数封装	72%	国家地理标志产品认证接口封装

四、教学实施

依据"学生操作—老师检查—互动讨论—发现问题—解决问题"的步骤组织教学，使用安装有Python集成开发环境的实训室，让学生从模仿操作到独立操作，进行阶段性的提升，运用学习通平台监督学习效果。达到"三阶育人"模型：代码正确性 → 业务合理性 → 社会价值性，四维融合教学模式的目标。

课程思政五步融入法：采用"政策解读 → 条件提取 → 代码实现 → 效果验证 → 伦理反思"递进式设计。

典型场景：将《中共中央 国务院关于做好2023年全面推进乡村振兴重点工作的意见》中"深化消费帮扶"条款转化为：

if user_type == "urban_volunteer" and purchase_amount > 1 000：

add_social_credit（50） # 城市志愿者消费帮扶积分

不同项目模块的思政渗透密度和典型载体见表4。

表4 　　　　　　　　　　　**不同项目模块的思政渗透密度和典型载体**

项目模块	思政渗透密度	典型载体
基础项目	100%	国家振兴乡村经济电子商务案例
挑战项目	100%	西部脱贫帮扶电商运营程序
高阶项目	100%	国家城乡一体化新农商项目

（一）教学框架

思政主线："用流程控制实现精准施策，以数字技术赋能乡村振兴"

核心案例：智慧助农订单决策系统（含用户分级、地域补贴、国货标识三重政策维度）

教学工具：（1）PyCharm或Anaconda；

（2）助农数据大屏832平台销售数据；

（3）DeepSeek智能大模型。

（二）教学过程

1.课前准备

教师：在超星学习通上发布项目三相关的教学视频、案例资料和预习任务，引导学生进行课前自主学习。

学生：根据教师的要求，认真观看教学视频，阅读案例资料，完成预习任务，并将预习过程中遇到的问题反馈给教师。

任务驱动：学生分组完成项目三的操作任务，完成结果提交至学习通，各小组评价。

思政预热：观看"832扶贫平台"视频片段（国家级消费扶贫电商平台）。

2.课堂教学流程

流程示意：

A［项目导入：政策文件解读］ --> B［问题链：如何代码化"先富带动后富"］

B --> C［任务1：用户分级折扣］

C --> D［任务2：库存优先保障］

D --> E［AI对比：政策可解释性］

E --> F［辩论：技术中性vs价值导向］

F --> G［拓展：国庆爱国消费季］

A.项目导入（10分钟）（见表5）

表5　　　　　　　　　　　　　　项目导入

步骤	内容

前导回顾（4分钟）	展示项目二代码片段（助农订单折扣计算）：
	# 源代码（仅判断是否帮扶户）
	user_type = input（"用户类型（1.新用户 2.帮扶户）："）
	discount = 0.8 if user_type == "2" else 1.0
	问题链引导：
	"如果需区分'新用户/普通会员/帮扶户/乡村振兴企业'4类客户，如何实现差异化折扣?"
	→ 引出多分支结构需求

思政与专业融合（4分钟）	案例：播放"832扶贫平台"视频片段（国家级消费扶贫电商平台） 数据支撑： "2023年该平台通过精准政策匹配，带动脱贫地区农副产品销售超200亿元" → 强调流程控制在政策实施中的关键作用
目标衔接（2分钟）	板书逻辑链：单条件判断 → 多条件决策 → 嵌套策略 → 精准助农

B.问题导入（5分钟）

情景化问题：为"乡村振兴优品馆"设计订单系统，规则如下：

普通用户享9折，帮扶户享7折，采购企业满5 000元再减500元；新疆棉制品库存低于100件时自动触发补货预警；国货促销期间，自动添加"中国品牌"标识。

→ 提问：这些业务规则需要哪些流程控制结构?

C.任务操作（50分钟）（见表6）

表6 任务操作

任务1：多级用户折扣决策（if-elif-else）

层次	内容

基础层（10分钟）	user_type = input（"用户类型（1.普通 2.帮扶户 3.企业）: "）
	if user_type == "1":
	　　discount = 0.9
	elif user_type == "2":
	　　discount = 0.7 # 思政点：帮扶户专项折扣
	elif user_type == "3":
	　　discount = 0.8
	else:
	　　print（"【政策提示】请输入合法用户类型！"）
	关键教学点：elif执行顺序验证

挑战层（5分钟）	# 企业用户额外满减 if user_type == "3" and total_price >= 5000: 　　final_price = total_price * discount − 500 　　print（"【乡村振兴企业专项补贴】已生效！"）

任务2：库存预警与自动补货（嵌套if）

层次	内容

基础层（10分钟）	xinjiang_cotton_stock = 80 # 新疆棉库存
	if xinjiang_cotton_stock < 100:
	　　print（"【红色预警】新疆棉库存不足！"）
	　　if xinjiang_cotton_stock < 50:
	　　　　print（"紧急联系新疆阿克苏基地补货！"） # 思政点：支持新疆棉

挑战层（5分钟）	# 结合用户类型判断补货优先级 if user_type == "3" and xinjiang_cotton_stock < 100: 　　print（"优先保障企业采购需求！"）

任务3：国货促销标识系统（符合条件判断）

层次	内容
基础层（10分钟）	product_type = input（"商品类别（1.国货 2.进口）: "） is_promotion = input（"是否促销期（Y/N）: "） if product_type == "1" and is_promotion == "Y": 　　print（"中国品牌促销专场！"） # 思政融合点
挑战层（10分钟）	# 促销期自动延长逻辑（国庆节期间） import datetime today = datetime.date.today（） if（datetime.date（2024，10，1）<= today <= datetime.date（2024，10，7））: 　　print（"【国庆特惠】爱国消费季自动开启！"）

D.进阶操作（15分钟）

综合项目：智慧助农决策系统

```
user_type = "2"  # 帮扶户
purchase_amount = 3 000
product_origin = "新疆"
# 多层级判断
if user_type == "2":
    discount = 0.7
    if product_origin == "新疆":
        discount= 0.95  # 新疆产品额外补贴
elif user_type == "3" and purchase_amount > 5000:
    discount = 0.7
else:
    discount = 0.9
print（"最终折扣率：{discount*10} 折"）
```

思政强化：嵌套判断实现精准扶贫

E.DeepSeek操作比较（10分钟）

AI对比实验：学生代码 vs DeepSeek生成代码（使用字典优化策略）

```
# AI建议版本
discount_rules = {
    "1"：0.9,
    "2"：0.7,
    "3"：lambda x：0.8 if x<5000 else 0.7
}
```

批判性讨论：字典+lambda表达式是否提升可维护性？AI方案是否清晰体现助农政策优先级？

F.教学效果展示（10分钟）

三维度评价表见表7。

表7　　　　　　　　　　　　　　三维度评价表

评价维度	优秀案例	思政关联
结构合理性	嵌套不超过3层	政策执行不层层加码
条件完备性	处理else未覆盖情况	保障政策普惠性
代码可读性	添加政策注释	政务公开透明原则

G.互动讨论（10分钟）

情景化辩论：使用多个if语句与elif链，哪个更适合政策系统？在代码中如何体现"先富带动后富"理念？

引导思考：企业用户满减条件设置

H.项目总结（10分钟）

流程图板书如图1所示。

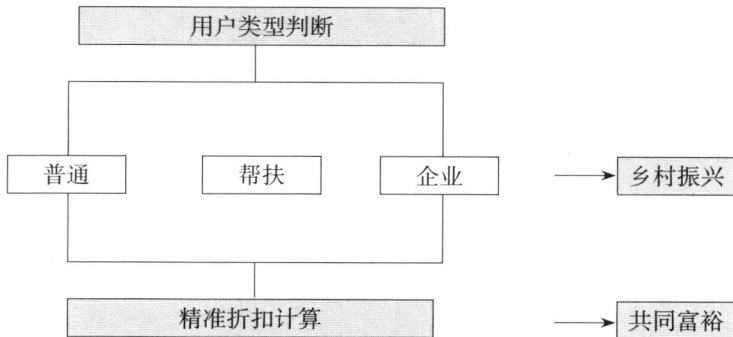

图1　流程图板书

I.课后任务（分层设计）

基础任务：

制作"端午助农粽子折扣计算器"，区分个人/企业用户。

挑战任务：

添加"爱国消费勋章"逻辑：当月购买国货满3次，自动授予"国货推荐官"称号。

趣味扩展：

用if-else嵌套实现"电商政策知识问答游戏"：

```
print（"我国乡村振兴战略启动年份是？"）
if answer == "2017"：
    print（"获得'政策达人'徽章！"）
else：
    print（"推荐学习：中央一号文件专题"）
```

五、教学评价

教学评价见表8。

表8   教学评价

评价内容	评价方式	思政融入点	教师关注点
Python 语言基础知识，如语法规则、基本数据类型、控制结构等	课堂小测验、在线练习题、课后作业	强调严谨求实的学术态度，要求学生认真对待每一次练习和测验，不仅追求答案的正确性，更要深入理解知识点背后的逻辑和思想	答题正确率、理解深度、解决问题能力，以及学生在解题过程中展现出的诚信和自律精神
代码实现能力、算法设计能力、问题解决策略	编程项目、编程挑战赛、课程设计	鼓励学生进行团队合作，培养团队协作能力；同时，在编程过程中注重创新，敢于尝试新思路和新方法	代码质量、算法效率、解决问题能力，以及学生在团队中的贡献度、沟通能力和创新思维
创新能力、实践应用能力、综合运用所学知识解决实际问题的能力	创新项目、实践案例分析、企业合作项目	强调社会责任感和实践担当，鼓励学生将所学知识应用于解决实际问题，为社会做出贡献。同时，注重培养学生的创新思维和实践操作能力	创新思维、实践操作能力、项目成果质量，以及学生在实践活动中展现出的社会责任感、团队协作精神和综合素质。同时，鼓励学生积极参与课外实践活动，拓宽视野，提升个人品德和社会责任感

六、教学反思

（一）成效总结

（1）将思政元素与专业知识有机融合，取得了较好的教学效果，激发了学生的爱国热情和民族振兴责任感。通过强调代码的规范性和严谨性，培养了学生严谨的科学态度；通过项目实践中的团队合作和责任担当，培养了学生的团队协作精神和责任感。这种思政元素的融入方式自然而不生硬，让学生在学习专业知识的同时，潜移默化地接受了思想政治教育。

（2）以学生为中心的项目任务驱动教学法，更好地培养了学生的自主学习能力和动手操作能力，互动讨论激发了学生的学习兴趣和主动性；实践教学提高了学生的动手能力和创新能力。多样化的教学方法相互补充、相互促进，提高了教学质量和教学效果。

（3）线上线下混合式教学模式为学生提供了更加灵活多样的学习方式。线上教学平台的学习资源丰富，方便学生随时随地进行学习和复习；线下课堂教学则更加注重师生之间的互动交流和实践操作。线上线下教学的有机结合，提高了学生的学习积极性和主动性，增强了教学效果。

（二）改进方向

（1）进一步完善差异化培养人才办法，对学生个体差异的关注还不够充分。由于学生的学习基础、学习能力和学习兴趣存在差异，部分学生在学习过程中可能会遇到困难和挫折。在今后的教学中，需要更加关注学生的个体差异，因材施教，为不同层次的学生提供个性化的学习指导和支持。

（2）进一步完善考核评价体系，建立多元化的评价方式和科学合理的评价指标体系。除了传统的考试成绩外，还应注重对学生平时表现、作业完成情况、项目实践成果等方面的评价。同时，引入学生自评、互评等多元主体评价方式，全面准确地评价学生的学习成果和发展水平。通过优化考核评价体系，激发学生的学习积极性和主动性，促进学生的全面发展。

编写人："Python程序设计"教学团队

"数字化客户关系管理"课程思政案例
——以"客户关系管理的基础"教学单元为例

一、课程简介

（一）课程定位

"数字化客户关系管理"是市场营销、电子商务等专业的核心课程之一，面向数字化转型背景下的商业人才需求，聚焦CRM系统的技术应用与客户价值管理。其课程定位聚焦于培养适应数字化时代要求的营销人才。该课程紧密结合现代市场的发展趋势，深入探索数字化技术在客户关系管理中的应用，旨在提升学生的数字营销能力和客户关系维护技巧。通过系统的理论学习与实践操作，学生将掌握如何利用大数据、人工智能等先进技术优化客户体验，实现精准营销与个性化服务。"将思政之魂，融入数字化客户关系管理课程之体"在共同促进学生全面发展方面，具有重要的战略意义。

（二）课程特色

本课程以"技术赋能＋价值引领"双主线为特色，将数字化技术能力培养与思政教育深度融合，旨在全面提升学生的专业素养和综合素质。

1.技术与思政深度融合

通过将数字化技术能力培养与思政教育有机结合，本课程不仅提升了学生的专业技能，还培养了学生的社会责任感、职业道德和法律意识。学生在掌握数字化客户关系管理技术的同时，能够树立正确的职业价值观，成为德才兼备的专业人才。

2.理论与实践相结合

课程内容涵盖了理论知识、案例分析、项目实践和思政教育等多个方面，通过理论与实践相结合的教学模式，学生能够在实际操作中巩固所学知识，提升实践能力和创新能力。

3.培养综合素质

通过"技术赋能 + 价值引领"双主线的教学设计，学生不仅能够掌握数字化客户关系管理的核心技能，还能够培养数据分析能力、问题解决能力、团队协作能力、沟通能力，以及创新思维等综合素质，为未来的职业发展奠定坚实的基础。

技术赋能主线（工具–方法–能力）见表1。

表1   技术赋能主线

技术模块	核心教学内容	典型教学环节案例
Excel 数据分析	客户数据清洗与预处理	某电商用户消费数据清洗
	可视化仪表盘构建	客户价值RFM模型可视化
CRM 系统操作	客户全生命周期管理	探迹系统客户分群
	自动化营销流程设计	会员日精准触达方案配置
客户画像建模	多源数据标签体系构建	社交+消费行为标签融合
	动态画像更新机制	用户兴趣迁移追踪实验

价值引领主线（认知–规范–责任）见表2。

表2   价值引领主线

思政维度	融合路径	典型教学场景
商业伦理	算法歧视风险研讨	携程平台"大数据杀熟"案例辩论
	客户隐私边界界定	《中华人民共和国个人信息保护法》第四十四条解读
	营销信息伦理审查	保健品过度营销案例诊断
数据安全治理	数据分级保护机制	三只松鼠供应链数据脱敏实验
	最小必要原则实践	用户位置信息采集合规性审查
	系统权限管理设计	银行CRM权限泄露事件复盘
消费者权益保护	知情权–选择权保障	用户协议隐藏条款排查实验
	反歧视算法验证	信贷风控模型公平性测试
	弱势群体关怀设计	老年用户界面适老化改造

（三）思政融入教学

采用"思政主题→思政元素→思政内容→教学知识点"递进式设计（见表3）。

表3 　　　　　　　　　　　　　　思政融入教学设计

思政主题	思政元素	思政内容	教学知识点
商业伦理传承	关注弱势群体	社区超市的人文情怀	客户关系管理的溯源及基本概念
消费者权益保护	公平交易原则	"大数据杀熟"法律界定（《中华人民共和国电子商务法》第十八条）	顾客价值管理
可持续发展观	长期价值创造	共享单车行业过度补贴教训	客户价值管理
数据安全治理	风险防范意识	GDPR数据泄露处罚案例（如万豪酒店事件）	客户风险管理
知识产权保护	信息合规使用	客户数据所有权争议（特斯拉行车数据归属案例）	客户知识管理
科技向善理念	技术社会责任	健康码系统隐私保护机制	CRM系统建设实施和发展
社会公平建设	数字包容性	拼多多"农村电商"普惠实践	社会化客户关系管理
人工智能伦理	算法公平性	亚马逊招聘算法性别偏见事件	智能化客户关系管理
网络安全意识	隐私保护责任	欧盟《数字市场法案》解读	数字化客户关系管理

（四）思政融入课程（如图1所示）

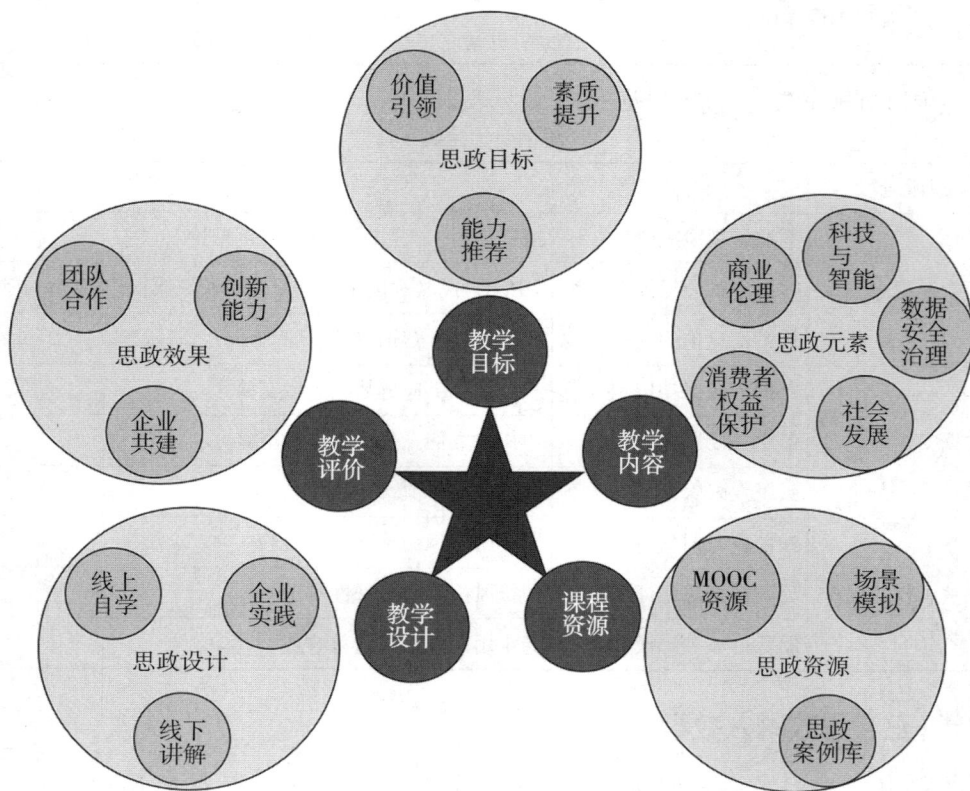

图1　思政融入课程图示

二、课程目标

（一）知识目标

（1）能够系统地掌握客户关系管理的基本理论知识，包括客户关系管理的定义、目标、核心理念，以及与企业其他业务流程的关系。

（2）能够深入了解数字化技术在客户关系管理中的应用，掌握大数据分析、人工智能算法、云计算服务等技术在客户数据收集、处理和分析中的具体应用方法。

（3）能够熟悉常见的客户关系管理系统（CRM 系统）的功能和特点，了解其在企业中的实施步骤和应用效果。

（4）能够掌握客户关系管理的策略与实践方法，包括客户细分、客户价值评估、客户生命周期管理等方面的知识，能够运用所学知识分析企业实际案例中的客户关系管理问题。

（二）能力目标

（1）能够运用数字化工具和技术，如 Excel 数据分析工具、CRM 系统软件等，对客户数据进行收集、整理、分析和可视化，能够从数据中挖掘出有价值的信息，为企业的客户关系管理决策提供支持。

（2）能够根据企业实际情况，设计并实施客户关系管理策略，包括制订客户获取计划、客户忠诚度计划、个性化营销方案等，能够运用数字化手段提升客户满意度和忠诚度。

（3）能够参与客户关系管理系统的实施过程，能够协助企业进行系统需求分析、系统选型、数据迁移、用户培训等工作，能够对系统实施过程中的问题进行分析和解决。

（4）能够通过团队合作完成客户关系管理项目，具备良好的沟通能力、团队协作能力和项目管理能力，能够承担项目中的不同角色，如项目经理、数据分析员、系统实施工程师等，能够有效地协调团队成员之间的关系，确保项目的顺利进行。

（三）素质目标

（1）能够树立正确的价值观和职业道德观，认识到企业在客户关系管理过程中应遵循的伦理原则和社会责任，如客户数据隐私保护、信息安全、企业与客户之间的公平交易等，能够在实际工作中自觉遵守相关法律法规和职业道德准则。

（2）能够培养创新思维和问题解决能力，能够运用所学知识和技能，结合数字化技术，对客户关系管理中的复杂问题进行分析和解决，能够提出创新性的解决方案，为企业创造价值。

（3）能够培养良好的沟通能力和团队协作精神，能够与不同背景的人进行有效的沟通和协作，能够尊重他人的意见和建议，能够积极参与团队活动，为团队的成功贡献力量。

（4）能够培养自主学习能力和终身学习意识，能够关注数字化客户关系管理领域的最新发展动态和技术趋势，能够通过自主学习不断提升自己的知识水平和技能水平，适应数字化时代快速变化的市场需求。

三、教学设计

（一）教学理念

本课程"以学生为中心"，以培养学生的综合素质和能力为目标，采用"理论与实践相结合"的教学模式。通过案例分析、项目驱动、团队合作等方式，激发学生的学习兴趣和主动性，引导学生将所学知识应用到实际问题中，培养学生的实践能力和创新思维。同时，注重课程思政元素的融入，将思政教育贯穿于整个教学过程中，通过案例分析、讨论交流等方式，引导学生树立正确的价值观和职业道德观，培养学生的社会责任感和使命感。

（二）教学方法

1.案例教学法

选取国内外知名企业客户关系管理的典型案例，如亚马逊的个性化推荐系统、星巴克的会员忠诚度计划等，引导学生分析案例中的客户关系管理策略、数字化技术应用，以及存在的问题和解决方法。通过案例分析，帮助学生更好地理解理论知识，培养学生分析问题和解决问题的能力。

2.项目驱动法

设计与企业实际业务相关的客户关系管理项目，如客户数据挖掘与分析项目、客户关系管理系统实施项目等，让学生以团队为单位参与项目实践。在项目实施过程中，学生需要运用所学知识和技能，完成项目的需求分析、方案设计、实施与测试等工作，通过项目驱动的方式，培养学生的实践能力和团队协作能力。

3.讨论交流法

在课堂教学中，针对课程中的重点和难点问题，如数字化客户关系管理的伦理问题、客户数据隐私保护等，组织学生进行讨论交流。通过讨论交流，激发学生的思维碰撞，培养学生的批判性思维和创新思维，同时，引导学生树立正确的价值观和职业道德观。

4.线上线下混合式教学法

利用在线教学平台，如中国大学 MOOC、超星学习通等，为学生提供丰富的学习资源，包括视频讲座、课件、案例分析、在线测试等。学生可以根据自己的学习进度和时间安排，自主选择学习时间和学习内容。在线下课堂教学中，教师可以根据学生的学习情况，进行有针对性的讲解和辅导，通过线上线下混合式教学法，提高教学效果和学习效率。

（三）教学内容设计

（1）教学目标：
• 使学生了解客户关系管理的定义、发展历程和核心理念。
• 使学生理解客户关系管理在企业中的重要性，以及与企业其他业务流程的关系。
• 引导学生树立以客户为中心的服务理念，培养学生的客户意识和职业道德观。
（2）教学内容：
• 客户关系管理的定义与内涵。
• 客户关系管理的发展历程。
• 客户关系管理的核心理念。
• 客户关系管理在企业中的作用。
• 客户关系管理与企业其他业务流程的关系。
（3）教学方法：
• 讲授法：教师通过多媒体课件讲解客户关系管理的基础知识。
• 案例分析法：选取国内外知名企业客户关系管理的成功案例，引导学生分析其核心理念和实施效果。
• 讨论交流法：组织学生讨论"以客户为中心"的服务理念在企业中的重要性，以及如何在实际工作中践行这一理念。
（4）思政元素融入：
• 在讲解客户关系管理的核心理念时，强调"以客户为中心"的价值观，引导学生树立正确的服务意识和职业道德观。

•通过分析"社区超市的CRM进化之路"的案例，引导学生认识到企业应承担的社会责任，如提供优质的产品和服务、保护消费者权益等，培养学生的社会责任感和使命感。

四、教学实施

本模块采用"历史镜鉴-现实透视-未来担当"的三阶育人路径，构建"知识建构-能力训练-价值引领"三位一体的教学体系。通过"社区超市的CRM进化之路"的商业案例，将诚信经营、科技向善等思政元素有机融入客户关系管理（CRM）知识体系，培养学生"知商道、守商德、行商义"的职业素养。

（一）教学框架

思政主线：商业伦理与数字化转型责任。

核心案例：某社区超市从手写会员册到智能CRM系统的20年发展。

教学工具：纸质会员卡（道具）、Excel模拟系统、多媒体素材。

（二）教学流程

1.课程导入（10分钟）

情境创设：记忆中的小卖部。

教具准备：发放仿制"20世纪初手写会员册"，播放纪录片《消失的胡同小店》片段（如图2、图3所示）。

图2　20世纪初手写会员册

图3　《消失的胡同小店》

讨论：为什么街角王阿姨能记住所有顾客的喜好？

思考这种"人情CRM"对现代商业的启示，从而引出本节课的主题——客户关系管理，引出人情社会通过纸质的信息记录和熟络的客户关系建立起长期的合作，初步渗透以客户为中心的思政理念。

2.知识讲解（70分钟）

（1）定义解析：从人情到数据的CRM（15分钟）。

理论讲解：对比传统CRM和现代CRM的定义，传统CRM = 记忆 + 信任 + 人情往来，现代CRM = 数据 + 算法 + 精准服务。通过清晰的阐述，让学生理解两者的差异和发展。

案例分析：展示该社区超市2010年首套Excel会员系统界面，详细分析字段设计，如不仅记录消费额，还有"子女在外地""爱买临期折扣"等人性化标签，让学生了解现代CRM系统如何通过数据实现更精准的服务。

思政辩论：组织分组辩论，主题为"数字化是否必然导致服务温度下降"。在辩论过程中，引导学生结合实际案例，思考数字化与服务温度之间的关系。同时，链接法律知识，解读《中华人民共和国民法典》第一千零三十四条关于个人信息处理的规定，让学生认识到在数字化过程中保护个人信息的重要性。

（2）历程演进：三代系统的伦理挑战（15分钟）。

技术演进展示：通过时间线展示社区超市CRM系统的迭代历程。

2003年纸质会员册存在隐私泄露风险（店员翻查）；

2015年Excel表格面临数据误删危机（未备份）；

2022年智能系统出现算法歧视争议（差异化定价）。

让学生直观了解不同阶段CRM系统的特点和存在的问题。

模拟实验：进行Excel恢复被误删的2018年会员数据的模拟实验，让学生亲身体验数据备份的重要性。

思政提炼：深入分析"老年人数字鸿沟"问题，探讨保留纸质优惠券的必要性，体现对弱势群体的关怀。学习《价格违法行为行政处罚规定》关于公平交易的要求，强化学生的法律意识和公平交易观念。

（3）理念践行：双金字塔模型落地（15分钟）。

模型讲解：构建超市价值金字塔和顾客价值金字塔。超市价值金字塔包括社区口碑、复购率提升、滞销品清理、数据积累；顾客价值金字塔包括情感归属、购物便利、实惠价格、基本需求。通过讲解，让学生理解超市经营与顾客需求之间的相互关系。

经营模拟：给定数据，如临期食品占比18%、老年顾客占比35%，让学生分组设计既减少浪费又保障弱势群体利益的方案。在设计过程中，培养学生的创新思维和解决实际问题的能力。

实践分享：介绍物美超市"每日鲜"折扣机制＋独居老人优先通知制度，让学生学习优秀企业的实践经验，拓宽思路。

（4）系统协同：CRM驱动供应链变革（15分钟）。

流程剖析（如图4所示）：

详细剖析顾客扫码积分　CRM分析偏好　采购系统下单　库存预警　供应商自动补货的流程

图4　流程示意图

让学生理解CRM系统在供应链中的核心驱动作用。

故障处理：设置端午节粽子滞销，CRM系统未及时预警的场景，让学生分组制定《跨部门协同改进方案》，培养学生的团队协作和问题解决能力。

思政延伸：组织学生讨论"临期食品捐赠"中的企业社会责任，引导学生思考企业在社会中的角色和责任。学习《中华人民共和国反食品浪费法》第十二条关于临近保质期食品销售的规定，增强学生的法律意识和环保意识。

（5）未来宣言：小店里的中国温度（10分钟）。

服务设计：让学生为视障顾客设计非视觉购物系统（盲文标签＋语音导航），培养学生的创新意识和对特殊群体的关怀。同时，制定《社区小店数据伦理守则》（手写版／电子版并行），强化学生的数据伦理观念。

思政升华：观看《永不消逝的胡同》片段，引导学生进行"数字时代的商业温情"的探讨，让学生在思考中进一步深化对商业伦理和数字化转型责任的理解，提升学生的情感认知和价值观。

课后作业：撰写数字时代的商业温情的小组感悟和总结。

五、教学评价

（一）三全育人评价体系（见表4）

表4　　　　三全育人评价体系

评价主体	评价内容	工具设计
学生自评（30%）	数字化工具伦理认知	电子学习档案袋
小组互评（30%）	团队协作中的责任担当	互评量表（含道德维度）
企业评价（40%）	实习期间的合规操作记录	企业导师观察报告

1.专业知识与技能评价（40%）

通过课堂表现、作业完成情况、项目实践成果等方面的情况，评价学生对数字化客户关系管理专业知识和技能的掌握程度。课堂表现主要包括学生的出勤情况、课堂参与度、回答问题的准确性等；作业完成情况主要评价学生对课后作业的完成质量和对知识的理解应用能力；项目实践成果主要评价学生在课程项目中的表现，包括项目方案的设计合理性、实施效果、团队协作能力等。

2.思政素养评价（60%）

通过课堂讨论、项目实践中的思政表现、课后作业中的思政思考等方面，评价学生的思政素养。课堂讨论主要评价学生在讨论过程中对思政元素的理解和运用能力；项目实践中的思政表现主要评价学生在项目实施过程中是否关注数据安全、客户权益保护、社会责任等思政元素；课后作业中的思政思考主要评价学生对思政相关问题的分析和思考能力。

（二）评价方式

1.过程性评价

在教学过程中，通过课堂提问、小组讨论、作业批改、项目进展检查等方式，对学生的学习过程进行持续评价。过程性评价能够及时反馈学生的学习情况，发现学生在学习过程中存在的问题，为教师调整教学策略和方法提供依据。

2.终结性评价

在课程结束时，通过项目成果展示等方式，对学生的学习成果进行综合评价。项目成果展示主要评价学生在课程项目中的整体表现，包括专业知识和技能的应用能力、团队协作能力、创新能力，以及思政素养等。

六、教学反思

（一）教学过程中的优点

通过将思政元素有机融入"数字化客户关系管理"课程教学中，实现了专业知识与思政教育的深度融合，不仅丰富了教学内容，也提高了学生的学习兴趣和积极性。并且采用多种教学方法相结合，如案例教学法、小组讨论法、项目教学法等，激发了学生的学习主动性和创造性，培养了学生的团队协作能力、批判性思维能力和解决实际问题的能力。同时，利用线上线下混合教学模式，拓展了教学时空，为学生提供了更加便捷的学习渠道和丰富的学习资源，提高了教学效率和教学质量。

（二）存在的问题

在教学过程中，部分学生对思政元素的理解和接受程度存在差异，个别学生对思政教育内容不够重视，参与度不高。并且在案例选择和设计方面，虽然尽量选择了具有代表性和时效性的案例，但部分案例与思政元素的结合还不够紧密，需要进一步优化。在教学评价方面，虽然建立了专业知识与技能评价和思政素养评价相结合的评价指标体系，但在评价过程中，对思政素养的评价还存在一定的主观性和难度，需要进一步完善评价方法和标准。

（三）改进措施

加强对学生的思想引导，提高学生对思政教育重要性的认识。在教学过程中，注重与学生的沟通交流，了解学生的思想动态和学习需求，采用更加生动有趣的教学方式，激发学生对思政教育的兴趣和参与度。进一步优化案例选择和设计，深入挖掘案例中的思政元素，使案例与思政教育内容更加紧密地结合。同时，鼓励学生参与案例的收集和整理，提高学生的学习主动性和参与度。完善教学评价体系，加强对思政素养评价方法和标准的研究。采用多元化的评价方式，如学生自评、学生互评、教师评价、企业评价等相结合，提高评价的客观性和准确性。同时，建立动态的评价机制，根据教学过程中的实际情况，及时调整评价指标和方法，确保教学评价的有效性。

编写人："数字化客户关系管理"课程教学团队

"数字营销"课程思政案例
——以"数字营销战略与营销策略组合"教学单元为例

一、课程简介

　　"数字营销"是一门集理论与实践于一体的现代市场营销课程，旨在培养学生掌握数字时代背景下市场营销的核心理论、策略与技能。随着互联网的迅猛发展和数字化技术的广泛应用，数字营销已成为企业推广产品、服务和品牌的关键手段。本课程在教学内容方面侧重对基础理论、管理方法与分析模型的讲解；在培养实践能力方面侧重对数据分析关键技术的基本训练。既有与时俱进的创新理论，又展现了数字营销的应用场景，课程主要内容包括：数字营销概论与数字营销环境、数字营销战略与数字营销组合策略、数字营销洞察系统与数字运营平台、数字营销中的消费者旅程分析与数字化顾客体验、社交媒体营销与移动营销、直播营销与视频营销、数字化顾客关系管理与数字化品牌管理、大数据营销、人工智能营销与营销趋势预判等。

　　数字营销不仅仅是传统营销手段的数字化，它融合了市场营销、信息技术、数据分析、创意设计等多个领域的知识与技能。课程的开设旨在培养既懂营销理论，又精通数字技术的复合型人才，他们能在瞬息万变的市场环境中，灵活运用各种数字工具与平台，精准定位目标受众，高效传递品牌价值，实现营销目标。数字营销领域快速发展，创新是其核心驱动力。课程鼓励学生跳出传统框架，探索新的营销理念、渠道与技术，如利用AR/VR技术提升用户体验，运用AI进行个性化推荐等，培养学生的创新思维与实践操作能力，为未来的职业生涯奠定坚实基础。面对全球化的市场竞争与快速变化的市场需求，"数字营销"课程通过案例分析、模拟实战等方式，让学生提前接触并适应职场环境，提升其解决问题的能力与团队协作能力，增强个人竞争力，为未来的职业发展铺平道路。

二、课程目标

　　践行社会主义核心价值观，具有良好的职业道德、社会公德和劳动观念，能够在市场营销实践中，遵守职业规范，履行责任；熟悉市场营销专业领域相关政策及法律、法规。了解在当前数字经济时代国家数字中国战略建设的意义、成效及其在经济社会发展和提升人民生活幸福感等方面的重要价值，培养家国情怀，增强民族自信心、使命感和自豪感；正确理解数字营销实践中的积极方面及其潜在的雷区，注重培养思辨能力，掌握如何客观辩证地、合理地、合法地运用数字营销工具来展开市场营销活动，树立正确的数字营销观念和伦理道德，做有责任意识的市场营销人员。

把握经营管理的基本规律及特点，并将所学经济管理学科相关知识应用于解释、分析和评价数智实践中的具体现象和问题，能对数字营销管理问题有效决策。学生全面理解数字营销的基本概念、原理和策略，包括但不限于直播营销、内容营销、社交媒体营销、视频营销、移动营销、数据分析等。学生能够利用数据分析工具进行市场研究和消费者行为分析的能力，使其能够基于数据做出营销决策，优化营销活动的效果。学生能够收集和分析数字营销活动的数据，解读数据背后的趋势和洞察，以便对营销策略进行调整和优化。

感知国内外数字营销行业动态，具备营销现象洞察力，营销问题决断力，营销活动执行力，并胜任数字营销、智能营销领域工作。掌握数字营销的基本原则和方法，能够基于数字化现象运用营销思维来系统地分析实践现状。通过案例分析、模拟项目和实战演练，使学生掌握运用数字工具和平台进行市场分析、营销策略制定、广告投放、内容创作和社交媒体管理等实际操作的能力。学生关注数字营销领域的最新趋势和技术，如人工智能、大数据营销等，并理解其对营销实践的影响。

适应社会发展趋势，具有较强的职业韧性与人际交往能力，语言文字表达与沟通水平较高，团队合作精神、合作意识较强。通过小组讨论、项目合作等方式，提升学生的团队协作精神和沟通技巧，使其能够在多学科团队中有效工作，共同完成营销项目。了解世界数字营销领域以及优秀的本土企业实践情况，基于祖国大地培养创新思维和意识，讲好和传播积极正能量的中国故事。

拥有创新思维与创业能力，能够敏锐把握营销行业与领域的数字化与智能化特征，有针对性地进行创新与创业活动。理解数字营销运营的基本内涵和方式，理解其路径和方法，具备特定的数字营销技能，拥有社交媒体内容设计、短视频制作和剪辑、直播营销设计、虚拟形象设计等多个维度的基本能力。具备数据分析的能力，特别是具备通过数据分析顾客画像、精准推送、个性化定价、广告效果评估、顾客流量管理等活动的综合能力。学生不断探索新的数字营销工具和平台，适应数字营销领域的快速变化，保持创新思维。学生提高自主学习和持续更新知识的能力，以适应数字营销领域快速变化的特点，保持专业竞争力。

三、教学设计与实施

（一）课程总体教学设计（见表1）

表1 课程总体教学设计

教学内容	课程思政	思政融入
数字营销概论与数字营销环境	培养学生在数字营销活动中坚持以用户为中心的服务理念，平衡商业利益与社会责任。遵守国家法规，拒绝虚假宣传和数据滥用。树立诚信营销观念，抵制流量造假、信息欺诈等行为	将"十四五"规划纲要中"加快数字化发展，建设数字中国"的国家级战略定位与数字营销的知识点结合起来，明确数字技术与数字营销的关联
数字营销战略与营销策略组合	在新产品开发、产品组合决策和产品定价时应遵循实事求是原则。树立创新意识与创新思维	树立创新意识与创新思维。以人为本，针对不同顾客的需求和特点，为顾客提供满意的更好的产品和服务。认识到新产品开发对民族企业振兴的重要性，强调对产品进行深入钻研的作用
数字营销洞察系统与数字运营平台	理解数字营销工具的双刃剑效应，避免因技术滥用导致隐私侵权、算法歧视等问题。在数字运营中平衡商业效率与公共利益，避免信息茧房、大数据杀熟等社会风险	结合大市场营销理念和新的数字化时代特色，全面理解在当前我国数字经济发展背景下企业特别需要的技术和管理创新升级
数字营销中的消费者旅程分析与数字化顾客体验	在消费者旅程各环节（如数据采集、行为分析、精准触达）中，强调隐私保护、知情同意与数据安全，避免过度监控与数据滥用。将环保、公益等社会责任融入消费者旅程，通过数字化工具引导绿色消费，平衡商业利益与社会福祉	分析某App因过度获取用户位置信息被下架事件，讨论《中华人民共和国个人信息保护法》对营销数据应用的约束
社交媒体营销与移动营销	掌握《中华人民共和国网络安全法》《互联网广告管理办法》对营销内容的约束，杜绝虚假宣传与网络谣言。在社交媒体互动中避免低俗营销、隐私侵犯，防范利用算法操纵用户情绪	某App过度推送被用户集体投诉。
视频营销与直播营销	在视频策划与直播互动中避免数据造假、诱导消费，防范算法滥用与隐私侵犯。掌握《中华人民共和国广告法》《网络直播营销管理办法（试行）》对视频/直播内容的约束，杜绝虚假宣传与低俗内容。辩证地看待直播营销新技术的应用，提升善于把握机遇和应对挑战的思维	将"十四五"规划纲要中关于"加快数字化发展，建设数字中国"的论述与我国视频平台案例应用结合起来，对实践前沿树立清晰的认识。将鸿星尔克等国产品牌的捐赠事件与其直播的案例融合起来，树立正确的价值观念和民族自豪感

续表

教学内容	课程思政	思政融入
数字化顾客关系管理与数字化品牌管理	树立商科职业素养，利用最新的数字化顾客关系管理知识为顾客提供卓越的服务。讲好中国故事，树立文化自信	结合习近平总书记提出的"始终要把人民放在心中最高的位置，始终全心全意为人民服务"，明确数字化顾客关系管理应以顾客为中心，并在当前数字化时代实现顾客的多样化价值诉求。讲好中国故事，树立文化自信
虚拟游戏营销、人工智能营销与营销趋势预判	预判营销技术趋势时，平衡商业效率与社会公平。在游戏营销与AI推荐中避免成瘾设计、算法歧视，防范数据操纵与虚假信息扩散。在元宇宙营销中尊重文化多样性	某品牌使用AI生成虚拟偶像代言，AI主持人等

（二）教学实施——以"单元二：数字营销战略与营销策略组合"为例（见表2）

表2　　　　教学实施——以"单元二：数字营销战略与营销策略组合"为例

授课章节名称	单元二：数字营销战略与营销策略组合 1.数字营销中的产品策略 2.数字营销组合策略及其演化	授课学时数	1
教学 分析	内容分析	大数据在产品决策和新产品开发中扮演着越来越重要的角色。大数据可以帮助企业分析市场趋势，了解消费者行为和偏好的变化，从而做出更准确的市场预测。通过分析消费者的在线行为、购买历史和反馈，企业可以更好地理解目标市场，从而设计出更符合消费者需求的产品。利用大数据技术，企业可以为消费者提供个性化的产品推荐，提高用户满意度和忠诚度。通过收集和分析用户反馈和产品性能数据，企业可以识别产品中的缺陷和改进点，进行产品优化。企业在利用大数据进行产品决策和新产品开发时，需要确保数据的准确性、安全性和隐私保护，同时，也需要具备相应的数据分析能力和技术。随着技术的不断进步，大数据在产品决策和新产品开发中的应用将越来越广泛。 思政内容 1. 思政元素 在新产品开发、产品组合决策和产品定价时，应根据客观实事求是原则。树立创新意识与创新思维。 2. 思政融入 知识点3：产品组合策略。 树立创新意识与创新思维。以人为本，针对不同顾客的需求和特点，为顾客提供满意的更好的产品和服务。理解新产品开发对民族企业振兴的重要性，强调对产品进行深入钻研的作用		

教学 分析	学情分析	授课对象为"23市场营销数智营销班"学生，在进行授课时，应充分了解学生的专业背景，结合学生的专业背景和实际情况，引入相关的案例分析和讨论题，帮助学生将抽象的知识转化为容易理解掌握的具体的内容。同时，通过在专科阶段的学习，达到以下目标。能力基础——基本具备数学分析思维、办公统计软件等信息化手段运用能力以及小组团队解决分析的沟通与团结协作能力。学习特点——自主性、开放性、成熟度、个体差异、未来规划、班级凝聚力、生活状态、实践能力等。信息素养——信息意识，能够认识到信息的重要性，辨别信息的来源、可靠性和真实性，具备筛选和识别信息的能力，同时注重信息安全，保护个人信息。信息道德——在获取、使用和传播信息时应遵守的道德规范。信息能力——能够比较熟练地运用信息技术工具，以及能够高效地处理和分析信息，解决实际问题。信息探索精神——基本具备独立思考、自主学习和判断性思维的能力，能够深入挖掘信息的内涵与价值，提出问题并解决问题
教学 目标	知识目标	能够了解大数据背景下新产品开发的特点及流程；能够熟悉产品周期各阶段的特征及策略；能够掌握产品各周期如何判定及大数据在其中的应用；能够掌握产品组合的概念要素及如何利用大数据对产品组合优化
	能力目标	能够熟知知名企业的产品决策流程、新产品开发流程等，能够利用课程所学协助进行新产品开发及产品组合优化
	素质/价值/课程 思政目标	在新产品开发、产品组合决策和产品定价时应根据客观实事求是原则。树立创新意识与创新思维
教学 重点		运用大数据预测新产品
教学 难点		产品生命周期管理
教学 方法 与手 段		教学思路：以市场营销职业岗位为导向，以岗位能力培养为目标，组织教学内容和教学过程，并融入创新创业教育，强化学生应用能力和创新创业能力的培养。 教学方法： 1. 案例分析法； 2. 课堂讲授法； 3. 任务驱动法等
教学 资源		中国大学慕课"统计、大数据与生活" https：//www. icourse163. org/course/HHU-1003544143？　　　from=searchPage&outVendor= zw_mooc_pcssjg_ 中国大学慕课"大数据技术及应用" https：//www. icourse163. org/course/NENU-1207124814？　　　from=searchPage&outVendor= zw_mooc_pcssjg_ 中国大学慕课"大数据市场营销" https：//www. icourse163. org/course/JHC-1205787802？　　　from=searchPage&outVendor= zw_mooc_pcssjg_

时间安排	学生活动	教学过程	教师活动设计
5分钟	思维拓展、课堂讨论	知识回顾	知识回顾： 1. 数字营销的定义； 2. 数字营销的特点； 3. 签到
教学进程 5分钟	学生听讲、讨论	案例导入	 导入案例 中国高铁，中国制造 "大手牵小手" ——中国式浪漫与传承 东风11型内燃机车头牵引复兴号进行道路测试 讨论：1. 看完两段视频，你有什么感受？ 2. 如何做好新产品的开发与设计？在为消费者提供个性化产品设计与服务时，应该注意些什么？ 【课程思政】梳理营销组合的演进和发展趋势，以发展的眼光和思辨的思维看待数字营销组合的由来和未来；认识并形成正确的营销价值观，利用数字营销组合服务人民、奉献社会。树立创新意识与创新思维。以人为本，针对不同顾客的需求和特点，为顾客提供满意的更好的产品和服务。理解新产品开发对民族企业振兴的重要性，强调对产品进行深入钻研的作用

续表

时间安排	学生活动	教学过程	教师活动设计
教学进程			
5分钟	学生听讲、讨论	案例导入	**一、大数据营销运营的基础** ◎ **大数据时代背景** 数字平台层出不穷，产品种类与数量与日俱增，产品相关信息量爆炸式增长，顾客消费产品的心理与行为呈现多元化趋势。 ◎ **大数据技术的发展** 大数据技术的发展使得企业收集、整合与精准分析海量顾客相关数据成为可能，为传统营销运营过程中存在的数据收集渠道有限以及顾客信息不全面等问题提供了解决方案。 ◎ **重视以顾客为中心** 运营过程中更加注重顾客的差异化需求与兴趣，重视在产品生产与推广过程中为顾客"量体裁衣"，以达到高投资回报率（Return on Investment，ROI）的运营效果。 **二、大数据营销运营内容** 大数据营销运营是由数据驱动的营销运营过程，是基于大数据获取与分析，通过产品设计、动态定价（智能定价）、渠道整合、内容生成与传播，促进顾客忠诚的一系列运营活动，核心目标为提升顾客活跃度和转化率、留存并发展老顾客
10分钟	学生听讲、讨论	大数据营销运营与新产品开发	**三、个性化产品** （一）新产品：在产品特性、材料性能和技术性能等方面（或仅一方面）具有先进性或独创性的产品。 分类：创新产品、换代新产品、改进新产品。 方向：数字化、智能化。 企业不断开发新产品的必要性。 科技发展和社会需求变化的必然要求。 企业生存和发展的基本要求。 产品生命周期理论的必然反映。

时间安排	学生活动	教学过程	教师活动设计
教学进程	10分钟	学生听讲、讨论	大数据营销运营与新产品开发	

普通电熨斗　　控温电熨斗　　智能挂烫机　　无绳电熨斗

创新产品：采用新技术、新发明生产的具有新原理、新技术、新结构、新工艺、新材料等特征的新产品。

换代新产品：在原来产品的基础上，保持基本原理不变，部分采用新技术、新结构、新材料、新元件制造，使产品功能、性能或经济指标有显著改进的新产品。

罗杰斯的创新扩散曲线：描述了每个群体的心理特征是如何反映消费者习惯的，以及他们是如何对待创新产品和服务的——创新者、早期采用者、早期大众、后期大众、滞后者。

动机驱动期　　需求驱动期　　需要驱动期　　需要重组期

34% 早期大众（为品牌、传说等所吸引）

34% 后期大众（实用主义者）

13.5% 早期使用者

2.5% 种子用户，同时也是机用户 "需求+强动机用户？往往出于商业动机" (往往出于机？技术动机)

16% 滞后者

【课程思政案例】间谍为谋取私利窃取我国杂交水稻亲本种子，违规出售给境外间谍情报机关

#间谍为谋取私利窃取我国杂交水稻亲本种子违规出售给境外间谍情报机关

间谍为谋取私利
窃取我国杂交水稻亲本种子
违规出售给境外间谍情报机关
国家安全机关干警
跟其他出口的商品包装是一模一样
亲本种子，一般是第一代用于杂交实验的种子
其留种不会产生性状分离，影响产量
相关阅读……

时间安排	学生活动	教学过程	教师活动设计
教学进程	10分钟	学生听讲、讨论	大数据营销运营与新产品开发	中国杂交水稻印在马达加斯加货币上面 袁隆平 【课程思政】这一事件凸显了国家安全意识的重要性。杂交水稻亲本种子作为国家的核心种质资源,其安全直接关系到国家的粮食安全和农业科技竞争力。间谍窃取并出售这些种子的行为,严重损害了国家的利益和安全。因此,课程思政中应加强对国家安全意识的培养,让学生认识到维护国家安全是每个公民的责任和义务。作为农业科技领域的从业者,应该具备高度的职业道德和责任感。然而,间谍却为了个人利益而背叛了国家和人民的信任,严重违背了职业道德。在课程思政中,应加强对职业道德和责任感的教育,引导学生树立正确的价值观和职业观,做到忠诚于国家、服务于人民。杂交水稻亲本种子的窃取和出售也涉及了科技创新和知识产权保护的问题。在课程思政中,应强调科技创新的重要性,同时也要教育学生尊重知识产权,保护创新成果。这有助于激发学生的创新精神和创造力,推动科技进步和社会发展。 新产品或服务开发的动力模式和路线图如下。 动力模式 需求牵引型:市场—研发—生产—市场,如家用电器等。 技术导向型:科研—生产—营销,如抗生素、纳米等技术型产品。

描述	根据公司使命、价值观和愿景制定发展战略 → 根据发展战略制定产品开发战略 → 根据产品开发战略确定产品开发策略 → 根据产品开发策略确定产品开发方案 → 根据产品开发方案实施产品开发
示例	致力于满足顾客个性化需求 → 在各个产品线实施产品差异化 → 产品开发平台产品线整合自主技术应用 → 小型化与智能化自主技术的应用 → 引入5项核心自主技术

续表

时间安排	学生活动	教学过程	教师活动设计
教学进程	10分钟	学生听讲、讨论	大数据营销运营与新产品开发	（二）DFX DFX（Design for X）：为产品生命周期内某一环节或某一要素而设计。 X：（1）代表产品生命周期内某一环节——制造、测试、使用、维修、回收、报废等。（2）代表决定产品竞争力的某一要素——质量、成本等。 DFM：可制造性设计——系统设计，总体优化。 工艺、材料 周期、成本 人员、环境 DFC：面向成本设计。 DFE：绿色设计，也称面向环境设计或环境友好设计。 基本要求：优良的环境友好性、最大限度减少资源消耗、排放最小、最大化可回收利用 四、服务、服务包、服务体验 1. 服务：在顾客、服务提供者之间发生的、具有更多无形特征的交互活动、过程或表现。 【图片展示——生活中常见的服务】 客房服务　理发服务　航空运输服务　铁路运输服务 2. 服务包：是指以服务体验为核心，包括用于提供服务的硬件（支持性设施）、辅助物品、显性服务和隐性服务在内的统一体。

续表

时间安排	学生活动	教学过程	教师活动设计
教学进程	10分钟	学生听讲、讨论	大数据营销运营与新产品开发	【观看视频】观看海底捞服务员跳"科目三"舞蹈视频，并提问：从上述视频的服务场景中，你能找到哪些有形物品和无形物品？ 【学生回答问题并总结回答】 从上述视频的服务场景中，你能找到哪些有形物品和无形物品？ 餐桌　　　手机　　　围裙　　　　　　态度友好 餐具　　　食物　　　手机袋　　　　　有求必应 座位　　　饮品　　　发夹　　　　　　等候服务 音响　　　……　　　毛巾　　　　　　制服整洁 装饰　　　　　　　　"科目三"舞蹈 服务员　　顾客物品？　食物种类丰富　　感觉很温馨？ ……　　　消费物品？　……　　　　　心里很温暖？ 基本设施？　　　　　　　　　　核心服务？ 必备设施？ （1）支持性设施：提供服务前必须准备好的物质资源。 【图片展示——以航空服务业为例】 　候机室　　　客机　　　手推车　　行李转盘 （2）辅助物品：顾客购买和消费的物质产品或顾客自备的物品。 【图片展示——以航空服务业为例】 　食物　　　手机/望远镜　　U形枕 （3）显性服务：可以用感官察觉到的服务。 【图片展示——以航空服务业为例】 航班准时　办理登机快捷有效率　机场引导清晰明了

时间安排	学生活动	教学过程	教师活动设计
教学进程	10分钟	学生听讲、讨论	大数据营销运营与新产品开发	(4) 隐性服务：顾客能模糊感觉到的服务带来的精神上的收获，服务的附属或服务的非本质特性。 【图片展示——以航空服务业为例】 服务人员彬彬有礼　　得体的服饰　　适时地问候 【回顾海底捞案例，重新进行分门别类】 从上述视频的服务场景中，你能找到哪些有形物品和无形物品？ 餐桌　手机　围裙　态度友好 餐具　食物　手机袋　有求必应 座位　饮品　发夹　等候服务 音响　……　毛巾　制服整洁 装饰　　　"科目三"舞蹈　…… 服务员　　　食物种类丰富 ……　辅助物品　　隐性服务 硬件（支持性设施）　显性服务 服务的特性： 1. 服务是无形的。 2. 服务需求更具有不确定性。 3. 服务无法储存。 4. 服务过程具有可视性。 服务的类型（补充知识）： 1. 按照服务活动的性质分类 服务活动可分为两个层次，谁或者什么是服务的直接接受者、服务的有形性。 护理、美容理发、健身等　　教育、广播、信息服务、剧院、博物馆等 有形　无形 作用于顾客的有形活动　作用于顾客思想的无形活动 作用于顾客财产的有形活动　作用于顾客财产的无形活动 设备维修、衣物干洗、兽医、园艺等　　法律咨询、会计、保险等 2. 按照顾客关系分类

服务传递	服务组织与顾客之间关系的类型	
	会员关系（正式关系）	非正式关系
持续传递	保险、电话登记、大学注册、美国汽车协会	广播电台、警察保护、公共高速公路
间断交易	长途电话、通行证或月票、剧场套票预订	汽车服务、邮递服务、餐馆、收费电话、公共交通

续表

时间安排	学生活动	教学过程	教师活动设计
教学进程			
10分钟	学生听讲、讨论	大数据营销运营与新产品开发	**3. 按照定制和判断分类** 表见下 **4. 按照需求与供给分类** 表见下 **5. 按照服务传递方式分类** 表见下 【课程思政】树立创新意识与创新思维。以人为本，针对不同顾客的需求和特点，为顾客提供满意的更好的产品和服务
5分钟	小结	复习巩固	产品开发与大数据营销运营
作业布置	阅读"天猫新品运营矩阵"案例，回答以下问题： （1）"TMIC—天猫U先—天猫小黑盒"是如何体现大数据营销运营路径的？ （2）本案例中的全链路整合营销包含了哪些渠道？ （3）本案例中企业是如何促进顾客参与和生成内容的？ （4）本案例中企业版是如何实现顾客转化留存的

3. 按照定制和判断分类

与顾客接触的服务人员	服务特征定制的过程	
	高	低
高	专业服务、外科、美容师、教育（辅导）、特色餐馆	教育（大课）、大学餐饮服务
低	电话服务、宾馆服务、银行业服务	快餐店、电影院、公共交通器具的常规维修

4. 按照需求与供给分类

供给受限制程度	需求随时间波动的程度	
	大	小
最高需求通常能被满足而没有较大延迟	电力、天然气、电话、火警	保险、法律、银行、洗衣
最高需求经常超过能力	客运、餐馆、宾馆与酒店	与上面服务类似但企业的基础能力不足

5. 按照服务传递方式分类

顾客与服务企业交互的性质	服务的可获性	
	单一场所	多个场所
顾客去服务场所	剧院、理发店	快餐连锁店、汽车维修
上门服务	出租车、灭虫、家政	邮递
远程交易	信用卡公司、地方电视台	广播网、电话公司

四、教学评价与反思

过程性考核占比40%，终结性考核占比60%。其中，过程性考核主要包括：课堂课程思政案例分析（小组互评，20%）、课外学科竞赛与论文（20%）、线上学习与讨论（20%）、出勤与课堂表现（5%）、课后作业（35%）。

　　新产品开发与产品组合策略的教学应强调理论与实践的结合。在教学过程中，教师不仅需要传授理论知识，还应通过案例分析、模拟演练等方式，让学生将所学知识应用于实际情境中，从而加强对理论的理解和应用能力。在教学过程中，教师应采用多种教学方法，如案例教学、小组讨论、角色扮演等，以激发学生的学习兴趣和积极性。同时，教师还可以利用现代信息技术手段，如在线教学平台、虚拟仿真实验等，提升教学效果。

编写人："数字营销"课程教学团队

"直播营销"课程思政案例

——以"抖音直播电商规范"教学单元为例

一、课程简介

　　本课程是市场营销新媒体营销方向的一门实践实验选修课程，主要面向电子商务类、新媒体类、市场营销类相关专业学生、新媒体从业者、电子商务从业者及社会学员，以实现其技能提升和知识更新。

　　本课程从直播营销的形式、直播平台的类型，到直播营销方案策划、直播人员配置、直播话术、直播间设计、直播选品与规划，再到引流互动、数据分析，全方位、多角度地介绍了直播营销与运营从业人员必须掌握的各种知识和实战技能。此外，本课程还分别从淘宝直播、抖音、快手和腾讯看点四大平台入手，介绍了这些直播平台的特点和生态特征，详细地讲解了实操过程，并对一些典型案例进行了深度解析。

　　本课程注重实操性、实用性，重点是让学生了解直播机构、电子商务企业、传统企业的直播营销与运营需求，掌握直播营销的方法、技巧并应用到实践中，适应岗位工作要求。本课程纵向与"新媒体营销"前后衔接，横向与"短视频运营""新媒体文案创作与策划"有机结合。

　　本课程注重思政建设。直播营销活动应当遵守法律法规，遵循公序良俗，遵守商业道德，坚持正确导向，弘扬社会主义核心价值观，营造良好网络生态。本课程培养学生具备低俗营销分辨能力，熟悉《互联网直播服务管理规定》《网络直播营销行为规范》等法律法规，了解各大直播平台的社区公约，培训正能量的直播营销从业人员。本案例将选取其中一个教学单元"抖音直播电商规范"进行思政的教学分析。

二、课程目标

（一）知识目标

　　理解诚信经营的重要性，掌握抖音直播电商相关法律法规，包括但不限于《中华人民共和国电子商务法》《网络直播营销管理办法（试行）》等；了解抖音平台直播电商规则和规范，例如，《抖音电商规则总则》《抖音电商商品分享推广规范》等。

（二）技能目标

能够甄别直播电商不诚信经营的行为，能制定有效的措施避免平台违规，学会后台查阅运营规则，正确操作产品上架，学会合规上传产品信息。

（三）育人目标

培养学生遵纪守法、诚实守信的职业道德，树立正确的网络营销观念；引导学生关注社会热点，提升社会责任感和使命感。

三、教学设计

采用行动学习法教学理念，用真实的案例进行研讨，注重启发式教学。课堂中形成任务节点，引导学生完成。课后学生根据案例习得的内容进行后续研究，进一步提升。"抖音直播电商规范"小节总体安排见表1。

表1　　　　　　　　　　　　　教学设计总体安排

学习性工作任务	1. 具体任务：尝试利用抖音进行直播带货。 2. 活动设计：案例展示—学生实操—讲评		载体或活动
			"东北雨姐塌房"
学习方法建议	讲授法+实践法		
学习重点与难点	重点：抖音直播运营法律法规，抖音直播案例解析 难点：抖音直播运营正确上架产品		
组织实施建议	理实一体项目化教学		
学习场地与设施建议	实训室、投影仪、提供宽带网络		
内容设计	拟实现的能力目标	必须掌握的知识内容	时长（分钟）
课程导入	知识预热	新闻热点事件	5
理论讲解	掌握抖音平台的规范，以及理论来源	抖音电商商品分享推广规范、抖音社区公约	10
案例解读	案例解读能力	直播电商违规的类型	10
案例实操	学会抖音直播全流程实际操作	正确地对产品进行分类，产品上传的违规事项	10
总结与作业布置	对知识的概括能力	课后再次操作产品上架流程	5
小计			40分钟

四、教学实施

教学实施分为五个环节，即课程导入、理论讲解、案例解读、案例实操、总结与作业布置，并在每个教学过程采用案例、理论知识、课堂任务、作业的方式巧妙融入思政元素（见表2）。

表2   教学环节

主要环节	讲解方式
课程导入（5分钟） 以"东北雨姐塌房"事件为例，说明不诚信经营的后果，强调诚信经营的重要性（思政元素：法治素养）	引入案例（2分钟）： 简要介绍"东北雨姐"因售卖假粉条而被平台封禁的事件，引发学生思考：为什么诚信经营如此重要？ 分析后果（2分钟）： 讲解不诚信经营的后果，包括平台封禁、消费者信任丧失、法律责任等。强调诚信经营不仅是道德要求，更是国家、社会、市场和平台的强制要求。 总结导入（1分钟）： 引出本节课的主题：如何在抖音直播电商中做到诚信经营，避免虚假宣传
理论讲解（10分钟） 讲解抖音直播电商虚假宣传的规范文件，明确平台对虚假宣传的定义和处罚措施（思政元素：职业道德）	文件介绍（3分钟）： 介绍抖音平台关于虚假宣传的规范文件，具体名称为《抖音电商创作者管理总则》和《抖音电商商品信息发布规范》。简要说明文件的主要内容和适用范围。 虚假宣传的定义（4分钟）： 详细讲解文件中关于虚假宣传的定义，包括夸大宣传、虚假承诺、误导性信息等。结合具体条款，解释哪些行为属于虚假宣传。 处罚措施（3分钟）： 讲解抖音平台对虚假宣传的处罚措施，包括警告、限流、封号等。强调违规行为的严重性和后果
案例解读（10分钟） 通过"东北雨姐售卖假粉条"的案例，分析其违规行为，并让学生讨论虚假宣传的常见情形（思政元素：职业道德）	案例展示（3分钟）： 提供"东北雨姐售卖假粉条"的文字材料，让学生阅读并分析其违规行为。提问：东北雨姐的违规在抖音平台属于什么类型的违规？ 小组讨论（5分钟）： 将学生分成小组，讨论虚假宣传的常见情形。每组讨论后，将结果写在画布上。讨论内容包括但不限于：夸大产品功效、虚假承诺、误导性图片等。 总结讨论（2分钟）： 各小组展示讨论结果，教师进行总结，归纳出虚假宣传的常见情形

续表

主要环节	讲解方式
案例实操（10分钟） 以"荔枝"为例，让学生实操在抖音店铺上传产品链接，学习如何合规填写产品信息（思政元素：乡村振兴）	产品介绍（2分钟）： 介绍"荔枝"的基本信息：产地茂名、品种妃子笑、单颗重48g。强调在填写产品信息时，必须真实、准确。 实操步骤（6分钟）： 让学生用教室的电脑登录抖音店铺账号，新建产品链接。教师逐步指导如何填写产品信息，包括产品名称、产地、规格、重量等。强调避免夸大宣传和虚假信息。 检查与反馈（2分钟）： 学生完成上传后，教师检查并给予反馈，指出填写中的问题，强调合规操作的重要性
总结与作业布置（5分钟） 总结本节课内容，布置课后作业（思政元素：乡村振兴）	总结（3分钟）： 回顾本节课的主要内容，包括诚信经营的重要性、抖音平台的规范文件、虚假宣传的常见情形以及合规上传产品信息的实操步骤。强调诚信经营是直播电商成功的基础。 布置作业（2分钟）： 让学生搜索丽江石榴哥、谷哥等主播助农的事迹，分析他们是如何正确介绍农产品的

案例材料：东北雨姐售卖假粉条塌房事件

背景介绍：东北雨姐的虚假人设塑造

东北雨姐（化名），原名李雨，是一位在抖音平台上迅速走红的直播带货主播。她以"东北农村朴实大姐"的形象深入人心，通过短视频和直播展示自己"勤劳、朴实、接地气"的生活状态。她的视频内容多以农村生活为背景，展示自己亲手制作的传统美食，如粉条、酸菜、大酱等，吸引了大量粉丝的关注。

为了塑造这一人设，东北雨姐在视频中刻意强调自己的"农村出身"和"手工制作"过程。她经常穿着朴素的衣服，头戴草帽，在田间地头或农家小院中忙碌，给人一种"纯天然、无添加"的印象。她还通过直播与粉丝互动，讲述自己的"农村故事"，进一步拉近了与观众的距离。这种"真实、朴实"的形象让她的粉丝群体迅速扩大，直播间人气一度飙升。

然而，这种"朴实大姐"的形象背后，却隐藏着精心设计的虚假人设。事实上，东北雨姐并非真正的农村妇女，而是一家MCN机构（多频道网络机构）包装的职业主播。她的视频内容和直播场景都是经过精心策划和设计的，目的是迎合观众对"农村原生态"的向往，从而吸引更多的流量和销量。

虚假产品的售卖：假粉条事件

东北雨姐的主要带货产品之一是"手工粉条"。她在直播中宣称，这些粉条是她和家人亲手制作的，采用传统工艺，纯天然无添加，口感筋道，营养丰富。为了提高可信度，她还在直播中展示了"制作过程"：从红薯的清洗、磨浆、过滤到晾晒，每一个环节都显得非常真实。

然而，事实却并非如此。有消费者在购买后发现，这些所谓的"手工粉条"并非东北雨姐亲手制作，而是从某批发市场批量采购的廉价粉条。这些粉条不仅口感差，还存在质量问题，如添加了过多的明矾和其他化学物质，长期食用可能对健康造成危害。

更令人震惊的是，有业内人士爆料，东北雨姐的"手工粉条"实际上是由一家小作坊生产的，生产环境脏乱差，完全不符合食品安全标准。这些小作坊为了降低成本，使用了劣质原料和违规添加剂，严重损害了消费者的权益。

主要环节	讲解方式

打假过程：消费者与媒体的曝光

随着越来越多的消费者收到劣质粉条，东北雨姐的直播间开始出现大量负面评论。有消费者在评论区留言称："粉条根本不是手工制作的，口感很差，像是塑料做的！"还有消费者晒出了粉条的实物照片，指出粉条的颜色和质地与直播中展示的完全不符。

这些负面评论迅速引起了媒体的关注。某知名打假博主在社交媒体上发布了一篇长文，详细揭露了东北雨姐的虚假宣传行为。文章中指出，东北雨姐的"手工粉条"不仅存在质量问题，还涉嫌虚假宣传和欺诈消费者。该博主还通过实地调查，找到了生产这些粉条的小作坊，并拍摄了生产环境的视频，进一步证实了消费者的投诉。

媒体的曝光引发了广泛的社会关注，东北雨姐的直播间瞬间被负面评论淹没。许多粉丝感到被欺骗，纷纷要求退款和赔偿。与此同时，抖音平台也收到了大量关于东北雨姐的投诉，要求平台对其行为进行调查和处理。

东北雨姐的处理方式：狡辩与沉默

面对消费者的投诉和媒体的曝光，东北雨姐最初选择了狡辩和推卸责任。她在直播中声称，自己也是"受害者"，并不知道粉条存在质量问题。她还表示，自己一直秉持诚信经营的原则，从未故意欺骗消费者。

然而，这种解释并未平息消费者的愤怒。随着更多证据的曝光，东北雨姐的谎言被彻底揭穿。最终，她不得不关闭了直播间，并删除了所有与"手工粉条"相关的视频。在社交媒体上，她也选择了沉默，不再回应任何质疑和批评。

官方处罚：平台与监管部门的介入

随着事件的发酵，抖音平台迅速介入调查。经过核实，平台确认东北雨姐存在虚假宣传和售卖劣质产品的行为，严重违反了《抖音电商创作者管理总则》和《抖音电商商品信息发布规范》。平台决定对东北雨姐的账号进行永久封禁，并下架所有相关商品链接。同时，平台还要求东北雨姐退还消费者的货款，并承担相应的赔偿责任。

此外，当地市场监管部门也对此事展开了调查。经过调查，监管部门确认东北雨姐售卖的粉条存在严重的质量问题，生产环境不符合食品安全标准。监管部门对涉事小作坊进行了查封，并对相关负责人进行了行政处罚。同时，监管部门还要求东北雨姐及其所属的MCN机构承担相应的法律责任，包括罚款和赔偿消费者的损失。

事件的影响与反思

东北雨姐售卖假粉条的事件不仅让她个人形象崩塌，也给整个直播电商行业敲响了警钟。这一事件暴露了直播电商中存在的一些乱象，如虚假宣传、售卖劣质产品、缺乏监管等。同时，也提醒消费者在购买直播带货产品时要保持警惕，不要盲目相信主播的宣传。

对于平台和监管部门来说，这一事件也促使他们加强了对直播电商的监管力度。抖音平台在此事件后发布了一系列新规，要求所有带货主播必须提供产品的真实信息，并加强对商品质量的审核。监管部门也表示，将加大对直播电商的监管力度，严厉打击虚假宣传和售卖劣质产品的行为。

总之，东北雨姐售卖假粉条的事件不仅是一个个案，更是直播电商行业发展的一个缩影。只有通过加强监管、提高行业自律，才能让直播电商行业健康发展，真正为消费者带来实惠和便利

五、教学评价

本节课教学目标明确，教学内容设计合理，教学方法多样，学生参与度高，知识掌握情况良好。通过案例导入、理论讲解、小组讨论和实操演练，学生不仅理解了诚信经营的重要性，还掌握了抖音平台的相关规范和操作技能。课程整体效果较好，达到了预期目标。

（一）课程目标达成情况

目标1：理解诚信经营的重要性

学生反馈积极。通过"东北雨姐塌房"案例的导入和理论讲解，学生能够清晰地认识到不诚信经营的后果，理解了诚信经营不仅是道德要求，更是法律和平台的强制要求。课堂讨论和总结环节进一步强化了学生对这一目标的理解。

目标2：掌握抖音平台虚假宣传的规范性文件

学生对文件内容掌握较好。通过讲解《抖音电商创作者管理总则》和《抖音电商商品信息发布规范》，学生能够准确理解平台对虚假宣传的定义和处罚措施。案例解读环节进一步帮助学生将理论知识与实际案例结合。

目标3：识别并避免虚假宣传的常见情形

学生能够识别并概括虚假宣传的情形。小组讨论环节中，学生积极参与，能够列举出虚假宣传的多种情形，如夸大宣传、虚假承诺、误导性信息等。讨论结果展示和教师总结进一步巩固了学生的认知。

目标4：学会合规上传产品信息

学生在合规上传产品信息的技能实操环节中，能够按照要求完成"荔枝"产品链接的上传，填写信息真实、准确。教师检查反馈后，学生能够理解并修正填写中的问题。

（二）教学方法与效果

1.案例导入法

学生参与度高。通过"东北雨姐塌房"案例导入，成功吸引了学生的注意力，激发了学习兴趣。案例分析与课程内容紧密结合，帮助学生快速进入学习状态。理论讲解清晰，文件解读详细，结合具体条款和实际案例，帮助学生理解平台规范。讲解过程中，学生能够跟随教师的思路，提出相关问题。

2.实操演练与反馈

小组讨论环节充分调动了学生的积极性，学生能够结合案例和理论知识，列举出虚假宣传的多种情形。画布展示形式直观，便于总结和分享。实操环节设计合理，学生能够通过实际操作掌握合规上传产品信息的技能。教师及时反馈，帮助学生发现问题并改进。

（三）学生表现与反馈

学生在案例导入、小组讨论和实操环节中表现积极，能够主动思考和提问。讨论环节中，各小组均能完成讨论任务，并展示出较好的合作能力。通过课堂提问和实操检查，学生能够准确回答关于诚信经营、虚假宣传和平台规范的问题，实操环节中能够独立完成产品信息的上传。学生普遍反映课程内容实用，案例贴近实际，实操环节有助于理解理论知识。部分学生建议增加更多实际案例分析和实操练习。

六、教学反思

本节课整体效果较好，教学目标基本达成，学生参与度高，反馈积极。但在实操环节和讨论引导上仍有改进空间。通过反思，我们认识到在今后的教学中需要更加注重学生的实际操作能力和讨论深度，进一步优化课程设计和教学方法，以提升教学效果。

（一）流程把控

本节课的设计围绕"诚信经营"这一核心主题，通过课程导入、理论讲解、案例解读、案例实操和总结与作业布置五个环节，层层递进，帮助学生从认识到实践，逐步掌握相关知识。整体设计符合学生的认知规律，且内容贴近实际，具有较强的实用性。但实操环节时间稍显紧张，部分学生在操作过程中遇到问题未能及时解决。今后可以考虑将实操环节延长至15分钟，或提前提供操作指南，帮助学生更快上手。

（二）教学方法

案例导入法成功吸引了学生的注意力，理论讲解与文件解读结合具体条款和实际案例，帮助学生更好地理解平台规范。小组讨论和画布展示充分调动了学生的积极性，实操演练则让学生在实践中巩固了理论知识。虽然教学方法的多样性得到了学生的积极反馈，但小组讨论环节中，部分小组的讨论方向不够聚焦，导致讨论结果不够深入。今后可以在讨论前提供更明确的引导问题，帮助学生更有针对性地展开讨论。

（三）学生参与反馈

学生在课堂中表现出较高的参与度，尤其是在案例分析和实操环节中，能够积极思考和提问，但部分学生在实操环节中表现出操作不熟练的情况。今后可以提前安排一次简单的操作培训，或提供操作视频作为课前预习材料，帮助学生更快适应实操环节。

编写人："直播营销"课程教学团队

"商务数据分析"课程思政案例
——以"行业数据分析"教学单元为例

一、课程简介

"商务数据分析"是现代商科教育中的一门核心课程，旨在培养学生运用数据分析技术解决实际商务问题的能力。随着大数据时代的到来，数据分析已成为企业决策的重要工具。本课程通过理论与实践相结合的方式，帮助学生掌握数据收集、清洗、分析和可视化的基本技能，并能够在实际商务场景中应用这些技能。本课程在教学内容方面着重基本知识、基本理论和基本方法的讲解；在培养实践能力方面着重商务数据分析关键技术的基本训练。掌握商务数据分析模型，商务数据采集与处理，面向行业、消费者、竞争对手、商品、库存、销售、运营数据分析等主要知识点。

本课程以 Excel 在商务数据分析中的实际应用为主线，注重理论与实践的有机结合，主要对商务数据分析与应用中所涉及的理论、原理、方法、模型、常用工具、场景应用及实践案例进行深入学习，以顺应新文科、新商科建设的理念，满足新时代对商务数据分析人才的需求，是培养具备数据分析技能的商务运营与管理人才的专业课程。

"商务数据分析"课程的思政融合旨在将思想政治教育与专业课程内容有机结合，培养学生的社会责任感和职业道德，使其在掌握数据分析技能的同时，树立正确的价值观和道德观。

二、课程目标

为了更好地落实立德树人根本任务，遵循市场营销专业"立足大湾区，扎根本土，服务社会"的定位，本课程以"打造专业特色，践行学院办学方针，推动学校国际化办学"为目标，以湾区市场需求为导向，以项目式教学为抓手，优化课程教学内容与教学手段，优化课程思政与理论教学和实践教学的融合点，提升课程"立德树人"培育成效，培养学生的新时代思政意识，国际化视野，商业智能分析技术以及数字营销专业能力，满足学校"正德厚生，励志修能"，以及商学院"崇德致知，弘商济民"的办学需求，力求培养出一批"有理论，有技术，有创新，有责任的应用型营销人才"。具体可总结为以下目标：

（一）知识目标

（1）理解商务数据分析所需的管理学、经济学、计算机科学、数学等多学科背景知识。

（2）掌握工程管理原理与经济决策方法的核心理论。

（3）了解大数据、云计算、物联网等新兴技术在数据分析领域的应用场景及前沿发展动向。

（4）熟悉商务数据分析相关的国家经济、法律、安全、伦理等政策及行业制约因素。

（5）学习与商务数据分析相关的国际前沿理论与算法知识。

（二）能力目标

（1）能够运用商务数据分析的主要过程、步骤和方法，针对各行业实际问题提炼数据分析模型。

（2）熟练使用 Excel 工具进行图表绘制、数据透视表/图制作及统计分析模型构建。

（3）在商务数据分析项目和案例中，综合应用工程管理原理与经济决策方法解决复杂问题。

（4）通过创新方法和应用解决方案设计，提升数据分析实践能力。

（5）结合大数据、云计算等新兴技术，拓展面向新兴行业的数据分析理论与应用能力。

（三）素质目标

（1）践行社会主义核心价值观，在市场营销实践中遵守职业规范，履行社会责任。

（2）树立法律意识，熟悉专业领域政策法规，理解数据分析中的伦理、安全与环境约束。

（3）具备健康身心和良好的人文素养，培养职业韧性及抗压能力。

（4）强化语言文字表达、沟通能力及团队协作精神。

（5）形成全局意识和国际视野，主动关注行业技术变革趋势。

（6）养成自主学习和终身学习习惯，追求创新意识与批判性思维。

三、教学设计

课程以学生为中心，以实践性项目为主线，围绕应用型商务数据分析人才能力需求，设计"行业数据分析""竞争数据分析""商品数据分析""销售数据分析"

四个项目,促使学生"脑、手、眼"协调发展,培养学生的数据意识和经世济民思想,提高学生综合实践能力和创新思维能力(如图1所示)。

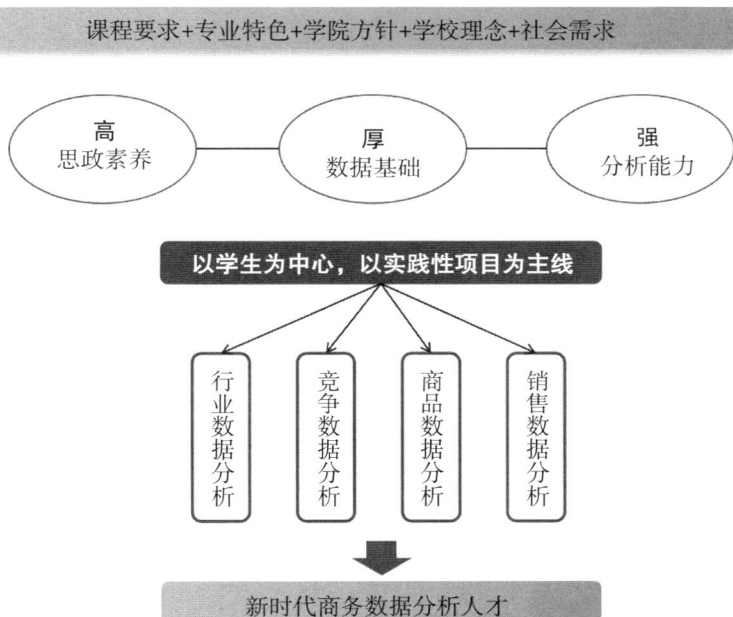

图1 "商务数据分析"教学理念与思路

在思政融入方面,本课程基于应用型大学的办学定位、"新文科"建设理念、专业人才培养要求、课程特色及学生学情确定价值、知识、能力三位一体的课程目标,从课程目标出发,结合中国特色实践、国内外科学研究前沿、未来职业方向,采用传统文化渗透、经典案例剖析、引导思维启发、头脑风暴讨论、带入情境分析等方法实施课程思政。实现思政元素与专业教育无缝对接、有机融合,将"精准把脉、精准发力、精确制导"理念与"经世济民、求真务实"课程核心价值观贯穿始终。抓住调查研究求真务实、实事求是的文化特点,将优秀传统文化、家国情怀、科学精神及职业素养等核心内容与课程内容相融合(见表1)。

表1 **"商务数据分析"课程思政与融入方式**

教学内容	课程思政点	融入方式与教学方法	思政育人预期成效
第一章 总论	我国经济高质量发展,需要通过数字经济助力	类比式融入:案例情境导入,引发学生对深层次问题的思考。引导学生将类似方法融入生活、学习。 教学方法:讲授法、讨论法、案例分析法	提升学生的责任意识、道德修养和经世济民情怀;通过本书的学习,培养和造就国家需要的高素质专业化人才

续表

教学内容	课程思政点	融入方式与教学方法	思政育人预期成效
第二章　商务数据分析模型	通过 PEST、SWOT 等战略分析方法，对我国的政治、经济、技术、科技、文化等宏观环境有充分和正确的认识，增强民族自豪感和自尊心	启发式融入：由热点和学术前沿启发到实训选题。 教学方式：讲授法、讨论法、案例分析法、实验实训法	对我国的政治、经济、技术、科技、文化等宏观环境有充分和正确的认识，增强民族自豪感和自尊心
第三章　商务数据分析方法	回归分析说明：要用发展的眼光看问题，发现事物之间有意义的联系。 时间序列分析说明：事物当前和未来的状态，均与其自身以前的努力相关。做事要踏踏实实，才能不断积累	启发式融入：由热点和学术前沿启发到实训选题。 教学方式：讲授法、讨论法、案例分析法、实验实训法	要用发展的眼光看问题，做事要踏踏实实，才能不断积累
第四章　商务数据的采集与处理	网络数据爬取、采集、处理等都要遵守互联网的相关规定，不要触犯法律。注意保护商家、消费者的数据隐私权利	反思式融入：通过目前市场中欺瞒消费者的案例，以此激发学生以人为本、实事求是、顾客至上的品质。 教学方法：讲授法、实验实训法	注意保护商家、消费者的数据隐私权利
第五章　数据可视化	培养学生多角度、全方位分析、综合分析和辩证思维的能力，对同一组数据可以选用十几种可视化形式，发现关键问题，找到最为恰当的展现手段	举证式融入：通过列举现象数据，通过数据分析研究其深层次的原因。 教学方式：讲授法、讨论法、案例分析法、实验实训法	培养学生多角度、全方位分析、综合分析和辩证思维的能力
第六章　行业数据分析	行业中企业竞争激烈，要宣扬社会主义核心价值观，公平、诚信地进行竞争	举证式融入：通过列举现象数据，通过数据分析研究其深层次的原因。 教学方式：项目驱动型教学	宣扬社会主义核心价值观，公平、诚信地进行竞争
第七章　竞争数据分析	法治化国家建设中，要正确对待和开展竞争性商业活动	启发式融入：由热点和学术前沿启发到实训选题。 教学方式：项目驱动型教学	正确对待和开展竞争性商业活动

续表

教学内容	课程思政点	融入方式与教学方法	思政育人预期成效
第八章 商品数据分析	在供求关系的平衡下，商品的成本和定价要基于市场经济的运行规律	类比式融入：案例情境导入，引发学生对深层次问题的思考。引导学生将类似方法融入生活、学习。 教学方法：项目驱动型教学	遵循市场经济的运行规律
第九章 销售数据分析	诚信经营，对商品售后服务到位	启发式融入：由热点和学术前沿启发到实训选题。 教学方式：项目驱动型教学	诚信经营
第十章 商品库存数据分析	风险意识和危机意识的培养	启发式融入：由热点和学术前沿启发到实训选题。 教学方式：项目驱动型教学	风险意识和危机意识的培养。安全库存和库存周转率对这方面的教育有较好的反映
第十一章 消费者数据分析	抓主要矛盾	类比式融入：案例情境导入，引发学生对深层次问题的思考。引导学生将类似方法融入生活、学习。 教学方法：项目驱动型教学	抓住问题的主要矛盾，抓住矛盾的主要方面。关键意见领袖、消费者特征分析、消费者定位等方法均是对复杂问题的主要方面进行分析
第十二章 商务数据分析报告	总结、提炼、归纳、梳理的能力	举证式融入：通过列举现象数据，通过数据分析研究其深层次的原因。 教学方式：讲授法、讨论法、案例分析法、实验实训法	总结、提炼、归纳、梳理的能力。撰写数据分析报告是对学生综合能力的全面锻炼

四、教学评价

课程考核实行"N+0"模式的过程性考核，学生在课程中进行4次上机实验并撰写实验报告，综合所有实验报告的成绩和课堂表现折算为末考成绩，末考成绩占总评成绩的100%，重点考查学生对相关数据分析知识的理解与运用能力。

"商务数据分析"课程的教学评价旨在全面评估学生的学习效果和课程目标的达成情况。以下是具体的教学评价方式：

（一）实践项目

内容与要求：项目要求学生分组完成实际商务数据分析任务，包括数据收集、清洗、分析、可视化和报告撰写。

评价标准：项目的完整性、数据分析的准确性和深度、报告的清晰度和逻辑性、团队合作和沟通能力。

（二）课堂参与

内容与要求：课堂参与包括课堂讨论、小组讨论和案例分析，要求学生积极参与，分享自己的分析和见解。

评价标准：参与度、讨论的质量、分析和解决问题的能力。

五、教学实施

"商务数据分析"课程的教学实施过程注重理论与实践的结合，确保学生能够在实际商务场景中应用所学知识。以"第六章 行业数据分析"内容为例，将思政点融入教学过程中，以下是具体的教案设计：

（一）课堂导入：数据驱动的时代使命

案例1：房地产估价中的"国之大者"

情境引入：

播放视频《数字技术如何让房价回归理性》，展示某城市政府利用大数据建立"二手房价格监测平台"，动态追踪异常交易行为（如虚假房源、哄抬房价）。

思政融入：

政策对标。解析"房子是用来住的，不是用来炒的"（中央经济工作会议）的政策内涵，强调数据分析应服务于民生保障而非资本逐利。

法律链接。结合《中华人民共和国城市房地产管理法》第三十四条"房地产价格评估应当遵循公正、公平、公开的原则"，引导学生思考数据工作者在遏制炒房中的社会责任。

讨论题：

"算法模型如何避免成为炒房工具？"（例如：剔除投资性购房数据对估价模型的影响）

案例2：深圳福田"四智融合"的治理智慧

实践展示：

展示福田区"智脑系统"如何通过数据分析优化保障房分配（如动态匹配低收

入家庭需求与房源供给）。

思政辩论：

主题。"政务数据开放是否应以牺牲隐私为代价？"

法律依据。引用《中华人民共和国数据安全法》第二十一条（数据分类分级保护）与《中华人民共和国个人信息保护法》第十三条（最小必要原则），强化法治思维。

价值观提炼：

"用数据管理"需坚守科技向善，技术赋能城市治理的核心是提升人民福祉。

（二）任务一讲解：市场行情分析的伦理维度

1. 市场行情数据分析

市场行情的内涵：市场行情是指市场上商品流通和商业往来中有关商品供给、商品需求、流通渠道、商品购销和价格的实际状况、特征以及变动的情况、趋势和相关条件的信息。

市场行情实质上是社会再生产内在发展过程在市场上的外部表现。将许多个别的、片面的市场行情信息进行综合分析，形成对某类商品供求状况和某个市场供求形势的全面判断和行情报告。

流通渠道与网络终端相关的案例与图片展示。

农夫山泉集团钟睒睒——企业家精神（课程思政）。

2. 市场行情调研的内容

市场行情调研的内容主要包括：市场需求量、需求结构和需求时间。

（1）市场需求量

市场需求量是指某一产品在某一地区和某一时期内，在一定的营销环境和营销方案的作用下，愿意购买该产品的顾客群体的总数。

市场最小量：即使没有任何需求刺激，不开展任何营销活动，市场对某种产品的需求仍会存在。

市场潜力：在营销费用超过一定数量后，即使营销费用逐步增加，但市场需求却不再随之增长。市场需求测量实际上可以分为两个部分：潜力测量和需求实际量测量。

潜力测量：指测量市场或企业在一定营销环境下市场需求的最大值，一般可用于行业预测、新产品市场预测等。

实际量测量：是指行业及企业在某一时点的实际销售额和市场占有率，可用于企业营销业绩跟踪等领域。

复习回顾：通过时间序列与回归分析进行预测。

（2）需求结构

需求结构是指消费者有效购买力在各类型消费资料中的分配比例。通俗地说，就是消费者对吃、穿、住、用、行各类商品的需求比例。通过案例解读与图片展示引入马克思相关生平及事迹介绍，引入马克思对于需求结构的分类。需求结构具有实物和价值两种表现形式。实物形式指人们在消费中，消费了一些什么样的消费资料，以及它们各自的数量。价值形式指以货币表示的人们在消费过程中各种不同类型的消费资料之间的比例关系，在现实生活中具体表现为各项生活支出。

（3）需求时间

需求时间是指消费者需求的季节、月份以及需求时间内的品种和数量结构。例如，在旅游旺季时旅馆房间紧张和短缺，在旅游淡季时旅馆房间空闲，利用这一时间特性，许多旅馆通过灵活的定价、促销及其他激励机制来改变需求的时间模式。两种情况：同时不同地，同地不同时。

理论结合：

引入马克思《〈政治经济学批判〉导言》中"生产决定消费"的观点，对比当前消费升级趋势（如绿色住宅、适老化住房需求增长）。

思政目标：

通过数据优化资源配置，践行共同富裕政策导向，培养公共服务意识。

3.市场行情调查的方法

伦理教育：

对比"观察法"（如社区走访）与"问卷法"（如在线调查）的隐私风险，学习《中华人民共和国个人信息保护法》第十三条"最小必要原则"。

案例分析：某房企因违规收集客户信息被处罚，警示数据采集中的法律底线。

（三）任务二讲解：百度指数分析的价值引领

利用百度指数分析商品类目市场行情的实例。

（1）实例的背景和具体要求

选择家电类目下的电风扇子类目作为分析对象，利用百度指数分析该商品类目的市场行情，所需数据取自百度指数的趋势研究模块，涉及趋势研究、需求图谱、人群画像三个方面的数据分析，并撰写《基于百度指数的电风扇市场行情分析报告》。

（2）实施步骤

步骤1：登录百度指数。

步骤2：获取趋势研究栏目的相关数据，分析电风扇搜索指数概况和指数趋势。

步骤3：获取需求图谱栏目的相关数据，分析电风扇搜索的需求图谱和相关词分类。

步骤4：获取人群画像栏目的相关数据，分析电风扇搜索的地域分布和人群属性。

步骤5：通过关键词对比，分析电风扇与竞争性商品（例如空调）的市场行情、分析若干电风扇品牌的市场行情。

步骤6：撰写《基于百度指数的电风扇市场行情分析报告》。

（3）成果报告的主要内容

针对国内电风扇市场分析电风扇行业的发展阶段和发展趋势，了解消费者需求、社会大众对电风扇行业的评议和看法、搜索关注电风扇的人群特征等。

思政成果：

学生需在报告中提出"企业社会责任建议"（如向社区捐赠节能风扇），培养商业伦理意识。

（四）课堂总结与升华

（1）三维目标总结。

知识：掌握行业数据分析模型、政策与法律约束框架。

能力：设计合规、公平、可持续的数据分析方案。

素质：树立"数据为民"信念，坚守社会主义核心价值观（公正、法治、诚信）。

（2）课后作业：智能营销服务商分析。

六、教学反思

"商务数据分析"课程的教学反思旨在总结教学过程中的经验和不足，为未来的教学改进提供依据。以下是具体的教学反思内容：

（一）教学效果

通过问卷调查和学生访谈，大部分学生对课程内容和教学方法表示满意，认为课程理论与实践结合紧密，能够有效提升数据分析能力和商务决策能力。学生在平时作业、实践项目中表现出色，能够运用所学知识解决实际商务问题，团队合作和沟通能力也有所提升。

（二）教学经验

通过案例分析和项目实践，学生能够更好地理解和应用数据分析技术，提升实际操作能力。通过分组讨论和项目实践，学生的团队合作和沟通能力得到显著提升，能够更好地在团队中发挥作用。

（三）教学不足

课程内容深度：部分学生反映课程内容较为基础，希望增加更多高级数据分析技术和实际案例。教学资源：部分学生认为在线资源和实验室设备有限，希望能够提供更多的学习资源和实践机会。

（四）改进措施

增加高级内容：在未来的课程中，增加更多高级数据分析技术和实际案例，满足学生的学习需求。丰富教学资源：增加在线资源和实验室设备，提供更多的学习资源和实践机会，提升学生的学习效果。加强反馈机制：通过更多的问卷调查和学生访谈，及时收集学生的反馈，不断改进课程内容和教学方法。

编写人："商务数据分析"课程教学团队

"商业银行综合实训"课程思政案例

——以"商业银行信贷业务实训"教学单元为例

一、课程简介

（一）课程基本信息

"商业银行综合实训"是投资学专业的一门核心实践课程，旨在通过模拟商业银行的实际业务操作，让学生全面了解商业银行的运营模式和业务流程，培养学生的实践能力和职业素养。该课程紧密结合当前金融行业的发展趋势和需求，注重理论与实践相结合，为学生未来从事商业银行相关工作奠定坚实的基础。

（二）课程定位与作用

本课程在专业人才培养体系中具有重要的地位和作用。它是对前期专业理论课程的综合应用和实践检验，通过实训操作，帮助学生将所学的金融理论知识转化为实际操作技能，提高学生解决实际问题的能力。同时，该课程也为学生后续的实习和就业提供了有力的支持，使学生能够更快地适应商业银行的工作环境和业务要求。

（三）思政教育的重要性

在金融行业日益发展的今天，商业银行不仅是经济活动的重要参与者，更是社会责任的承担者。因此，在"商业银行综合实训"课程中融入思政教育具有重要的现实意义。通过思政教育，引导学生树立正确的价值观、职业道德观和社会责任感，培养学生的爱国情怀、创新精神和团队合作意识，使学生成为具有良好职业素养和社会责任感的金融人才，为粤港澳大湾区的金融建设和发展贡献力量。

二、课程目标

（一）知识目标

（1）让学生全面掌握商业银行信贷业务的基本概念、流程和操作方法，包括贷款申请、调查、审批、发放、管理和回收等环节。

（2）熟悉商业银行信贷风险管理的理论和方法，能够识别、评估和控制信贷风险。

（3）了解商业银行信贷业务相关的法律法规和政策，确保业务操作的合规性。

（二）能力目标

（1）培养学生的信贷业务操作能力，能够熟练运用所学知识和技能完成信贷业务的各项操作任务。

（2）提高学生的风险识别和评估能力，能够运用科学的方法对借款人的信用状况和还款能力进行评估，为信贷决策提供依据。

（3）增强学生的沟通协调能力和团队合作能力，能够与客户、同事和监管部门进行有效的沟通和协调，共同完成信贷业务工作。

（4）培养学生的创新能力和问题解决能力，能够在实际工作中发现问题、分析问题并提出有效的解决方案。

（三）素质目标

（1）培养学生的爱国情怀和社会责任感，引导学生树立正确的价值观和职业道德观，为国家和社会的发展贡献力量。

（2）强化学生的合规意识和风险意识，使学生能够严格遵守法律法规和行业规范，确保信贷业务的安全和稳健运行。

（3）培养学生的团队合作精神和敬业精神，使学生能够在团队中发挥自己的优势，共同完成工作任务。

（4）激发学生的创新精神和进取精神，鼓励学生在金融领域不断探索和创新，为粤港澳大湾区的金融创新发展贡献智慧。

三、教学设计

（一）课程思政总体设计思路

本课程的思政设计以习近平新时代中国特色社会主义思想为指导，紧密围绕课程目标，将思政元素有机融入课程教学的各个环节中。通过案例分析、角色扮演、小组讨论等教学方法，引导学生树立正确的价值观和职业道德观，培养学生的爱国情怀、社会责任感和创新精神。同时，结合粤港澳大湾区的金融发展实际，引入相关的案例和实践项目，让学生了解大湾区的金融政策和发展机遇，增强学生服务大湾区金融建设的意识和能力。

（二）思政元素融入点分析（见表1）

表1 思政元素融入点与融入方式

教学内容	思政元素融入点	融入方式
信贷业务概述	爱国情怀、社会责任感	通过介绍商业银行在支持国家经济建设和社会发展中的重要作用，引导学生树立为国家和社会服务的意识
贷款申请与调查	合规意识、风险意识	结合实际案例，讲解贷款申请和调查过程中的合规要求和风险防范措施，让学生深刻认识到合规经营和风险控制的重要性
贷款审批与发放	公平公正、团队合作	在模拟贷款审批会议中，强调审批过程的公平公正原则，培养学生的职业道德和团队合作精神
贷款管理与回收	诚信意识、责任意识	通过分析贷款违约案例，引导学生树立诚信意识和责任意识，确保贷款的按时回收
信贷风险管理	创新精神、进取精神	介绍先进的信贷风险管理理念和方法，鼓励学生在风险管理领域进行创新和探索

（三）课程思政设计图展示（如图1所示）

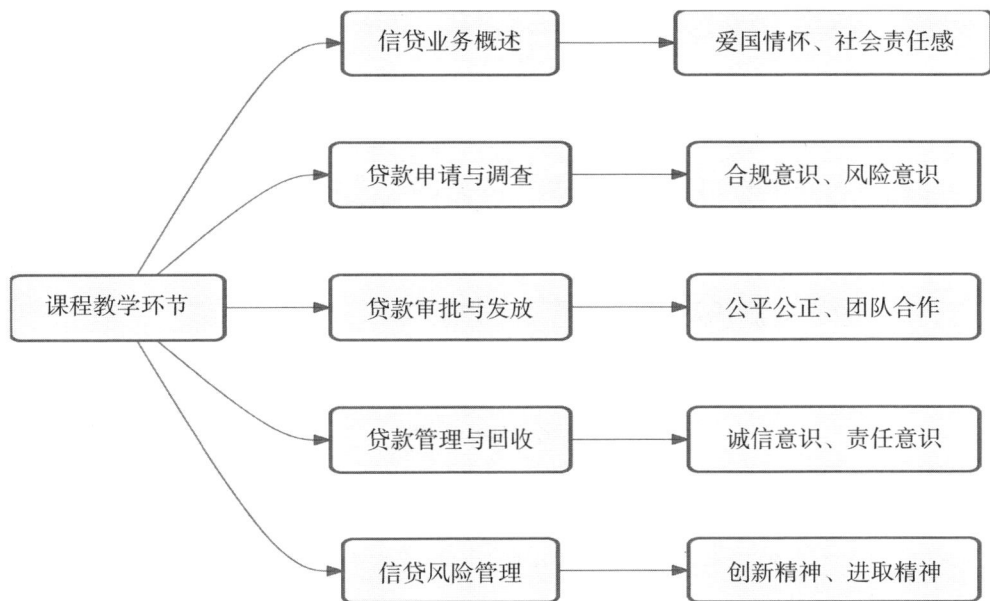

图1 课程思政设计图

四、教学实施

（一）具体一次课的选择与背景

本次教学实施选择 "贷款申请与调查" 这一教学单元，因为该环节是信贷业务的起点，直接关系到贷款的质量和风险。通过在这一环节融入思政教育，能够引导学生树立正确的风险意识和合规意识，确保贷款业务的顺利开展。

（二）教学过程设计（见表2）

表2 教学过程设计

教学环节	教学内容	思政元素融入	教学方法
导入 （10分钟）	介绍贷款申请与调查在信贷业务中的重要性，引入案例 "某企业虚假贷款申请案例"	强调合规意识和风险意识的重要性，引导学生思考如何在实际工作中防范类似风险	案例导入法
知识讲解 （20分钟）	讲解贷款申请的基本要求和流程，以及调查的主要内容和方法	结合法律法规和行业规范，强调合规经营的重要性，培养学生的法律意识和职业操守	讲授法
小组讨论 （20分钟）	将学生分成小组，讨论案例中企业虚假贷款申请的原因和防范措施	引导学生从不同角度分析问题，培养学生的团队合作精神和批判性思维能力	小组讨论法
角色扮演 （20分钟）	学生分别扮演贷款申请人和调查人员，进行贷款申请和调查的模拟操作	在模拟过程中，强调公平公正原则和沟通协调能力的重要性，培养学生的职业道德和团队合作精神	角色扮演法
总结与拓展 （10分钟）	总结本次课的重点内容，强调合规意识和风险意识的重要性，并布置课后作业	鼓励学生关注粤港澳大湾区的金融发展动态，思考如何在实际工作中为大湾区的金融建设贡献力量	总结归纳法

（三）教学实施流程图（如图2所示）

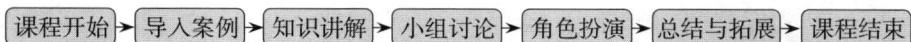

课程开始 ▶ 导入案例 ▶ 知识讲解 ▶ 小组讨论 ▶ 角色扮演 ▶ 总结与拓展 ▶ 课程结束

图2 教学实施流程图

（四）教学资源准备

教材和参考资料：选用权威的商业银行信贷业务教材和相关参考资料，为学生提供丰富的学习资源。

案例素材：收集整理各类贷款申请与调查的实际案例，包括正面案例和负面案例，用于课堂教学和讨论。

教学软件和工具：使用模拟银行实训软件，为学生提供真实的业务操作环境，同时准备好投影仪、电脑等教学设备。

五、教学评价

（一）课程考核评价方式

本课程采用多元化的考核评价方式，综合考查学生的知识掌握程度、能力发展水平和思政素养。具体考核方式见表3。

表3 考核方式和考核内容

考核方式	考核内容	权重
平时作业	包括课后作业、案例分析报告等，主要考查学生对课堂知识的掌握和应用能力	20%
课堂表现	包括课堂发言、小组讨论参与度、角色扮演表现等，主要考查学生的沟通能力、团队合作能力和思维能力	20%
实践操作	通过模拟银行实训软件进行信贷业务操作考核，主要考查学生的实际操作技能和风险控制能力	30%
期末考核	采用考试或大作业形式，考查学生对课程知识的综合理解和运用能力，以及思政素养的提升情况	30%

（二）思政考核指标与方法

在课程考核中，专门设置思政考核指标，对学生的思政素养进行评价。具体考核指标和方法见表4。

表4 考核指标和方法

考核指标	考核内容	考核方法
爱国情怀	了解学生对国家金融政策的关注程度，以及是否具有为国家金融事业发展贡献力量的意识	通过课堂讨论、作业和论文等方式进行评价
社会责任感	考查学生在实际操作中是否考虑到社会利益和客户需求，是否具有为社会服务的意识	通过案例分析和实践操作表现进行评价
合规意识	检查学生在业务操作中是否严格遵守法律法规和行业规范，是否具有风险防范意识	通过实践操作考核和作业中的合规性检查进行评价
团队合作精神	观察学生在小组讨论和角色扮演中的表现，评价学生的团队协作能力和沟通能力	通过课堂表现评价和小组互评进行评价
创新精神	鼓励学生在解决问题时提出创新思路和方法，评价学生的创新思维能力	通过平时作业和期末作业中的创新点进行评价

（三）教学评价体系图展示（如图3所示）

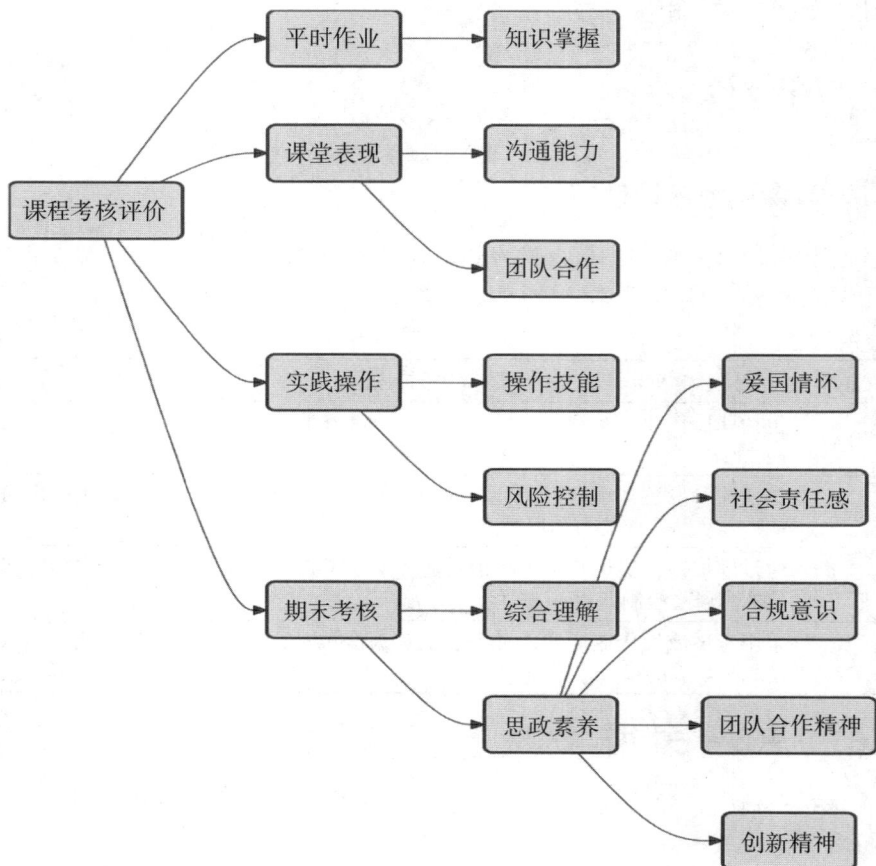

图3 教学评价体系图

六、教学反思

（一）教学成效总结

通过本次课程思政教学实践，取得了以下成效：

学生的思政素养得到了提升：通过在课程中融入思政元素，学生对国家金融政策和行业发展有了更深入的了解，增强了爱国情怀和社会责任感，树立了正确的价值观和职业道德观。

学生的实践能力得到了提高：通过模拟银行实训和角色扮演等教学方法，学生的信贷业务操作技能和风险控制能力得到了有效锻炼，能够更好地适应实际工作的需求。

教学方法得到了创新：采用多元化的教学方法，如案例分析、小组讨论、角色扮演等，激发了学生的学习兴趣和积极性，提高了课堂教学效果。

（二）存在的问题与不足

思政元素融入的深度和广度还不够：虽然在课程中融入了一些思政元素，但在某些教学环节中，思政元素的融入还不够深入和自然，需要进一步加强对思政元素的挖掘和整合。

教学评价体系还不够完善：思政考核指标的量化和评价方法还需要进一步优化，以更加准确地反映学生的思政素养提升情况。

教学资源的更新和补充不够及时：随着金融行业的快速发展，教学案例和教学软件等资源需要及时更新和补充，以保证教学内容的时效性和实用性。

（三）改进措施与未来规划

加强思政元素的融入：进一步深入挖掘课程中的思政元素，将思政教育与专业知识有机结合，使思政元素融入教学的各个环节中，做到润物细无声。

完善教学评价体系：优化思政考核指标和评价方法，增加学生自评和互评的环节，提高评价的科学性和公正性。

及时更新教学资源：关注金融行业的发展动态，及时更新教学案例和教学软件等资源，为学生提供更加贴近实际的学习素材。

加强与企业的合作：建立与商业银行的长期合作关系，邀请企业专家参与课程教学和实践指导，为学生提供更多的实践机会和就业渠道。

编写人："商业银行综合实训"课程教学团队

"国际数字贸易"课程思政案例
——以"数字丝绸之路"教学单元为例

一、课程简介

"国际数字贸易"是国际经济与贸易专业的核心课程，旨在帮助学生理解数字经济时代的全球贸易变革，培养具备数字化视角和跨文化沟通能力的国际贸易人才。本课程主要介绍国际数字贸易的基本概念、发展阶段、理论基础及生态圈，系统分析数字技术（如大数据、人工智能、区块链）在国际贸易中的应用。在本课程中，学生将学习数字贸易的特征、壁垒及国际规则构建，并了解全球数字治理的现状与挑战。通过课程学习，学生不仅能够掌握数字贸易相关的理论和应用技能，还将提升对国际数字经济环境的适应力，理解全球数字经济治理的重要性。同时，课程注重案例分析和跨境电商平台操作，使学生能够有效应对国际数字贸易中的实际问题。

课程重点嵌入中国现代化发展新格局，通过列举大量中国国际数字贸易的宏微观数据和典型案例事实，利用相关理论知识对中国国际数字贸易发展实践进行剖析与解读。使学生在深入了解中国国际数字贸易发展历程的过程中培养国际社会责任、国际法治意识、国际道德规范，树立"爱党、爱国、爱家"的家国情怀。

（一）主要内容

"国际数字贸易"的主要讲授内容包括：第一部分"国际数字贸易概述"，总括性地介绍了国际数字贸易的产生背景、发展阶段和国际数字贸易概念等基础知识，为后面的学习做铺垫；第二部分"国际数字贸易生态圈"，介绍了国际数字贸易学、贸易数字化和数字化贸易、国际数字贸易配套服务；第三部分"国际数字贸易理论"，介绍了国际数字贸易理论；第四部分"国际数字贸易壁垒"，介绍了数字贸易壁垒和数字自由贸易以及主要经济体数字贸易的态度和立场；第五部分"国际数字贸易规则"，介绍了国际数字贸易规则构建和新一轮电子商务谈判规则；第六部分"国际数字贸易综合服务"，介绍了国际数字贸易综合服务的相关知识，包括数字支付、数字货币、数字货币对数字支付能力建设的作用以及智慧物流等相关基础知识；第七部分"国际数字治理"，介绍了国际数字贸易成本、包容性发展与全球数字鸿沟、国际数字丝绸之路与基础设施建设等知识。

（二）课程特色

第一，"三全育人+三类课堂"的"三三制"人才培养模式。结合PBL教学方法改革，围绕人才培养中发现的课程思政协同效应不强、培育人才与区域需求不匹配、特定产业能力不突出的问题，通过校政企行四方融合，实行"方案共制、基地共建、教材共编、教学共施、师资共培、就业共助、成果共享"，形成"三全育人铸灵魂，第一课堂夯基础，第二课堂重内化，第三课堂提能力，三类课堂互反思"的人才培养特色，培养服务地方经济、符合产业需求的国际贸易专业人才（如图1所示）。

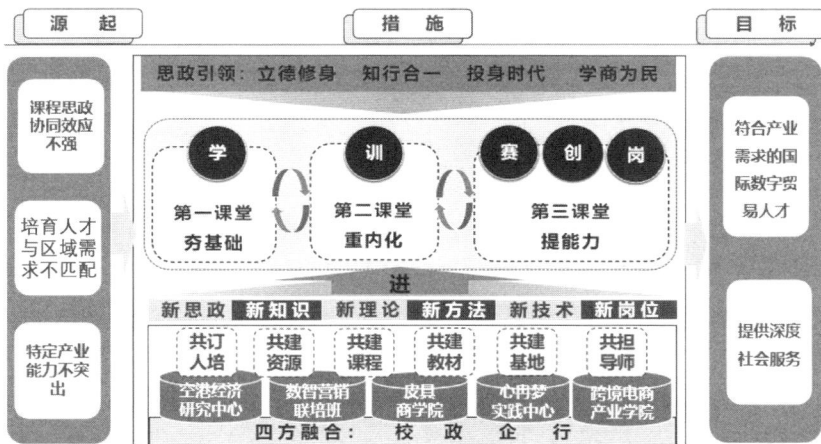

图1 "国际数字贸易""三三制"应用型人才培养总体思路

第二，"数字新时代、特色新文科、学科新前沿"的教学资源特色。以"两性一度"为核心，贯彻"数字新时代、特色新文科、学科新前沿"理念，建设"三新"线上线下教学资源，实现资源开放共享。与互联网深度融合，发挥互联网+教研的优势，构建多维立体化教研资源库，实现多样化供给。首先，共享国家公共课程资源，扩大供给存量；其次，通过多种技术手段对教师教研资源进行优化组合，满足教师个性需求（如图2所示）。

（三）课程目标

1.知识目标

了解国际数字贸易的基础知识，掌握数字经济时代背景下国际数字贸易的相关理论命题，如数字技术对国际数字贸易的作用、数字经济的内涵、国际数字贸易的内涵等，掌握国际数字贸易的主要标识性概念，如数字技术、数字经济、电子

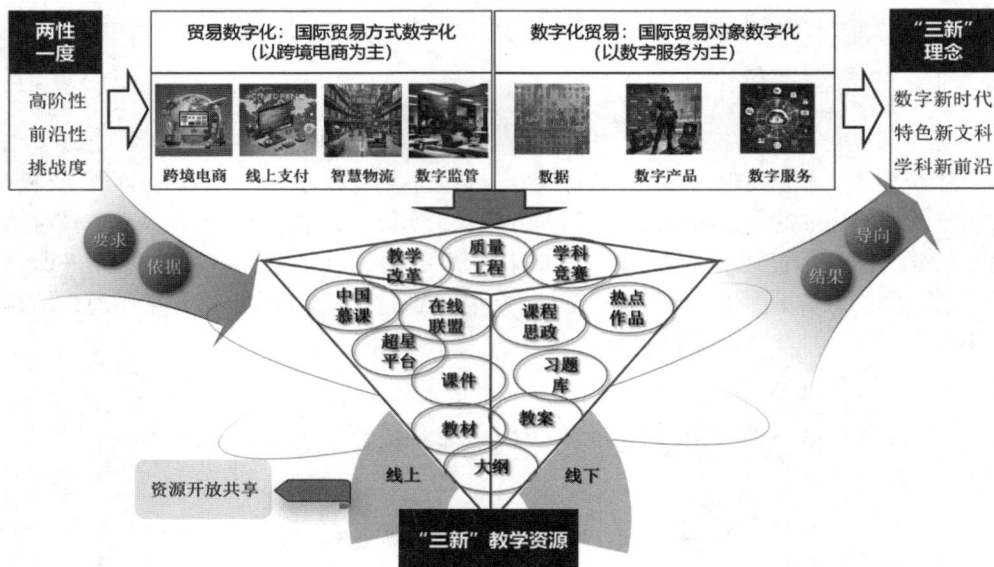

图2 "国际数字贸易""三新"教学资源示意图

商务、国际数字贸易、数字营商环境、国际数字贸易生态圈等。利用大学生慕课、粤港澳大湾区联盟平台等现代信息技术了解国际数字贸易的最新发展动态，保证课堂知识持续更新。

2. 能力目标

学会运用经济学和国际经济学等学科门类的基本理论、分析方法来进行课程案例分析，通过实际案例演练、模拟交易等方式，提高学生的国际数字贸易实际操作能力。在案例学习和讨论中形成辩证思维，学会辩证分析问题，具备洞察问题、提炼问题、综合运用本课程专业知识研究与解决问题的能力。

3. 素质目标

学生根植于中国这个世界主要经济体、世界最大全产业制造链中心、世界最大贸易中心土壤，牢记立志成为我国经济外循环的国际数字贸易应用型人才，促进经济内循环的历史使命；通过开展案例分析与讨论，提升学生创造性、建设性地解决国际数字贸易实践问题的素养，更好地理解地区的禀赋、经济和人文差异，具有区域合作共赢、人类命运共同体的合作观念与大局意识。在学习思政案例中激发民族自信、爱国精神和学做祖国数字贸易建设接班人的雄心壮志，最终养成"爱国、爱家、爱己"情怀与国际数字贸易职业道德。

二、课程思政总体设计

（一）课程思政目标设计

1.价值引领

立足国家战略需求，培养学生对数字贸易领域国家利益与全球责任的双重认知。例如，结合"数字丝绸之路"倡议，引导学生理解我国在数字经济全球化中的角色与贡献。强化社会主义核心价值观教育，在数据安全、知识产权保护等议题中融入诚信、法治、公平等理念。

2.能力培养

通过案例分析（如跨境电商规则博弈、数字服务贸易壁垒等），提升学生运用国际规则维护国家利益的能力。培养跨文化沟通与数字技术应用能力，例如，通过模拟数字贸易谈判，增强实践操作中的国际视野与政治敏感度。

（二）思政元素融入路径

1.国家战略与政策解析

结合"十四五"数字经济发展规划、RCEP电子商务条款等政策，分析我国数字贸易的机遇与挑战。例如，引用共建"一带一路"数字合作案例，展示中国如何通过技术输出促进共建国家数字基础设施建设。特别是融入国际热点问题：如中美数字技术竞争、数据跨境流动争议，引导学生辩证看待全球化与国家安全的关系。

2.社会责任与伦理教育

在教学内容中设置"数字贸易中的伦理困境"模块，探讨算法歧视、数据隐私泄露等问题，强调企业社会责任与个人道德规范。特别是结合华为、阿里巴巴等企业的国际化实践案例，分析中国企业在数字贸易中如何平衡商业利益与社会责任。

3.文化自信与国际话语权

通过对比中国与欧美数字贸易规则制定的差异，强调我国参与全球数字治理的重要性。例如，介绍中国在WTO电子商务谈判中的立场，增强学生的制度自信。

（三）特色

"数字+思政"深度融合：通过区块链技术演示跨境支付透明度、人工智能模拟贸易谈判等，将技术工具与思政教育有机结合。

全球视野与本土实践结合：既引入欧盟《数字市场法》等国际规则，也聚焦《中华人民共和国数据安全法》的实践意义，强化学生的家国情怀与全球胜任力。

通过以上设计，本课程旨在培养既精通数字贸易实务，又具备家国情怀与国际责任感的复合型人才，服务国家数字经济高质量发展战略。

三、思政案例教学设计

案例名称：政策解读中的制度自信——"数字丝绸之路"与跨境电商突围。

（一）教学目标

1.知识目标

掌握"数字丝绸之路"倡议的核心内容与跨境电商政策体系，理解中国制造业升级与跨境电商"新三样"的关联逻辑，学会用贸易数据分析政策对冲国际环境波动的作用机制。

2.能力目标

培养数据驱动的政策分析能力，提升基于制度优势的商业策略设计能力，强化"以技术创新应对贸易摩擦"的职业思维。

3.素质目标

增强对国家开放战略与制度优势的认同，树立"技术报国、品牌强国"的职业价值观，培养"全球视野+中国情怀"的贸易从业者素养。

（二）教学重点

1.制度优势与数字贸易政策的深度耦合

（1）聚焦"一带一路"倡议与跨境电商政策的协同效应，通过数据对比（如2013—2023年贸易额增长曲线），揭示中国开放型经济制度如何对冲国际环境波动。

（2）强调政策工具（如RCEP原产地规则、跨境电商综试区）对企业竞争力的赋能逻辑。

2.数据驱动的制度自信培养

（1）通过"数字贸易引力模型""新能源汽车出口增长130%"等数据，引导学生从技术迭代、供应链韧性视角理解制度优势。

（2）设计"政策模拟实验室""数据新闻工作坊"等实践环节，将制度自信教育转化为可量化的数据分析能力。

3.职业价值观与国家战略的同频共振

（1）通过"比亚迪技术突围""光伏产业应对双反调查"等案例，将"技术报国"理念融入跨境电商选品、品牌出海策略设计。

（2）通过"制造优势→技术优势→规则优势"跃迁路径的讨论，强化学生对国家"双循环"战略的认同。

（三）教学难点

1.思政元素与专业内容的有机融合

挑战：如何避免政策解读沦为"口号式说教"，使学生从"被动接受"转向"主动认同"。

解决路径：用"中欧班列十年增长""CIPS突破SWIFT垄断"等具象化案例替代抽象理论。通过"政策模拟对抗""企业真实案例解析"，让学生在解决问题中自发领悟制度优势。

2.数据思维与制度自信的协同建构

挑战：学生易陷入"数据解读停留在现象层面"的情况，难以关联制度设计的深层逻辑。

解决路径：引入"数字贸易沙盘系统"，在"能源危机""贸易摩擦"等情景中，要求学生运用政策工具制定解决方案。增设"全球数字贸易规则比较"专题，通过中美欧政策对比，凸显中国"开放包容"制度的实践优势。

3.职业能力与家国情怀的双向提升

挑战：部分学生存在"重技能轻价值"的倾向，需平衡跨境电商运营能力与"贸易强国使命"的培养。

解决路径：在"品牌出海方案设计"中，强制要求纳入"技术标准输出""社会责任履行"等制度优势转化指标。通过"我的贸易强国梦"演讲、企业导师直播等活动，构建"个人职业发展与国家战略需求"的连接点。

（四）教学内容与思政融合

模块1：政策图谱解码——"数字丝绸之路"十年蝶变。

教学内容：动态展示"数字丝绸之路"沿线国家贸易额从2013年的1.04万亿美元增长至2023年的2.3万亿美元的数据曲线，解析《关于加快发展外贸新业态新模式的意见》《跨境电商高质量发展三年行动计划》等政策工具包。

思政融入：对比某国"单边主义"政策导致的贸易萎缩案例，引导学生思考"开放包容"的制度优势；结合中欧班列"钢铁驼队"连通亚欧大陆的案例，强化"人类命运共同体"理念。

模块2：数据战场推演——跨境电商"新三样"突围。

教学内容：分析2023年中国新能源汽车出口同比增长130%、锂电池出口额突破500亿美元等数据背后的技术迭代逻辑，引入"数字贸易引力模型"，模拟RCEP关税减免对跨境电商选品策略的影响。

思政融入：以比亚迪新能源技术突破为例，探讨企业如何将国家创新驱动发展战略转化为国际竞争力。通过"光伏产业应对欧盟双反调查"案例，解析中国政府"政策+技术"组合拳的制度优势。

模块3：案例沙盘对抗——品牌出海的中国方案。

教学内容：拆解SHEIN"柔性供应链+本土化运营"模式，分析其如何利用国家跨境电商综试区政策红利，对比某东南亚服装企业因缺乏技术创新陷入"低端锁定"的困境。

思政融入：（1）分组辩论。"低价策略VS技术品牌策略——哪种更符合国家利益"。（2）引导学生思考。中国企业如何在"双循环"新发展格局中实现"制造优势→技术优势→规则优势"的跃迁。

四、教学实施

（一）政策模拟实验室

1.背景设定与角色分配

背景设定：在当前复杂的国际形势下，数字贸易政策的调整对于企业运营和全球经济格局产生着深远影响。以"俄乌冲突导致欧洲能源危机"为例，学生需要分析冲突对欧洲能源供应链的具体影响，以及如何利用跨境电商政策工具来缓解供应链压力。

角色分配：将学生分组为不同的角色，包括"政策制定者"、"企业决策者"和"国际买家"。政策制定者需要考虑如何制定政策框架，以便通过跨境电商平台促进能源相关产品的稳定供应；企业决策者则需要从企业的角度出发，制定应对政策变化的策略；国际买家要从市场需求的角度提出对能源产品的需求和期望。

2.情景模拟与任务目标

情景模拟：在模拟过程中，学生将面对一系列的挑战，如能源价格波动、供应链中断、政策变化等。通过模拟不同的政策工具，如税收优惠、跨境电商平台的支持政策等，学生需要探索如何稳定供应链，并确保能源产品的持续供应。

任务目标：政策制定者需要提出具体的政策建议，并通过跨境电商平台进行实施；企业决策者需要制定企业的应对策略，包括调整产品结构、优化供应链等；国际买家需要根据政策变化和企业策略，提出合理的采购计划。

（二）数据新闻工作坊

1.选题与数据收集

选题：选择与数字贸易相关的话题，如"数字丝绸之路十年成就"，探讨其在促进国际贸易、推动数字经济发展方面的作用。

数据收集：指导学生通过各种渠道收集数据，包括政府统计部门、国际组织、企业报告等。例如，收集过去十年"数字丝绸之路"沿线国家的贸易额、跨境电商交易量、数字基础设施建设等数据。

2.数据可视化制作与展示

数据可视化制作：利用Tableau等工具，指导学生制作动态数据可视化作品。学生可以将收集到的数据进行整理和分析，制作出直观的图表、地图等可视化作品，展示数字丝绸之路的成就。

作品展示与分享：将优秀作品通过学校公众号发布，让更多的人了解数字丝绸之路的发展成果。同时，组织学生进行作品展示和分享，交流制作经验和心得体会。

（三）企业导师直播间

1.嘉宾邀请与主题确定

嘉宾邀请：邀请阿里巴巴国际站等知名企业的专家作为嘉宾，分享他们在数字贸易领域的实战经验。

主题确定：根据当前数字贸易的热点问题，确定直播的主题，如"应对美国301关税的实战策略"。

2.案例分析与互动交流

案例分析：嘉宾分享企业真实案例，如某家电企业如何借助RCEP原产地规则降低成本20%。通过案例分析，学生可以了解企业如何在实际操作中应对国际贸易中的挑战。

互动交流：在直播过程中，设置互动环节，让学生有机会向嘉宾提问，交流自己的想法和看法。嘉宾可以针对学生的问题进行解答，分享自己的经验和建议。

五、考核评价

以三维教学目标为导向，分三个环节开展教学评价：

（1）课前线上驱动评价。运用线上平台记录学生的讨论参与度、个人视频学习进度等，观测学生自主学习习惯等素质目标的达成情况，同时，依据分享观点的质量评价识记和理解层知识目标及家国情怀等素质目标的达成情况。

（2）课中线下促成评价。通过观察学生在线下课堂中的听讲、提问、合作等表现，评估学生的参与度和积极性，同时，结合师生互动问答、课堂小测等方式评价学生应用与分析层的知识、能力目标达成情况，再根据小组讨论、生生互动，观测树立科学就业观、制度自信等素质目标的达成情况。

（3）课后实践发展评价。根据课后经济热点主题讨论和其他拓展任务完成情况，评估学生的评价与创造层知识、能力目标达成情况，同时，结合问卷、面谈、观察学习行为变化等方式，了解学生素质目标的达成情况。

具体考核维度和权重见表1。

表1　　　　　　　　　　　　　考核维度和权重

考核维度	形式	考核权重
政策理解深度	政策模拟方案设计	30%
数据决策能力	跨境电商选品策略报告	25%
制度自信认知	"我的贸易强国梦"主题演讲	20%
职业价值观	企业社会责任案例分析	25%

六、教学反思

通过"数据驱动+案例研讨+实践赋能",学生不仅掌握了数字贸易分析工具的使用,更在"数说中国"中增强了制度自信,在"政策思辨"中提升了法治意识。但仍存在不足之处,譬如部分学生对"制度优势"的理解仍停留在理论层面。对此,教学过程中需增加"中国跨境支付系统(CIPS)突破SWIFT垄断"等具象化案例,开设"全球数字贸易规则制定"国际比较专题,增强制度自信的学理支撑。进一步丰富"数字贸易伦理""全球数字治理"等议题的案例库,通过国际比较拓宽学生视野;同时,加强数据可视化工具与思政元素的深度融合,提升案例的互动性与代入感。

七、教学总结

本教学设计以"数据为桥、案例为媒、实践为径",通过政策推演、数据对抗、沙盘模拟等沉浸式教学,将制度自信教育融入跨境电商专业能力培养全过程。最终实现:第一,认知升华,从"数字贸易现象"到"国家战略逻辑"的深度理解;第二,价值内化,从"职业技能训练"到"贸易强国使命"的责任担当;第三,行动转化,从"政策被动接受者"到"制度优势转化者"的能力跃迁。

编写人:"国际数字贸易"课程教学团队

"数字经济"课程思政案例
——以"数字经济中的劳动力市场"教学单元为例

一、课程简介

"数字经济"是一门顺应数字化时代发展需求的核心课程，主要面向国际经济与贸易等经管类专业的本科生，通常安排在中低年级阶段，为学生奠定扎实的数字经济理论基础，并培养其在数字化环境下的经济分析与决策能力。本课程旨在帮助学生理解数字技术如何重塑经济运行机制、推动产业升级、促进全球贸易变革，使其能够在未来的数字化经济体系中更好地适应和发展。作为一门交叉融合的学科，课程内容涵盖数字经济的理论框架、政策导向、市场结构变革以及全球数字化竞争格局，先修课程包括"宏观经济学"和"微观经济学"，以确保学生具备基本的经济学分析能力。

数字经济不仅是未来经济增长的新引擎，更是新时代经济人才培养的关键领域。该课程不仅关注数字化思维的塑造，还着力提升学生的数字经济素养，使其具备跨学科的理解能力和实践应用能力。在教学过程中，课程紧密围绕习近平新时代中国特色社会主义经济思想展开，强调"以数字化推动高质量发展"的核心理念，并通过系统的理论框架和分析工具，解析中国数字经济发展模式，探讨全球数字经济格局中的中国战略机遇。通过理论讲解与案例分析相结合的方式，课程帮助学生全面理解数字经济如何驱动社会变革、影响企业决策，并塑造未来的国际竞争格局。

二、本课程思政总体设计

（一）课程思政设计理念

本课程以社会主义核心价值观为顶层设计，结合新时代粤商精神，构建适应数字经济时代的价值引领体系。在课程设计中，坚持知识传授、价值塑造和能力培养的融合式教学模式，确保学生在掌握数字经济理论与实践的同时，深化对公平竞争、诚信经营、科技创新和社会责任的理解。

本课程不仅关注数字经济的市场运行机制和技术发展趋势，还强调其对社会公平、劳动关系、产业升级和全球竞争格局的深远影响。通过课堂讲授、案例分析、社会调研和实践创新等多元化教学方式，引导学生树立科学的经济观、强烈的社会责任感和良好的职业伦理意识，使他们能够在复杂多变的数字经济环境中，做出符合可持续发展与社会公平的理性决策。

此外，本课程紧密结合粤港澳大湾区的数字经济发展实践，充分挖掘华为、腾讯、美的、比亚迪等粤商企业的数字化创新案例，激励学生学习开放包容、务实创新、诚信守法、责任担当的新时代粤商精神。通过理论与实践的深度融合，本课程旨在培养具备全球视野、创新精神和社会担当的复合型数字经济人才，使学生能够在未来的职业生涯中，不仅具备数字化技能和决策能力，还能以高度的社会责任感投身于国家数字经济高质量发展进程。

（二）课程思政设计思路

1.框架设计："四大模块"

在课程思政框架搭建方面，围绕社会主义核心价值观，本课程思政体系分"四大模块"展开。在教授数字经济知识的同时，精心融入思政教育内容，并归纳为四大核心模块：国家发展、公平公正、社会责任、科技创新。通过这一体系，引导学生深入理解数字经济对国家现代化进程的推动作用，增强对公平竞争与社会治理的认知，培养企业伦理与个人社会责任感，同时激发对科技创新的关注和探索精神。这样的课程设计不仅帮助学生掌握专业知识，还能塑造他们的家国情怀和社会责任意识，使其在未来的职业发展中具备更强的社会担当和使命感（如图1所示）。

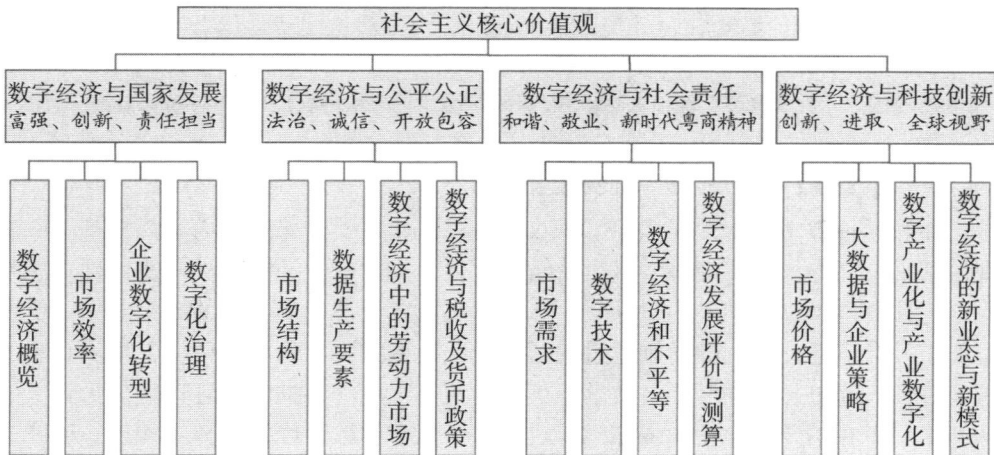

图1 "数字经济"思政模块图

2.思政评价:"三维评价+多主体考核+持续反馈"

在思政效果评价方面,本课程构建了一套立体化评价方案,以"三维评价+多主体考核+持续反馈"为核心,确保评价体系不仅关注学生对知识的掌握程度,还能深入考查其价值认同与实践能力。在传统的过程性评价、结果性评价和实践性评价基础上,创新性地融入思政评价元素,通过多维度考核机制,使思政目标得以具体化、落地化,并实现可衡量性。该方案强调课堂学习、课外实践与价值塑造的有机结合,同时引入教师、同伴及社会等多方主体的共同参与,形成动态的、持续优化的反馈机制,确保学生在学习数字经济知识的过程中,逐步建立社会责任感、增强家国情怀,并具备理论与实践并重的综合能力(如图2所示)。

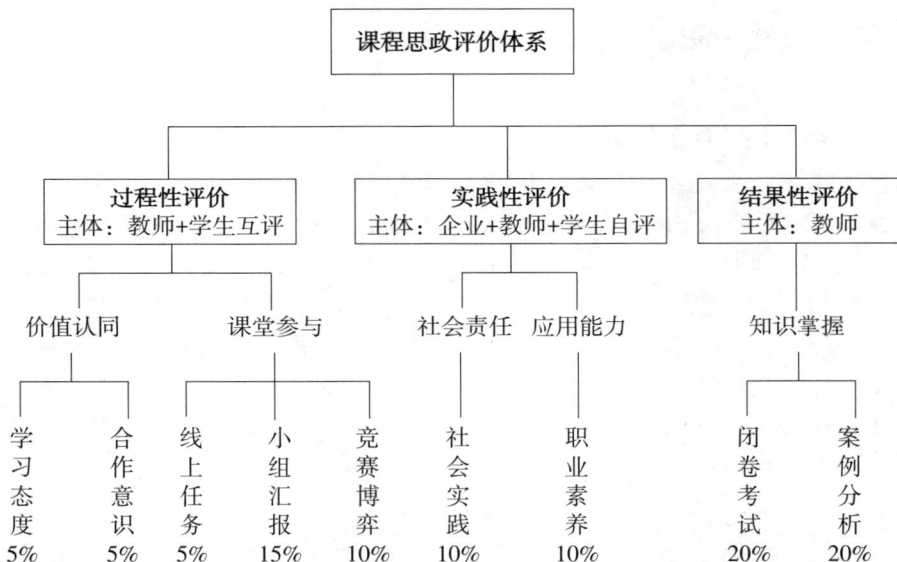

图2 "数字经济"课程思政 "三维评价+多主体考核+持续反馈"评价体系图

3.双重支撑:"思政元素+案例教学"

在教学过程中,本课程构建了"双重支撑"体系,确保思政内容既具备深厚的理论基础,又能与现实经济实践紧密结合,从而提升教学的针对性与实效性。思政元素为课程提供理论指导,引导学生深入理解数字经济发展背后的政策导向、伦理价值与社会责任;案例教学则通过鲜活的实践案例和真实的市场情境,提供直观的现实佐证,通过打造数字经济教学案例库,使学生能够将抽象的理论转化为具体的认知。二者相辅相成,使学生在学习过程中不仅掌握数字经济的核心知识,还能深刻理解其对国家发展、社会公平、科技创新和企业责任的影响,从而在理论认知、价值塑造和实践应用三个层面上形成完整的知识体系，最终培养具有家国情怀和社会担当的高素质人才（见表1）。

表1   "数字经济"课程"思政元素+案例教学"主要代表性案例

思政模块	代表性案例	思政点
国家发展	粤港澳大湾区数字经济发展	讨论区域协同发展如何推动国家富强，增强学生对国家科技发展战略的理解
	中国数字基础设施建设	强调科技基础设施对国家竞争力的作用，引导学生思考数字经济如何优化资源配置，提高社会效率
	美的工业互联网转型	通过制造业的数字化升级，探讨科技创新如何提升企业全球竞争力，推动实体经济发展
	深圳数字政府建设	讨论政府如何通过数字化提升治理能力，提高公共服务水平，增强国家治理现代化
公平公正	阿里、美团反垄断案例	探讨平台经济的垄断问题，强化学生对公平竞争、市场监管与法治社会的认知
	《数据安全法》及个人隐私保护	讨论数据产权归属、数据治理，增强学生的法治意识和信息安全意识
	"零工经济"及外卖骑手权益保障	探讨新业态下劳动者权益保护，增强学生对社会公平与责任的认识
	中国数字税收政策	讨论如何在数字经济中实现公平税收，强调法治与财税公平
社会责任	拼多多"农产品上行"案例	讨论数字经济如何促进乡村振兴，提升学生对社会责任的认知
	"数字鸿沟"问题	探讨科技伦理与企业社会责任，引导学生思考技术如何兼顾商业价值与社会责任
	腾讯"未成年人保护"系统	探讨数字经济如何缩小社会差距，实现共同富裕
	绿色数字经济	强调可持续发展，引导学生思考数字经济如何助力"双碳"目标
科技创新	字节跳动的个性化算法推荐	讨论AI技术如何影响市场价格形成，引导学生思考技术创新与社会责任的关系
	华为5G全球化战略	强调科技自主创新与国际竞争力，培养学生的全球视野
	东莞制造业智能化改造	讨论产业升级与数字技术结合，培养学生的创新思维
	直播电商	探讨新兴商业模式对消费结构的影响，强调创新驱动与市场规范

三、教学实施案例

教学实施案例见表2。

表2　　　　　　　　　　**案例课名称：数字经济中的劳动力市场**

教学内容	本单元将围绕数字经济中的劳动力市场展开讨论，涵盖以下四个方面：第一，数字经济催生的新职业及其理论框架；第二，数字化对劳动需求的影响，包括就业创造效应与就业替代效应；第三，数字经济背景下劳动关系的变化；第四，劳动力市场的典型案例分析。通过这些内容，探讨数字经济如何塑造新的职业形态、影响就业结构，并重塑劳动关系
教学目标	1. 知识目标 （1）理解数字经济背景下新职业产生的理论基础，掌握平台经济、人工智能与自动化技术对就业结构的影响。 （2）深入学习劳动力市场中的创造效应与替代效应，分析数字技术如何推动产业升级和劳动力需求变迁。 （3）比较传统经济与数字经济背景下劳动关系的演变，探讨灵活用工、平台就业等新型劳动模式的特征与挑战。 （4）辨析数字经济背景下劳动者所面临的技能鸿沟、就业不稳定性及劳动权益保障等问题，理解政策调控与社会保障体系的重要性。 2. 能力目标 （1）培养学生的数字思维能力，提升其对数字技术与经济变革的适应性，掌握在数字经济时代必备的数字技能。 （2）运用数字经济理论分析劳动力市场的新变化，尤其是技术进步、平台经济和人工智能对劳动者就业状况的影响。 （3）借助批判性思维和数据分析能力，剖析劳动者困境的成因，并能够提出具有可行性的劳动市场调节和政策优化建议。 3. 素质目标 （1）通过小组讨论、案例分析等合作学习方式，增强团队协作能力、沟通能力和跨学科思考能力。 （2）培养学生在数字经济背景下的自主学习意识、创新精神和终身学习习惯，提升其适应新技术和行业变化的能力。 （3）引导学生树立正确的职业观和社会责任感，认识到数字经济的迅猛发展对劳动者提出的新要求，增强其积极应对挑战、投身数字经济建设的使命感和责任担当
教学内容分析	1. 教学重点 联系实际理解数字经济对劳动力市场的影响，区分就业创造效应和就业替代效应的影响机制。 2. 教学难点 厘清数字经济下劳动关系的变化，运用相关知识分析案例，尝试从政府、行业和公司等角度提出解决方案。 3. 对教学重点、难点的处理 （1）案例驱动，增强现实感知 选取典型案例，如AI自动化对制造业就业的影响、直播电商催生新职业、平台经济下网约车司机与外卖骑手的就业状况，帮助学生理解数字经济对劳动力市场的双重影响。通过国内外数据对比分析创造效应和替代效应的影响机制，使学生能够直观理解二者的作用路径。 （2）数据分析，量化认知 利用统计数据和研究报告引导学生通过数据分析和图表解读掌握创造效应与替代效应的实际影响。结合政府政策分析数字经济如何促进新就业岗位的增长，帮助学生建立系统性认知

教学设计	1.教学设计思路 （1）课前——预习引导与思政渗透 ➤预习材料 《数字经济就业趋势报告》（世界经济论坛） 《平台经济与劳动者权益保障》（政府工作报告） ➤观看视频 《AI与自动化如何改变就业市场？》 "零工经济与传统劳动关系的冲突" ➤课前思政引导

思政模块	问题引导	思考方向
国家发展	数字经济如何推动新就业形态	数字技术如何创造高质量就业？哪些行业受益
公平公正	灵活就业是否真的"自由"	平台经济中的劳动者权益如何保障
社会责任	企业在就业创造中应扮演什么角色	美团、滴滴等企业如何平衡盈利与劳动者权益
科技创新	AI、自动化会导致大规模失业吗	未来哪些职业将被替代？哪些职业将崛起

➤课前任务
思考题（小组分享）：
•你认为未来10年，哪些传统工作将被数字技术取代？哪些新职业将崛起？
•你如何看待"零工经济"？它是更自由还是更不稳定的就业形态？
（2）课中——知识讲授、案例分析与互动讨论
➤知识讲授（60分钟）

教学内容	思政元素融入	案例分析
数字经济下的新职业	科技创新：如何利用数字技术创造新就业机会	AI数据标注员、直播电商、自动驾驶工程师
数字化的劳动需求	国家发展：数字经济如何推动产业升级	华为5G发展如何带动新兴职业增长
数字经济下劳动关系的变化	公平公正：零工经济的优劣势分析	美团骑手、滴滴司机的就业现状
劳动者权益与政策应对	社会责任：企业如何平衡盈利与员工权益？	《平台经济劳动者权益保障政策》解读

➤互动讨论（20分钟）
主题1："零工经济是促进就业还是加剧不稳定就业？"
学生分组进行辩论，一组支持零工经济创造就业机会，另一组批评其带来的不稳定性。

教学设计	主题2："AI与自动化如何影响未来就业？" 结合实际案例（ChatGPT、工业机器人），探讨技术创新如何影响就业结构。 （3）课后——拓展实践与深度思考 ➤拓展任务 采访零工经济从业者（如外卖骑手、网约车司机），了解其真实就业体验，并撰写一篇简短的调研报告。并思考：企业是否有责任保障平台经济劳动者的权益？政府应如何监管？ ➤课后阅读 •书籍：《数字劳动：自由与牢笼》 •政策文件：《关于促进平台经济规范健康发展的指导意见》 2.教学方法 启发式教学、讲授法、小组讨论、案例教学、任务驱动式教学
教学实施	3.教学活动流程 【课前线上】 分小组查找资料结合线上教学的资料（材料一：《数字经济就业趋势报告》；材料二：《平台经济与劳动者权益保障》），线上分享小组思考结果。通过该教学活动培养学生的自主学习能力和团队合作精神，同时为教学难点的讲授做铺垫。 【导入新课】 通过数字经济时代就业形态的变迁，揭示技术进步如何重塑劳动力市场。如今，一台电脑或一部手机即可成为工作的主要工具，远程办公、自由职业、平台就业等新型就业模式层出不穷，许多曾经被视为"不务正业"的职业，如短视频创作者、电竞选手、网络营销师等，已逐渐成为社会认可的新职业。数字经济正以前所未有的速度改变传统的就业格局。讨论在数字经济的推动下，你观察到哪些新兴职业？这些职业为何能够快速崛起？它们给传统就业模式带来了哪些冲击？ 随后，展示一组数据或案例，直观呈现新职业崛起的趋势及其对传统行业就业形态的影响。进一步设问：数字经济创造了大量新职业，同时也带来了新的挑战，如岗位技能需求变化快、平台劳动者权益保障等。这种就业模式的转变对未来的劳动力市场意味着什么？我们该如何适应这一变革？ 通过问题引导，激发学生的好奇心和思考力，让他们主动探讨数字经济背景下的就业形态变迁，进而自然引出本章节主题——"数字经济中的劳动力市场"，为接下来的深入学习做好铺垫。 【新知探究】 第一步：问题引导——什么是就业？ 通过设问引导学生思考：到底什么是就业？拥有一份工作就意味着就业吗？在数字经济时代，外卖骑手、网络主播、自由职业者，这些属于正式就业吗？数字经济如何重新定义"就业"？"灵活就业"与传统就业的区别是什么？让学生思考并自主构建知识，提高他们对数字经济就业形态的认知，同时激发兴趣，为接下来的内容奠定思维基础。 第二步：案例探究——数字经济中的就业场景

续表

教学实施	通过三幅图片展示现实生活中的不同就业场景，鼓励学生分析数字经济如何创造新型就业形态：AI标注员：依靠人工训练AI模型的临时工；直播电商：通过短视频和直播带货实现就业的人；外卖骑手/网约车司机：基于平台经济的灵活就业模式。设置两个进阶思考问题，引导学生展开互动讨论：这些新就业形态有哪些优势？存在哪些问题？在政府治理中，数字经济创造的哪些就业形式是重点支持的？哪些是治理难点？通过思辨互动，学生能更加深入理解数字经济带来的就业挑战与机遇，并在探究过程中建立学习的愉悦感和成就感。 第三步：经济学视角分析就业变革 从现象回归到经济学本质，通过讲授法进一步探究经济学家如何看待数字经济对就业市场的影响。古典学派就业理论：市场自由调节，失业是短期现象，数字经济自带创造就业的能力。凯恩斯主义就业理论：政府干预至关重要，需要制定积极的就业政策以应对自动化导致的结构性失业。创新与破坏理论（熊彼特）：科技创新既会创造就业，也会淘汰旧岗位，关键在于劳动力市场的适应性。通过动态图表展示数字经济如何影响就业结构，例如：传统行业的岗位减少vs新兴行业的岗位增长；AI和自动化对不同技能层级岗位的替代效应；平台经济如何打破传统就业模式，提高就业弹性；帮助学生理解经济理论背后的就业规律，使其消除对抽象理论的恐惧，真正掌握数字经济对劳动力市场的深层次影响。 【学以致用】 第一步：失业的社会影响——数字经济的挑战 引入"零工经济"从业者的访谈视频，让学生直观感受平台经济带来的就业灵活性，同时也可能导致收入不稳定、缺乏劳动保障等问题。同时，引入美国经济学家约瑟夫·斯蒂格利茨的观点："技术进步不能以牺牲社会公平为代价"，引导学生思考：数字经济对就业市场的冲击和不稳定性是否加剧了社会不平等？政府和企业在保护劳动者权益方面应该发挥什么作用？ 第二步：政府治理与政策分析 在课堂展示我国政府对数字经济就业的政策支持："互联网+就业"行动：如何鼓励年轻人进入数字化行业？政府如何监管平台经济？如何保障灵活就业者的社保、劳动权益？当前的就业数据是否反映了数字经济的积极影响？学生通过小组讨论和案例研究，深入分析政府如何在促进创新和保障社会公平之间寻找平衡点，同时培养对国家就业政策的认同感和社会责任感。 第三步：数据分析与就业趋势 展示中国新增就业岗位数据，例如：2023年数字经济行业的就业增长情况。对比国际数据，如欧美国家的"远程办公模式"，东南亚国家的"跨境电商就业趋势"，培养学生的国际视野。让学生通过数据看见中国就业市场的韧性，增强民族自豪感和职业信心。 【热点研讨】 在宏观就业问题探讨的基础上，进一步深入分析大学生就业市场的挑战与应对策略： 第一步，当前大学生就业形势分析 播放2023年大学生就业市场的短视频，结合当前大学生失业率、热门行业就业情况，让学生全面了解就业现状；展示大学生就业市场景气指数走势图，分析哪些行业需求旺盛，哪些行业就业饱和。全球视角对比，如欧美、日本等国家的青年失业率问题，引导学生思考：为什么年轻人失业率普遍较高？不同国家该如何应对？中国的应对措施是否有效？

续表

教学实施	第二步：如何破解"大学生就业难"和"民工荒"并存的问题？ 互动式教学：提出开放性问题，引导学生小组探讨并发表观点：为什么大学生就业难？是学历通胀，还是供需匹配问题？为什么制造业"招工难"，但大学生却找不到合适的工作？数字经济能否弥合这一矛盾？哪些新兴岗位适合大学生？ 第三步：实践任务 组织"大学生就业市场调查"，鼓励学生进行小组调研，并设计创新创业方案，例如：如何利用数字经济平台降低大学生的就业门槛？如何运用AI技术提升就业技能匹配？如何鼓励大学生投身乡村振兴、数字农业等领域？培养学生用数字经济思维解决现实问题的能力，同时树立经世济民的社会责任感。 【知识拓新】 布置课后研讨任务，引导学生深入思考"数字经济是否会带来新一轮失业潮？"线上阅读材料：《"AI+"时代，哪些职业最容易被替代？》。开放式讨论：未来哪些行业可能因数字化转型而消失？哪些岗位是"AI无法替代"的？新时代的大学生应该如何提升自身就业竞争力？引导学生在学习社区或讨论区分享他们的思考与观点，培养他们主动探索和研究的能力，并形成终身学习的意识
教学创新	1.教学素材时代化 紧跟数字经济对就业市场的影响，将最新的灵活就业数据、大学生就业趋势、人工智能对传统岗位的冲击、政府最新就业保障政策等内容融入教学。通过分析直播电商、外卖骑手、AI生成内容（AIGC）对就业结构的影响，帮助学生理解数字经济如何创造新职业、改变劳动模式、挑战传统就业体系。同时，结合大学生就业难事件、35岁职场焦虑、零工经济不稳定性等热点话题，引导学生厚植家国情怀，增强道路自信，树立理性职业规划意识，提高就业竞争力。 2.教学手段信息化 充分利用数字化教学资源，通过大数据可视化、多媒体动画等技术，使学生更直观地理解数字经济如何影响劳动力市场。方便学生随时随地学习和互动，也方便教师对学生进行定期反馈和评估。 3.教学方式互动化 采用"问题驱动+案例分析"的方式，使学生从被动接受知识转变为主动思考，提高经济学逻辑分析能力
教学评价	本节课围绕"数字经济中的劳动力市场"展开，系统讲解了数字经济如何创造新职业、影响劳动需求，并改变劳动关系。课堂上，学生对数字经济的就业创造效应与就业替代效应表现出较浓的兴趣，积极参与案例讨论，如平台经济对灵活就业的影响、外卖骑手的劳动权益保护问题等。多数学生能够结合社会主义核心价值观中的公平、公正理念，分析新业态对传统劳动力市场的冲击，并思考政府和企业应如何优化劳动政策，以促进社会稳定与共同富裕。此外，关于粤港澳大湾区如何利用数字经济优化就业结构的讨论，帮助学生增强区域发展与社会责任的认知。整体来看，本节课达到了预期教学目标，学生的批判性思维和社会责任感得到了较好的培养
教学反思	本节课在讲解数字经济对劳动力市场的影响时，较好地融入了思政元素，引导学生从社会公平、劳动者权益、科技进步与社会责任的角度思考问题。然而，在探讨数字经济带来的就业不平等与数字鸿沟问题时，部分学生仍停留在现象描述层面，未能深入剖析如何通过政策、技术创新和企业责任来缓解数字经济带来的结构性就业挑战。在未来的教学中，可以增加数据分析环节，如展示数字经济对就业影响的统计数据，让学生以更具逻辑性和数据支持的方式分析问题。此外，可以邀请企业嘉宾或一线从业者参与课堂讨论，如数字平台企业的人力资源经理或灵活就业者，增强学生对数字经济就业环境的真实感知，进一步深化其对社会责任与职业伦理的理解

编写人："数字经济"课程教学团队

"国际贸易综合技能实训"课程思政案例
——以"四种贸易模式"教学单元为例

一、课程简介

　　"国际贸易流程综合实训"课程依托 POCIB（Practice for Operational Competence in International Business）开展，这是中国国际贸易学会联合国际贸易杂志社与世格软件共同推出的互联网培训证书课程，在国际贸易从业技能综合实训领域具有重要地位。该课程以《年国际贸易术语解释通则2020》《跟单信用证统一惯例》《联合国国际货物销售合同公约》《中华人民共和国海关法》以及国际货物运输、货物运输保险等国际通行惯例与规则为依据，精心搭建了一个逼真的动态市场环境。

　　课程内容全面覆盖国际贸易实务的各个关键环节，从最初的寻找业务机会，到交易磋商、签订合同，再到后续的合同履行，形成了完整的业务链条。每位学习者在加入课程后，都将化身为一个独立核算的进出口企业，置身于接近真实的业务操作场景中。通过不断实践，学生能够充分掌握各类业务技巧，深度熟悉并体会客户、工厂、银行和政府机构之间复杂且紧密的互动关系，切实理解国际贸易中物流、资金流和业务流的实际运作方式。

　　借助反复进行的仿真交易，学生如同在真实的商业战场中摸爬滚打，积累丰富的业务操作经验。通过对交易过程中成功与失败案例的分析总结，以及面对各种变化情况的应对处理，强化记忆与认知，最终实现全面提升国际贸易从业技能的目标。

　　此课程作为一门体验式综合课程，在国际经济与贸易本科人才培养方案中安排在第六学期开启。这一设置使学生能够在相对集中的时间内，全方位体验国际贸易企业的实际运作流程，对国际贸易相关工作形成系统性的认识，熟练掌握关键工作技能。同时，有助于学生将之前所学的国际贸易理论知识与实践相结合，加深感性认识，提前熟悉未来的就业环境，做好充分的技能前置准备。

二、课程目标

（一）知识与技能目标

1.贸易流程与法规

学生应系统且深入地掌握国际贸易从初始磋商到最终完成交易的整套流程，熟悉国内外相关贸易政策法规的具体条款与适用范围，精准把握各类贸易术语在不同场景下的应用差异，为实际业务操作奠定坚实的理论基础。

2.专业技能运用

熟练运用外贸函电的专业语言规范，根据不同业务场景撰写恰当、准确的商务信函；能够依据贸易合同要求，熟练且准确地制作各类贸易单证，如商业发票、提单、装箱单等，确保单证与实际业务的一致性和合规性。

3.工具与数据分析

熟练操作贸易相关软件，如外贸单证制作软件、贸易数据分析软件等；能够运用数据分析工具，对国际市场数据进行收集、整理与分析，从数据中洞察市场趋势、识别潜在风险，为贸易决策提供有力的数据支持。

（二）能力目标

1.贸易运作洞察能力

学生能够清晰辨别不同贸易方式下，国际贸易物流、资金流和业务流的具体运作方式，准确把握各环节的特点与差异。

2.逻辑思维养成能力

培养学生形成单证相符、三流合一的严谨逻辑思维，确保在复杂的贸易业务中，各项单据与实际业务流程紧密契合，物流、资金流和业务流协同运作。

3.理论实践转化能力

学生能够将已学的国际贸易理论知识灵活运用到广泛的实际经济活动中，精准分析并有效解决实际问题，实现理论与实践的有机结合。

4.软件操作应用能力

熟练掌握 POCIB 软件的操作技巧，能够利用该软件与其他参与者进行高效的业务互动，适应数字化时代国际贸易的操作要求。

5.独立实操与分析能力

具备独立动手操作贸易业务各环节的能力，并能对实际操作过程中出现的问题进行深入分析，提出切实可行的解决方案。

（三）思政目标（如图1所示）

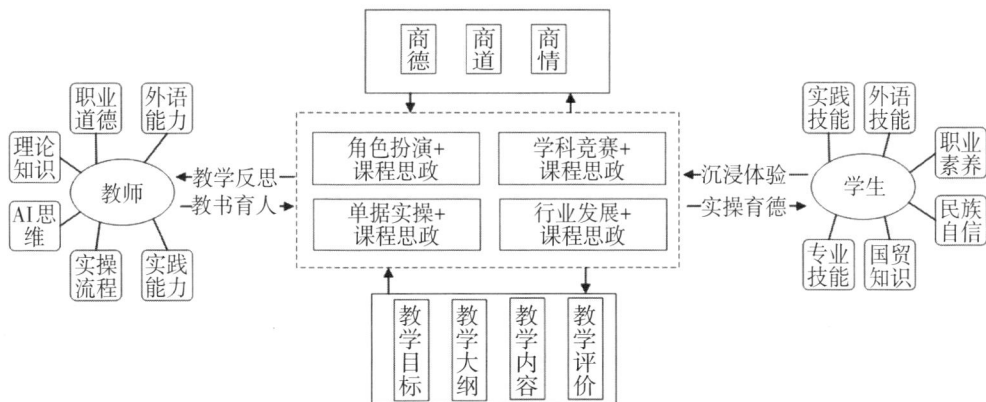

图1　"国际贸易综合技能实训"思政融入教学实践路线图

1.激发爱国情怀与民族自豪感

通过学习不同国家的业务技巧，深入了解各国国情，引导学生对比我国在国际贸易中的发展成就与特色优势，从而激发学生内心深处的爱国情怀和民族自豪感，使其深刻认识到自身在推动国际贸易发展中的责任与使命。

2.培养严谨细致的工作作风

强调在单证资料填写、业务流程操作等各个环节，都必须秉持实事求是的态度，坚决杜绝弄虚作假。通过反复训练与严格要求，让学生养成耐心细致、一丝不苟的工作作风，深刻认识到国际贸易工作的严谨性和重要性，为未来职业生涯奠定坚实的职业素养基础。

3.提升沟通协作与责任担当能力

注重培养学生独立思考的能力，使其在面对复杂的国际贸易问题时能够理性分析、科学决策。同时，强调团队协作和沟通交流的重要性，让学生在模拟的业务场景中，学会与不同角色有效沟通、密切协作，共同解决问题。鼓励学生勇于承担责任，在团队合作中充分发挥自身优势，为实现共同目标贡献力量。

4.培养科学的思维与决策能力

引导学生在学习和实践过程中，坚持用科学的方法和结论指导实际工作。面对国际贸易中的各种变化和挑战，能够运用科学的思维方式进行分析和判断，不盲目跟从，不主观臆断，从而做出合理、科学的决策，提升应对复杂多变的国际市场环境的能力。

三、教学设计

（一）教学内容思政元素挖掘

1.T/T+FCA+空运搭配的贸易模式

聚焦如何在外贸业务中巧妙运用T/T准确传达报价，并运用推销技巧吸引客户兴趣。引导学生认识到在复杂多变的国际市场环境中，精准把握贸易工具和营销技巧的重要性，培养学生用联系的眼光看待外贸业务中的各个环节，理解不同操作之间的逻辑关系。

2.D/A+CIF+海运搭配的贸易模式

关注在该贸易模式下如何巧妙运用托收D/A准确传达报价及吸引客户兴趣。通过分析托收D/A结算方式的优缺点，培养学生辩证看待问题的思维方式，认识到任何事物都具有两面性，在国际贸易业务中需要权衡利弊，做出合理决策。

3.D/P+CIP+空运搭配的贸易模式

着重强调在这种贸易模式下各种单据传递、审查、填写的重要性。单据处理工作直接关系到贸易的顺利进行和各方利益，通过此环节培养学生诚实守信、严谨细致的工作作风，使学生明白在国际贸易工作中，每一个细节都至关重要，必须秉持高度的责任心和职业道德。

4.L/C+FOB+海运搭配的贸易模式

思考如何巧妙运用信用证及 FOB 与海运搭配的方式吸引客户兴趣。通过对比不同贸易模式的区别，引导学生深入研究现实问题，培养学生反思和复盘的能力，避免在实际业务中浮于表面，使他们能够深入剖析问题本质，做出科学合理的决策。

（二）教学方法创新设计

1.案例教学法

针对每个贸易模式，收集丰富且具有代表性的实际案例。例如，在讲解 T/T 及 FCA 与空运搭配的贸易模式时，选取成功运用 T/T 策略吸引客户并达成交易的案例，以及因 T/T 使用不当导致业务失败的案例。在课堂上，引导学生对案例进行深入剖析，分析其中涉及的贸易工具运用、营销技巧以及思政要点。通过案例分析，让学生更加直观地理解知识和思政要点，提高学生运用所学知识解决实际问题的能力。

2.小组协作学习法

将学生分成小组进行 POCIB 实训操作。在小组活动中，模拟真实的企业团队分工，明确各成员职责。在不同贸易模式的操作中，成员间需要协作完成业务流程，如在 D/P 及 CIP 与空运搭配的贸易模式操作中，有的学生负责单据传递，有的学生负责审查，有的学生负责填写，通过协作让学生体会各环节的关联性以及自身责任的重要性，培养学生的团队合作精神和沟通能力。教师在小组活动过程中进行巡视指导，及时纠正学生在业务操作和团队协作中出现的问题。

3.情境模拟教学法

创设多样化的国际贸易情境，如贸易谈判、应对贸易纠纷等。针对不同贸易模式设置特定情境，如在模拟 L/C 及 FOB 与海运搭配的贸易模式情境中，设置客户对信用证条款提出异议等问题，让学生在模拟情境中扮演不同角色，亲身体验国际贸易中的各种场景和问题。通过这种方式，培养学生的应变能力和解决实际问题的能力，同时引导学生在情境中践行正确的价值观和职业操守。

4.线上线下混合教学法强化

利用线上平台开展线上讨论、答疑、测试等活动，及时了解学生的学习情况和思想动态。线下课堂则更加注重实践操作、案例讨论和互动交流，针对线上学习中学生存在的问题进行重点讲解和深入探讨，实现线上线下教学的有机融合，提高教学效果。

四、教学实施

（一）课程导入环节

1.展示行业全景与课程意义

课程开始，通过播放一段展示全球国际贸易繁荣景象的视频，包括繁忙的港口、跨国的贸易往来数据等，让学生直观感受国际贸易的重要性和广阔前景。随后，详细介绍 POCIB 课程平台以及本课程在国际贸易人才培养中的关键作用，强调课程对于提升学生实践能力和职业素养的重要意义，激发学生的学习兴趣和积极性。

2.明确课程目标与思政要点

结合视频内容，向学生清晰阐述本课程的知识、能力和思政目标。通过提问、讨论等方式，引导学生思考在未来的国际贸易工作中，如何将专业知识与思政素养相结合，为国际贸易事业贡献力量，从而自然地引入课程主题。

（二）知识讲解与技能训练环节

1.教学内容 1：T/T 及 FCA 与空运搭配的贸易模式

（1）教学内容实施

教师首先结合 FCA 术语下买卖双方的责任划分，以及空运方式的特点和适用范围，详细讲解 T/T 的分类、特点及在国际贸易中的应用场景。通过实际案例，展示在这种贸易模式下如何准确传达报价，运用推销技巧吸引客户兴趣。例如，分析某企业在开拓国际市场时，针对不同客户群体，采用不同的 T/T 付款方式和个性化推销策略，成功吸引客户并达成合作。

（2）思政融入与教学方法

采用案例教学和实践操作相结合的方式。在案例分析中，引导学生思考 T/T 使用与吸引客户之间的联系，以及如何根据市场情况和客户需求做出合理决策。然后安排学生在 POCIB 系统中进行实践操作，模拟与客户沟通、报价、协商付款方式等环节，亲身体验 T/T 及 FCA 与空运搭配的贸易模式。

（3）预期成效达成

在实践操作过程中，教师观察学生是否能够运用所学知识，用联系的眼光看待问题，合理运用 T/T 和推销技巧。通过课堂讨论和学生分享实践经验，了解学生对贸易模式各环节逻辑关系的理解，确保学生学会用联系的眼光去看待问题，了解事物之间的逻辑性关系。

2.教学内容 2：D/A 及 CIF 与海运搭配的贸易模式

（1）教学内容实施

深入讲解托收 D/A 的概念、操作流程以及在实际业务中的应用。详细分析 CIF 术语下贸易双方的权利和义务，以及海运运输方式的特点和注意事项。结合实际案例，探讨在该贸易模式下如何准确传达报价并吸引客户兴趣。例如，分析某企业在采用 D/A 结算方式时，如何通过合理的报价策略和优质的产品推销，成功与客户建立长期合作关系，同时也分析因 D/A 结算风险把控不当导致的损失案例。

（2）思政融入与教学方法

通过案例教学和实践操作的方式，引导学生分析托收 D/A 结算的优缺点。在案例分析中，组织学生讨论在不同情况下如何权衡 D/A 结算的利弊，培养学生的辩证思维。在 POCIB 系统实践操作中，让学生模拟托收 D/A 结算流程，体验其中的风险与机遇。

（3）预期成效达成

在实践操作和案例讨论后，组织学生进行总结反思，观察学生是否能够从辩证的角度分析问题，认识到任何事物都有两面性。通过课堂提问和学生撰写分析报告等方式，检验学生是否学会用辩证的思维方式去看待问题。

3.教学内容 3：D/P 及 CIP 与空运搭配的贸易模式

（1）教学内容实施

全面介绍托收 D/P 的流程、CIP 术语下贸易双方的权责，以及空运运输过程中涉及的单据类型、传递流程、审查要点和填写规范。结合实际案例，如因单据填写错误导致货物滞留或交易失败的案例，强调单据处理工作的重要性。

（2）思政融入与教学方法

运用案例教学和实践操作相结合的方式。在案例分析中，引导学生认识到诚实守信、严谨细致在单据处理工作中的关键作用。在 POCIB 系统实践操作中，安排学生进行单据的传递、审查和填写练习，教师实时监督并纠正学生的错误，培养学生严谨的工作态度。

（3）预期成效达成

通过实践操作和案例学习，检查学生对不同单据之间关系的理解和掌握程度。观察学生在单据处理过程中的表现，是否养成诚实守信、严谨细致的职业操守，通过对学生提交的单据作业和实践操作记录进行评价，确保学生养成良好的职业操守。

4.教学内容4：L/C 及 FOB 与海运搭配的贸易模式

（1）教学内容实施

详细讲解信用证的种类、运作流程，特别是 L/C 及 FOB 与海运搭配的贸易模式下的操作要点。结合实际案例，分析如何运用这种贸易模式吸引客户兴趣，如通过优化信用证条款、提供优质的海运服务等方式。同时，对比信用证及 CFR 与海运搭配的贸易模式，分析两者之间的区别。

（2）思政融入与教学方法

采用案例教学和实践操作的方式。在案例分析中，引导学生思考不同贸易模式的优缺点，以及如何根据客户需求和市场情况选择合适的贸易模式。在 POCIB 系统实践操作中，让学生分别模拟信用证及 FOB 与海运搭配、信用证及 CFR 与海运搭配的贸易模式，对比操作过程中的差异。

（3）预期成效达成

在实践操作结束后，组织学生进行复盘和总结，引导学生反思不同贸易模式选择的依据和效果。通过课堂讨论和学生撰写反思报告等方式，检验学生是否提升了反思和复盘的能力，是否能够深入研究现实问题，不浮于表面。

（三）课堂总结与拓展环节

1.课堂总结强化要点

在每节课结束时，教师对本节课的教学内容进行全面总结，回顾各贸易模式下的关键知识点、操作技能以及思政要点。强调不同贸易模式下思政目标的达成情况，如在 T/T 及 FCA 与空运搭配的贸易模式中，学生是否学会用联系的眼光看待问题；在 D/A 及 CIF 与海运搭配的贸易模式中，学生是否掌握辩证思维等。对学生的优秀表现给予表扬和鼓励，同时指出存在的不足之处，提出改进的方向和建议。

2.课后拓展延伸学习

布置课后拓展任务，要求学生通过查阅相关资料、关注行业新闻等方式，了解国际贸易领域的最新动态和热点问题，如全球贸易政策变化对不同贸易模式的影响。鼓励学生针对这些问题进行深入思考，分析其对所学贸易模式的影响，并撰写心得体会。通过这种方式，拓宽学生的知识面，培养学生的自主学习能力和对行业发展的敏感度，同时引导学生将思政素质融入对行业问题的思考中，进一步强化课程思政教育效果。

五、教学评价

（一）评价指标体系构建

1. 知识掌握（30%）

（1）贸易模式知识（15%）

考查学生对不同贸易模式（T/T+FCA+空运、D/A+CIF+海运、D/P+CIP+空运、L/C+FOB+海运）下业务流程、术语权责、支付方式等知识的掌握程度。通过课堂提问、作业、测验等方式进行评价，如要求学生准确阐述某一贸易模式下买卖双方的主要责任。

（2）单据填写知识（15%）

评估学生对各类单据（如T/T、D/A、D/P、L/C相关单据）填写规范和要求的熟悉程度。通过实际单据填制作业和考核，检查学生对单据各栏目内容的理解和填写准确性，如能否正确填写信用证项下的提单内容。

2. 能力提升（40%）

（1）沟通协调能力（10%）

观察学生在小组项目操作过程中的沟通表现，包括与小组成员、教师以及模拟交易对手的沟通效果。评价学生是否能够清晰表达自己的观点，倾听他人意见，协调各方资源，解决团队协作中的问题，如在小组讨论贸易方案时，能否有效组织语言，提出合理建议，并协调不同意见。

（2）业务操作能力（15%）

根据学生在POCIB系统中对不同贸易模式的操作熟练度和准确性进行评价。考查学生能否按照正确的流程完成各项业务操作，如在规定时间内准确完成一笔托收业务的全流程操作，包括单据填写、提交以及与各部门的交互。

（3）问题解决能力（15%）

通过设置实际问题情境或分析实际案例，考查学生运用所学知识解决实际问题的能力。观察学生能否准确分析问题的本质，提出合理有效的解决方案，如针对贸易过程中出现的单证不符问题，能否提出恰当的解决措施。

3.思政素质（30%）

（1）思维方式培养（10%）

根据学生在课堂讨论、作业、项目实践中的表现，评价学生是否学会用联系、辩证的思维方式看待问题。例如，在分析贸易案例时，能否从多个角度思考问题，分析不同因素之间的关系，以及能否客观看待事物的优缺点。

（2）职业道德（10%）

通过观察学生在单证填写、业务操作过程中的态度和行为，评价其是否具备诚实守信、严谨细致的职业道德。考查学生在面对利益诱惑或困难时，是否能够坚守职业道德底线，如在填写单据时是否如实反映业务情况，不弄虚作假。

（3）反思与钻研能力（10%）

通过学生在课程总结、反思报告等方面的表现，评价其是否具有反思和复盘的能力，以及能否深入研究现实问题。考查学生是否能够对自己的学习和实践过程进行总结反思，提出改进措施，以及在分析贸易问题时，能否深入挖掘问题本质，不浮于表面。

（二）评价方式多样化

1.过程性评价

教师在教学过程中密切关注学生的学习表现，包括出勤情况、课堂参与度、小组讨论表现、POCIB 系统操作记录等。定期检查学生的作业完成情况，对学生在各项目实训中的操作步骤、单据填写质量、问题解决思路等进行详细记录和评价。通过课堂提问、小组汇报等方式，及时了解学生对知识的掌握程度和能力提升情况，给予实时反馈和指导。例如，在学生进行 POCIB 操作时，教师巡视观察学生的操作流程是否正确，及时纠正错误，并记录学生的操作熟练程度和遇到问题时的应对方式。

2.终结性评价

在课程结束时，通过期末考试和综合项目考核对学生进行全面评价。期末考试采用闭卷形式，涵盖不同贸易模式的知识、单据填写规范、业务流程分析等内容，全面考查学生对课程知识的掌握程度。综合项目考核要求学生以小组为单位完成一个综合性的国际贸易模拟项目，包括多种贸易模式的应用、从业务洽谈至合同履行的全流程操作等。根据项目完成质量、团队协作表现以及学生在项目中的个人贡献进行评价，全面评估学生的综合能力和素质水平。

3.学生自评与互评

在每个项目或阶段学习结束后，组织学生进行自评和互评。学生在自评时，要对自己在知识掌握、能力提升、思政素质培养等方面的表现进行全面总结和反思，明确自己的优点和不足，制订个人改进计划。学生互评以小组为单位进行，对组内成员在团队协作、沟通能力、任务完成情况、职业道德表现等方面进行评价。通过学生自评与互评，培养学生的自我认知能力和团队协作意识，促进学生之间的相互学习和共同进步，同时为教师提供更全面、多元的评价视角。教师对学生的自评和互评结果进行总结和分析，结合自己在教学过程中的观察和评价，对每个学生形成全面、客观的评价结论，并将评价结果反馈给学生，帮助学生更好地了解自己的学习情况，明确努力方向。

六、教学反思

（一）成功之处

1.思政教育与专业教学深度融合

通过将特定的思政元素精准融入各贸易模式的教学内容，学生不仅对专业知识有了更深入的理解，还在潜移默化中接受了思政教育。例如，在 T/T 及 FCA 与空运搭配的贸易模式教学中，学生通过实际案例和操作，深刻体会到用联系的眼光看待问题的重要性，明白了贸易环节之间的紧密逻辑关系。在 D/A 及 CIF 与海运搭配的贸易模式学习中，学生通过对托收 D/A 结算利弊的分析，切实掌握了辩证思维方式，这种深度融合有效提升了学生的综合素养。

2.多样化教学方法激发学生积极性

案例教学法、小组协作学习法和情境模拟教学法的综合运用，显著激发了学生的学习兴趣和参与热情。案例教学让学生从真实案例中感受国际贸易的复杂性和魅力，小组协作学习培养了学生的团队合作精神和沟通能力，情境模拟教学使学生在亲身体验中增强了应对实际问题的能力。学生在课堂上积极主动，踊跃参与讨论和实践操作，形成了良好的学习氛围，更加主动地探索和学习国际贸易知识与技能。

3.全面评价体系有效反馈学习效果

构建的多元化评价体系从知识掌握、能力提升和思政素质等多个维度对学生进行评价，通过过程性评价、终结性评价以及学生自评与互评相结合的方式，全面、客观地反映了学生的学习情况。过程性评价能够及时捕捉学生在学习过程中的问题和进步，为教师调整教学策略提供依据；终结性评价对学生的整体学习成果进行综合考量；学生自评与互评则促进了学生的自我反思和相互学习。教师能够依据评价结果准确把握学生的学习效果，为后续教学改进提供有力支持。

（二）不足之处

1.思政元素融入的深度和精准度仍需提升

尽管思政元素已融入教学内容，但部分融入点还可进一步深化。例如，在某些贸易模式的思政教育中，学生虽能理解相关思维方式或职业道德要求，但在实际业务场景中灵活运用的能力还有待提高。此外，在思政元素与专业知识的结合上，个别情况下还存在表面化现象，未能完全挖掘出两者之间深层次的联系，导致思政教育的效果未能达到最佳状态。

2.学生个体差异在教学中关注不足

由于学生人数较多，学生个体在知识基础、学习能力和兴趣爱好等方面存在较大差异。在教学过程中，部分基础薄弱或学习积极性不高的学生在小组协作和实践操作中参与度较低。教师在分组和任务分配时，虽考虑了一定的均衡性，但仍未能充分满足每个学生的学习需求。同时，对于学习能力较强的学生，提供的拓展性学习资源和挑战性任务相对有限，未能充分发挥他们的潜力。

3.教学资源的时效性和丰富性有待加强

国际贸易领域的发展日新月异，政策法规、贸易模式和技术应用等方面不断更新。虽然本课程依托 POCIB 平台进行教学，但部分教学资源，如案例库、参考资料等，未能及时跟上行业发展的步伐，存在一定的滞后性。此外，教学资源的形式较为单一，主要以文字资料和简单的操作演示为主，缺乏多样化的资源形式，如动画、视频、虚拟仿真等，难以满足学生多样化的学习需求，影响了学生的学习体验和效果。

（三）改进措施

1.深化思政元素与专业知识的融合

深入研究各贸易模式下专业知识与思政元素的内在联系，挖掘更具深度和广度的结合点。例如，在讲解 L/C 及 FOB 与海运搭配的贸易模式时，不仅要引导学生比较不同贸易模式的区别，还可结合国际政治经济形势，分析我国企业在这种贸易模式下面临的机遇和挑战，培养学生的家国情怀和全球视野。通过设计更具针对性的教学活动和案例，让学生在实践中深化对思政元素的理解和运用，使思政教育真正内化为学生的职业素养和行为准则。

2.关注学生个体差异，实施分层教学

在本课程开始前，通过问卷调查、测试等方式全面了解学生的知识基础、学习能力和兴趣爱好等情况。根据学生的个体差异进行合理分层和分组，确保每个小组内学生的能力水平相对均衡，同时考虑学生的性格特点和兴趣爱好，实现优势互补。针对不同层次的学生制定个性化的教学目标和任务，为基础薄弱的学生提供更多的基础知识讲解和操作指导，帮助他们逐步掌握课程内容；为学习能力较强的学生提供具有挑战性的拓展任务，如参与行业前沿课题研究、撰写深度分析报告等，充分发挥他们的潜力。加强对学生的个别辅导，及时了解学生在学习过程中遇到的困难和问题，给予针对性的指导和帮助，确保每个学生都能在原有基础上取得进步。

3.及时更新和丰富教学资源

建立教学资源定期更新机制，密切关注国际贸易领域的最新动态，包括政策法规的调整、贸易模式的创新、技术应用的突破等，及时将相关内容融入教学资源中。加强与行业企业的合作与交流，获取最新的实际案例和行业数据，丰富案例库资源。同时，充分利用现代信息技术，拓展教学资源的形式，开发多样化的教学资源，如制作生动形象的动画视频讲解贸易术语、利用虚拟仿真技术模拟国际贸易场景等，以满足学生多样化的学习需求，提高学生的学习兴趣和效果。此外，鼓励学生参与教学资源建设，引导学生收集和分享与国际贸易相关的资料和信息，形成师生共同参与、共建共享的教学资源建设模式。

通过对"国际贸易流程综合实训"课程思政教学的深入反思与持续改进，不断优化教学过程，提高教学质量，使课程思政教育真正落地生根，为培养具有扎实专业知识、较强实践能力、高尚思政素养的高素质国际贸易人才奠定坚实基础。

编写人："国际贸易综合技能实训"课程教学团队

"商务谈判"课程思政案例

——以"制定谈判计划书"教学单元为例

一、课程简介

（一）课程开设的目的和意义

"商务谈判"是国际经济与贸易本科专业的核心课程之一，旨在培养高素质国际经济与贸易应用型人才所应具备的商务谈判的能力，通过本门课程的教学，使学生掌握商务谈判的基本原理和实务，了解和掌握商务谈判的程序、内容、伦理、过程及礼仪，并通过案例分析与讨论使学生具有一定运用商务谈判策略及技巧的能力，帮助学生树立正确的商务谈判意识，提升学生的人文素质修养。

（二）课程主要内容

以商务谈判基本原则及规范为出发点，着重分析商务活动中各种谈判技巧及沟通方法。研究商务谈判类型及程序、商务谈判准备工作及注意事项；研究商务谈判中常见的技巧及策略；尤其是谈判僵局的处理方式及方法；研究商务谈判中的心理策略；介绍各国不同的商务礼仪与文化。

（三）思政融入教学

本课程以立德树人为思政目标，开展"润物细无声"的课程思政教育。通过开展案例分析与讨论，谈判环节的模拟使学生在深入学习商务谈判过程中感受团队合作的重要性；在草拟、磋商、履行商务谈判合同以及解决合同纠纷的过程中引入契约精神。课堂思政教学围绕谈判环节插入中国的外交谈判典型案例培养学生的家国情怀以及谈判的职业道德素养，实现专业教育与思政教育协同育人的联动效应。

二、课程目标

（一）知识目标

（1）理解谈判议程的作用及如何合理设定议程，确保谈判进程有序、高效。

（2）明确谈判目标的分类（三个层次），学会设定合理的谈判目标。

（3）了解不同阶段、不同类型的谈判策略，并理解灵活选择合适策略的意义。

（4）掌握备选方案的概念和应用，理解在谈判中制订备选方案的重要性，并能分析其对谈判结果的影响。

（二）能力目标

（1）培养谈判计划书的制定能力：能够结合实际案例，设计一份涵盖议程、目标、策略和备选方案的谈判计划书。

（2）培养案例分析与应用能力：通过分析中美贸易战、谷歌收购 Admob 等真实案例，学生将具备将理论与实践相结合的能力，能够将所学知识应用于模拟和实际商务谈判中。

（3）培养团队合作与沟通能力：通过课堂讨论与案例分析，学生将提升与团队成员协作讨论和制定决策的能力，尤其是团队沟通与分工协作的能力。

（三）素质目标

（1）培养理性决策与批判性思维：学生在谈判策略的选择与备选方案的制订过程中，培养出理性分析与批判思考的能力，能够从多角度评估利益和风险。

（2）培养职业素养与道德意识：理解在商务谈判中，诚信、公平、公正的重要性，强化职业道德和社会责任感。

（3）培养国际视野与多元文化意识：通过中美贸易战等国际案例，学生能够加深对国际贸易规则和多元文化背景的理解，拓宽全球化视野。

（4）培养学生的家国情怀与社会责任感：通过对中美贸易谈判等国际关系案例的分析，引导学生认识到国家在复杂国际环境中坚持主权与利益的重要性，培养学生的爱国主义精神；通过商务谈判中的合作性策略讨论，学生能够体会到在现代经济全球化背景下，共赢思维是国际合作的基础，树立共赢观念；在讨论中美贸易战案例时，帮助学生理解国家利益与经济安全的关系，增强他们在未来职业发展中的国家安全责任感。

三、教学设计

（一）教学理念

本课程贯彻"学思践悟，知行合一"的教学理念，以知识目标、能力目标和素质目标为导向，从国家民族发展、社会发展与个人发展需求视角梳理理想信念、价值观、职业道德、情感态度、精神意识等方面的思政元素，并确定课程素质目标；通过教学资源建设与教学过程设计，增强师生互动，激发学生学习兴趣。

本课程将能力培养作为教学的核心导向，将思想政治教育全方位融入教学的每一个环节与全过程，形成"三位一体、五维协同"的课程思政教学模式，如图1所示。

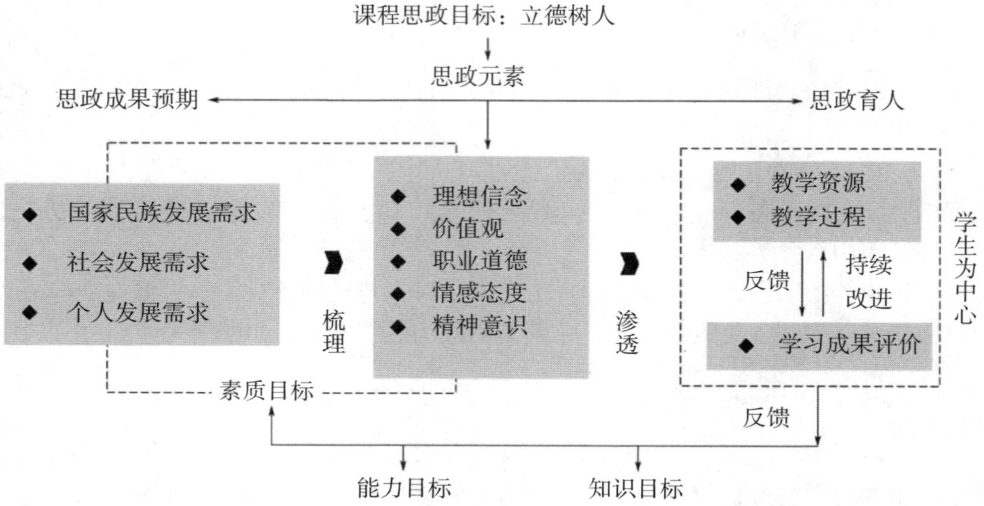

图1　"商务谈判"课程思政教学设计图

（二）课程思政教学体系

本课程以教学内容、教学方法和考核评价构建"三位一体"课程思政教学体系，充分挖掘教学内容、教学方法、考核评价过程中蕴含的思想政治教育元素。课程思政教学总体思路为：从教学内容扩展课程思政广度、从教学方法延伸课程思政深度、从考核评价衍生课程思政温度，促进课程思政目标的实现（如图2所示）。

（三）课程思政实施方式

本课程形成了"五维协同"的课程思政教学实施方式，即从问题、情感、生活、实践、明理这五个维度协同运行，形成课程思政有效教学模式，重视内在逻辑运行机理的分析，坚持问题主线贯穿始终，以生活为源，以情感为介，以明理为目标，以实践为内核，形成相互依存、内在联系的有机统一体，把学生的思考探究、情感体验、生活感悟、思想共鸣和具体行动融为一体，达到知行合一（如图3所示）。

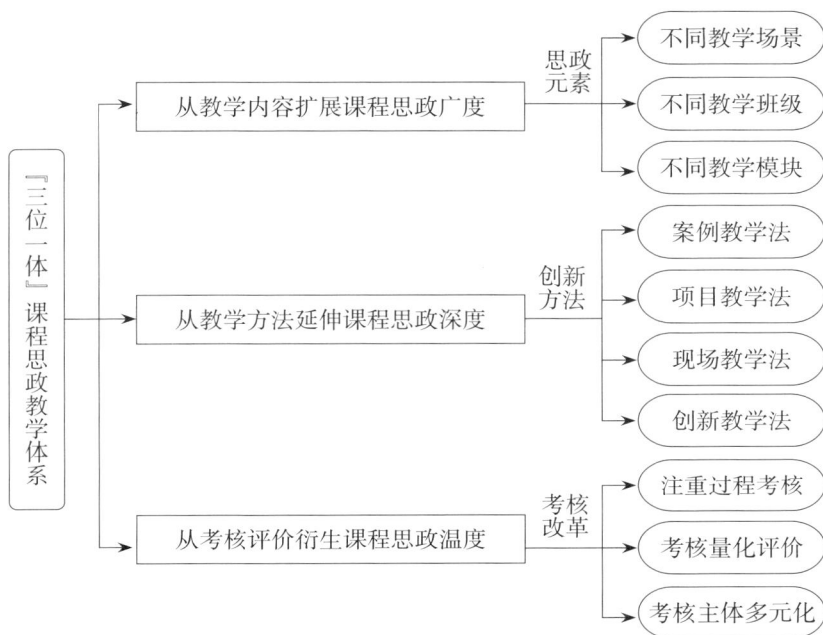

图2　"三位一体"的"商务谈判"课程思政教学体系

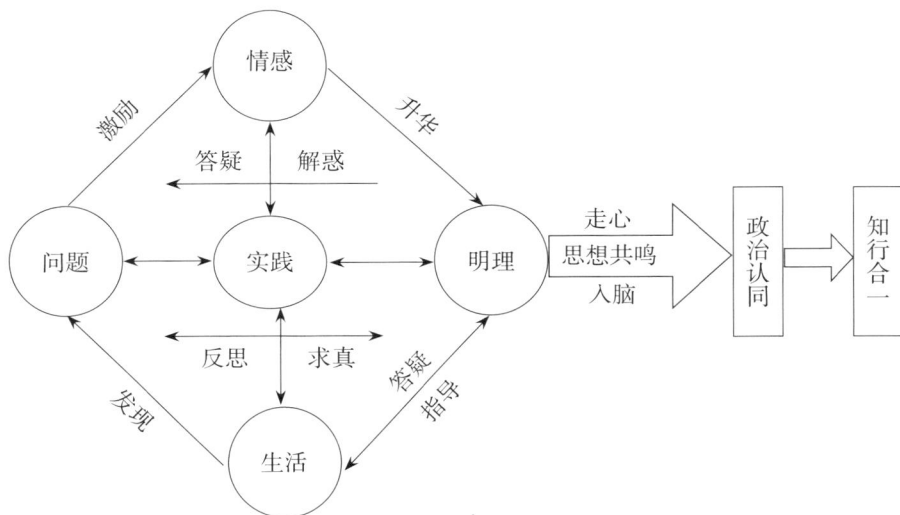

图3　"五维协同"课程思政教学实施方式

（四）教学内容

（1）在"商业计划书的作用介绍"部分，选择了思政案例——"中美贸易谈判"，让学生带着我国在谈判中坚决捍卫国家利益的心情了解谈判计划书在大型国际贸易谈判中的重要性，增强了家国情怀。

（2）在"确定谈判议程"部分，通过对议程定义的介绍，让学生理解在谈判中合理安排时间的必要性，让学生体会到合理规划资源分配，及早规划未来的职业生涯的意义，树立全局意识和战略思维。

（3）在"确定谈判目标"部分，通过"搬迁费谈判"的课前教学案例，教师给学生说明三个层次的目标，尤其是底线目标，强调坚持底线的重要性，鼓励学生坚守道德底线、不为短期利益而放弃长远利益，树立正确的价值观。

（4）在"制定谈判策略"方面，选择了教学案例"中国高铁技术引进谈判案例"，引导学生展开讨论，在讨论中意识到开拓创新的意识和权变思维。

（5）在讲解"确定备选方案"方面，采用商业世界谈判实例"谷歌收购AdMob的谈判"，引导学生树立风险意识（见表1）。

表1　　　　　　　　　　　　　授课内容与思政融入点

授课内容	课程思政融入点	融入方式与教学方法	预期成效
1.商业计划书的作用介绍	家国情怀合作共赢	结合中美贸易战相关资料，教师导入"商业计划书"的纲领作用	1.培养学生的家国情怀 2.树立合作共赢观念
2.确定谈判议程	全局意识战略思维	课中讲授谈判议程的定义，让学生理解在谈判中合理安排时间的必要性，让学生体会到合理规划资源分配，及早规划未来的职业生涯的意义	1.关注全局，合理规划 2.战略思维
3.确定谈判目标	红线意识法律意识社会责任	通过课前的学习通案例"搬迁费谈判"，教师点评并强调底线的重要性，鼓励学生坚守道德底线、不为短期利益而放弃长远利益	1.提高社会责任感，树立红线意识 2.强化法律意识
4.制定谈判策略	创新意识权变思维	引入"中国高铁技术引进谈判案例"，观看视频，强调策略的灵活运用	1.增强创新意识，增强创新内驱力 2.培养权变思维，灵活运用多种谈判策略
5.确定备选方案	风险意识	引入"谷歌收购AdMob的谈判"，课堂小组讨论	1.树立风险意识

（五）教学资源

1.教学资源立体化、多样化

本课程建设与互联网深度融合，形成超星SPOC、案例库和模拟实训材料等相结合的动态教学资源库。本课程通过超星学习通平台上建设线上课程，通过在线案例库、电子书、视频资源等多种线上学习资源，帮助学生课前预习与课后复习（如图4所示）。

图4　课程教学团队自建线上课程

2.教学资源个性化、开放性

本课程鼓励学生利用国内外的开放教育资源，通过自学与课堂学习相结合，拓宽国际视野（如图5所示）。

图5　网络开放教育资源（学银在线：商务谈判线上开放课程）

3.教学资源实践性

本课程利用专业的商务谈判实训室，通过模拟谈判软件、企业实习和实践基地合作，让学生在实践中深刻体会商务谈判实践中的职业精神（如图6所示）。

图6 学生在校内商务谈判实训室开展实训

四、教学实施

课堂教学实施分为：课前、课中、课后三个阶段；采取讲授法、举例法、讨论法三种方式；包括引入、探究、解释、总结、提升五个环节，实施过程如图7所示。

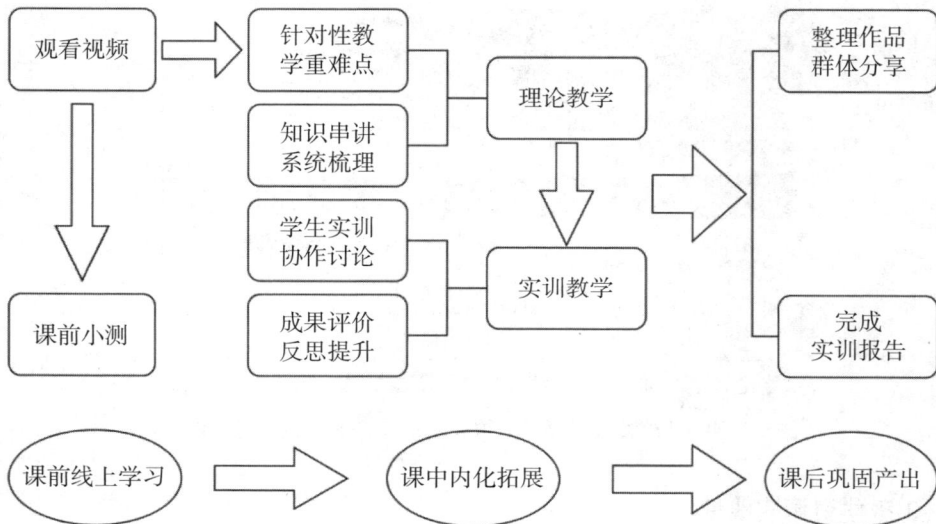

图7 教学实施过程图

（一）课前：基于超星平台的导学互动

（1）教师准备课件、时事案例等资源，将基础知识前置学习通在线。

（2）学生自主学习线上资源，独立完成课前练习与讨论，提交学习心得与感受。这个过程极大激发了学生的主动思考，也为掌握线下知识难点埋下伏笔。

（3）师生互动。了解学生课前学习效果，课下将有针对性地讲解。在讨论区，学生积极发帖的同时，也能查看其他同学对该问题的理解，有助于形成线上学习氛围。

（二）课中：以案例为基础，专业知识与思政元素融合实践

（1）学生手机扫码进入课堂，能在手机端查看课件。

（2）课中重点解决学生在课前导学练习中遇到的痛点问题。

（3）在各知识阶段，教师设置课堂习题（单选、多选、投票、填空）进行互动交流与知识点考查，学生在手机端进行作答提交。

（4）教师创设谈判情境，以课程案例贯穿课堂，组织学生小组讨论，探究问题，教师引导学生辩证分析问题，开拓思维，用已学知识草拟谈判计划书，模拟谈判。在案例解释过程中，学生展示+教师点评引起学生觉悟与共鸣，课程思政元素融进课堂专业知识学习全过程（见表2）。

表2　　　　　　　　　　　　知识点与教学素材对应表

知识点	教学方法	素材/案例/资料
商业计划书的作用介绍	案例教学讲授法	资料1：思政案例"中美贸易谈判"
确定谈判议程	讲授法	资料2：校园文化超市日用品采购通则议程及细则议程对比
确定谈判目标	情景模拟课堂练习案例教学头脑风暴	资料3：教学案例"搬迁费谈判"
制定谈判策略	观看视频案例教学	资料4：教学案例"中国高铁技术引进"
确定备选方案	案例教学	资料5：商业案例"谷歌收购AdMob的谈判"

（三）课后：线上巩固与拓展

1.常规作业

在课后推荐学生阅读《国际商务谈判：理论、案例与实践》中的"拟定谈判计

划书"部分，进一步掌握商务谈判计划书撰写的相关知识，为后续课程学习打下基础。

2.实训任务

学生分成若干小组，以小组为单位草拟一份谈判计划书，按要求完成。

3.师生互动

教师整合拓展学习材料与讨论话题，并在线上平台发布，学生自主学习并进行讨论交流。

五、教学评价

（一）评价内容

1.专业知识与技能评价

通过课堂表现、作业完成情况、项目实践成果等方面，评价学生对商务谈判专业知识和技能的掌握程度。课堂表现主要包括学生的出勤情况、课堂参与度、回答问题的准确性等；作业完成情况主要评价学生对课后作业的完成质量和对知识的理解应用能力；项目实践成果主要评价学生在课程项目中的表现，包括商务谈判计划书的设计合理性、实施效果、团队协作能力等。

2.思政素养评价

通过课堂讨论、项目实践中的思政表现、课后作业中的思政思考等方面，评价学生的思政素养。课堂讨论主要评价学生在讨论过程中对思政元素的理解和运用能力；项目实践中的思政表现主要评价学生在项目实施过程中是否关注合作共赢、全局意识、战略思维、法律意识、社会责任、风险意识等思政元素；课后作业中的思政思考主要评价学生对思政相关问题的分析和思考能力。

（二）评价方式

1.过程性评价

在教学过程中，通过课堂提问、小组讨论、作业批改、项目进展检查等方式，对学生的学习过程进行持续评价。过程性评价能够及时反馈学生的学习情况，发现学生在学习过程中存在的问题，为教师调整教学策略和方法提供依据。

2.终结性评价

在课程结束时，通过项目成果展示等方式，对学生的学习成果进行综合评价。项目成果展示主要评价学生在课程项目中的整体表现，包括专业知识和技能的应用能力、团队协作能力、创新能力以及思政素养等。

六、教学反思

（一）教学成效

1.理论与实践相结合

本课程教学将谈判计划书的理论讲解与实际应用紧密结合，课堂不仅仅传授理论知识，更注重学生的实际操作能力。在讲授谈判计划书的"谈判议程、谈判目标、谈判策略、备选方案"等内容时，教师通过结合实际案例，使理论知识变得更加生动，易于理解。通过让学生设计自己的谈判计划书，学生能够在模拟真实商业场景中，充分理解并掌握谈判计划书的制定过程，提高他们的应用能力。

2.案例导入，贴近实际

本课程教学中以案例进行导入，将国际商业环境中的真实谈判情境与课程内容相结合。这一方式不仅能够吸引学生的兴趣，还能帮助他们理解复杂的谈判策略在实际应用中的影响。通过分析中美贸易谈判、"中国高铁技术引进"等国家间的重大谈判案例，学生可以深入了解谈判对经济和国际合作的影响，这增强了学生的全球视野和实际应对能力。

3.思政元素的深度融合

本课程的思政元素贯穿始终，特别是在谈判目标和策略的制定过程中，教师不仅引导学生考虑商业利益，还要求他们思考社会责任和道德决策。例如，在制订备选方案时，学生需要考虑可持续发展、社会公平等因素，体现出对社会责任的重视。学生不仅学会了商务谈判中的策略，还树立了正确的价值观，提升了综合素质。

4.互动性与参与性强

课堂中有多个互动环节，特别是在案例讨论环节，学生以小组形式分析案例，并分享他们对不同策略和方案的看法。这样的讨论式教学能够提高学生的参与感和积极性，同时通过小组合作，增强了学生的团队协作和沟通能力。此外，课程中安排了学生的角色扮演和演练部分，使学生在实践中加深对理论的理解。

（二）存在问题

1.与企业实践脱节

学生虽然掌握了谈判理论框架（如SWOT分析、BATNA策略），但在撰写计划书时难以结合具体行业背景，容易出现"模板化"现象，缺乏针对性。案例选择多来自教材经典案例（如跨国并购谈判），与学生未来就业场景（如中小企业合作、初创项目融资）关联度不足。

2.动态策略思维培养不足

计划书内容偏重静态方案（如议程安排、报价区间），但对谈判中的突发情况（如对方施压、信息隐瞒）缺乏预案设计。学生过度依赖"最佳替代方案"（BATNA），忽视对"保留价格"和"让步策略"的动态调整训练。

3.学生团队协作效能低下

小组分工出现"能者多劳"现象，部分成员仅负责资料整理，未深度参与策略设计。小组间缺乏竞争机制，计划书成果展示环节沦为"单向汇报"，未形成观点碰撞。

4.评价反馈机制单一

教师评分侧重计划书格式的完整性，对策略创新性、风险预判合理性等维度关注不足。学生难以获得个性化指导，仅通过分数了解结果，不清楚具体改进方向。

（三）改进措施

1.构建"场景化"训练体系

丰富商务谈判案例库，按专业方向（如外贸、互联网、制造业）分类，提供真实企业谈判素材（如供应链价格谈判、技术合作保密协议）。利用角色扮演沙盘，设计包含隐藏信息的模拟谈判（如对方虚报成本），要求学生实时调整计划书内容。

2.强化动态策略思维培养

引入"谈判压力测试"，在计划书评审环节，教师扮演"挑衅型对手"角色，随机提出条款变更（如付款方式调整），要求学生现场应对并修订方案。增设"预案设计竞赛"，针对同一案例，分组设计不同风险情景下的B计划，评选最佳应变方案。

3.优化团队协作模式

角色轮换机制，每次任务强制轮换主谈手、技术专家、财务顾问等角色，配套角色履职评分表。引入谈判博弈工具，使用"谈判模拟系统"等AI工具，通过计算机生成对手行为数据，倒逼小组完善策略协同。

4.建立多维评估体系

改进过程性评价，增加"策略迭代记录"评分项，考查计划书修订次数与质量改进程度。邀请企业导师参与课堂教学，企业谈判专家参与终评，从实操角度提供反馈（如"文化敏感性不足""法律条款漏洞"）。引入学生互评制度，结合学生自评、互评、教师评分的加权结果，增加匿名改进建议模块。

编写人："商务谈判"课程教学团队

"商务英语"课程思政案例
——以"Careers 商务职业沟通建立业务关系"教学单元为例

一、课程简介

"商务英语"是国际贸易与经济类专业核心课程，旨在培养熟练掌握外语，通晓商务知识，熟悉国际贸易环境，善于跨文化交流的国际型商务人才。课程围绕商务环节训练学生的语言技能，全面提升其听说读写译能力，并拓展其商务英语知识。该课程为广东省一流本科专业（国际经济与贸易）的核心支撑课程。经过6年探索与实践，先后获教育部产学合作协同育人项目教学内容与课程体系创新改革项目、粤港澳大湾区高校在线开放课程联盟教育教学研究与改革项目、校级在线开放课程（MOOC）示范项目立项，获全国商科教育教学成果奖二等奖。

二、课程目标

（一）目标与适用对象

知识目标：使学生掌握商务英语的基本知识，并能熟练地加以运用，了解国际商务前沿动态。

能力目标：使学生能适应对外商务活动的需要，系统地学习和掌握商务英语的格式、专业词汇、行文方法与文体特点，提高学生在对外商务业务活动中正确地使用英语的能力，以及对外进行各项业务联系和沟通活动的能力。

素质目标：培育学生"爱党、爱国、爱家"的本土情怀，提高学生职业素养、跨文化素养和商务沟通素养，培养学生和团队创新协作的精神，树立学生自主性学习理念。

适用对象：国际经济与贸易省一流专业本科大三学生。

（二）选取内容

基于四大思政模块，根据课程知识点，进行知识外延、知识拓展、本土应用等多元化知识组合，精选符合学科特点，具有时代性、应用性以及创新性的课程思政内容，形成课程思政导图（如图1所示）。

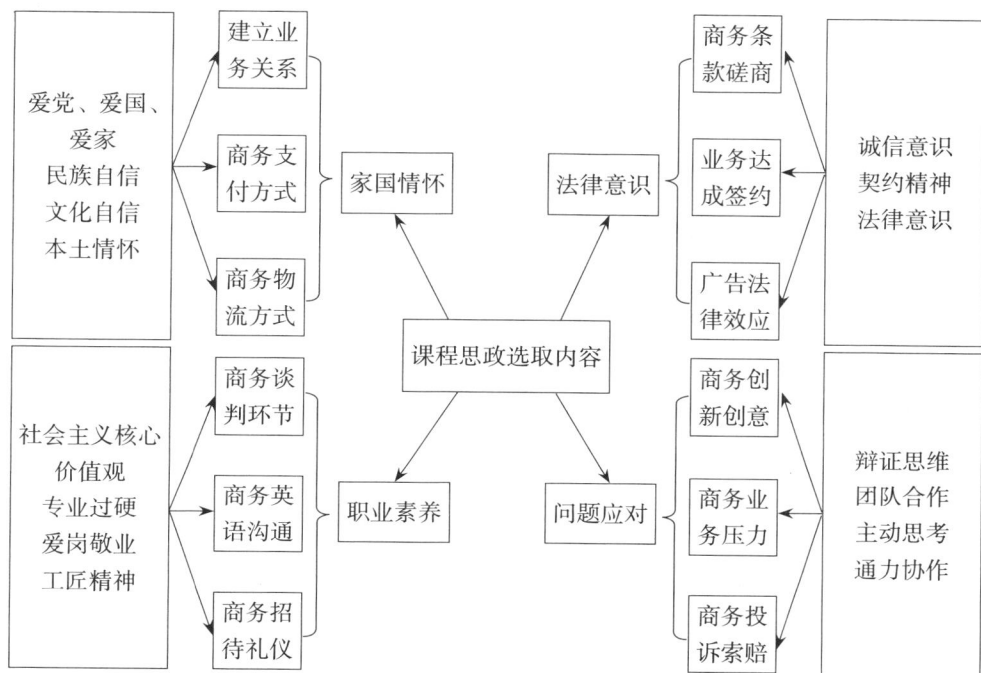

图1　"商务英语"课程思政导图

（三）学习资源建设与使用原则

学习资源构建坚持立体化、全面性原则，与互联网深度融合，形成MOOC在线资源共享示范课、超星SPOC、语料案例库和粤港澳大湾区高校在线开放课程联盟教育教学资源库（如图2至图6所示）。

图2　中国大学 MOOC 资源

学习资源使用坚持差异化、开放性原则，最大限度延展课堂，实现可持续课堂，更好地满足个性化学习与合作学习需求。公共和自建结合，线上和线下结合。

图3 自建MOOC在线资源共享示范课

图4 超星 SPOC 课

GJMYSWSYJC(D4B)01	2018/12/18 10:06	DOC 文档	250 KB
GJMYSWSYJC(D4B)02	2018/12/18 10:08	DOC 文档	544 KB
GJMYSWSYJC(D4B)03	2018/12/18 10:42	DOC 文档	198 KB
GJMYSWSYJC(D4B)04	2020/2/21 20:44	DOC 文档	285 KB
GJMYSWSYJC(D4B)05	2018/12/18 10:53	DOC 文档	178 KB
GJMYSWSYJC(D4B)06	2018/12/18 11:05	DOC 文档	160 KB
GJMYSWSYJC(D4B)07	2018/12/18 11:06	DOC 文档	353 KB
GJMYSWSYJC(D4B)08	2018/12/18 11:20	DOC 文档	165 KB
GJMYSWSYJC(D4B)09	2018/12/18 11:23	DOC 文档	389 KB
GJMYSWSYJC(D4B)10	2018/12/18 11:30	DOC 文档	232 KB
GJMYSWSYJC(D4B)11	2018/12/18 11:30	DOC 文档	959 KB
GJMYSWSYJC(D4B)12	2018/12/18 13:44	DOC 文档	141 KB
GJMYSWSYJC(D4B)13	2018/12/18 15:30	DOC 文档	152 KB
GJMYSWSYJC(D4B)14	2018/12/18 15:32	DOC 文档	105 KB
WQ-1FM	2018/12/18 15:36	DOC 文档	31 KB
WQ-2QY	2020/2/22 20:11	DOC 文档	40 KB
WQ-3QY	2018/12/11 11:04	DOC 文档	43 KB
WQ-4ML	2018/12/18 15:55	DOC 文档	59 KB

图5 语料库平台

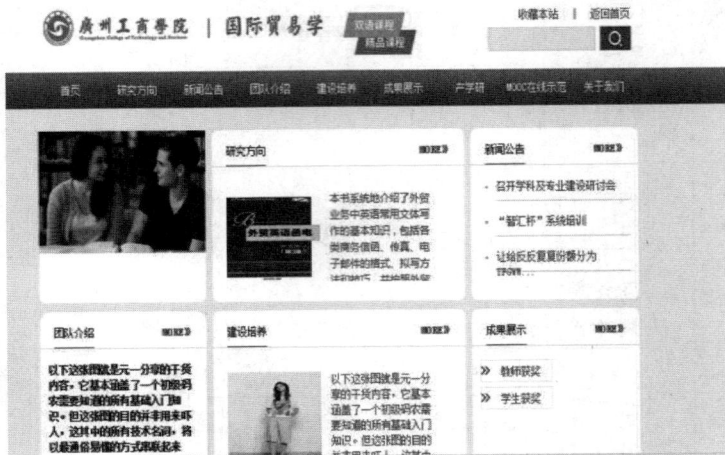

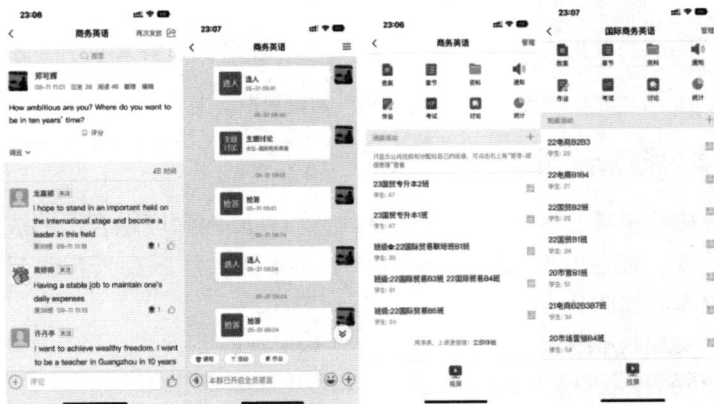

图6　粤港澳大湾区高校在线开放课程联盟教育教学平台

三、教学设计

（一）课程教学设计理念及思路

本课程以教育部《高等学校课程思政建设指导纲要》文件精神为指导，贯彻 OBE 教育理念，以培养粤港澳大湾区德才兼备的应用型创新人才来组织教学设计与实施。

针对目前应用型本科高校"商务英语"课程思政教学中存在的两大典型问题：一是学生三"不"（商务英语沟通与应对能力不强、商务礼仪职业素养不高、商务英语法律意识不强）；二是教师三"弱"（思政知识弱、挖掘方法弱、融入能力弱），通过"定目标—挖元素—促融合—重评价"等四大流程，挖掘课程思政点，借助案例教学法进行思政融入，借助学生 PBL 任务小组讨论、作品展示和参赛等衡量思政育人预期成效。协同深度融合，培养学生爱国的本土情怀、商务礼仪职业素养、商务英语法律意识、商务英语沟通与应对能力和团队创新协作的精神，树立学生自主性学习理念，从而形成专业教育与思政教育的协同效应，落实课程思政任务（如图7所示）。

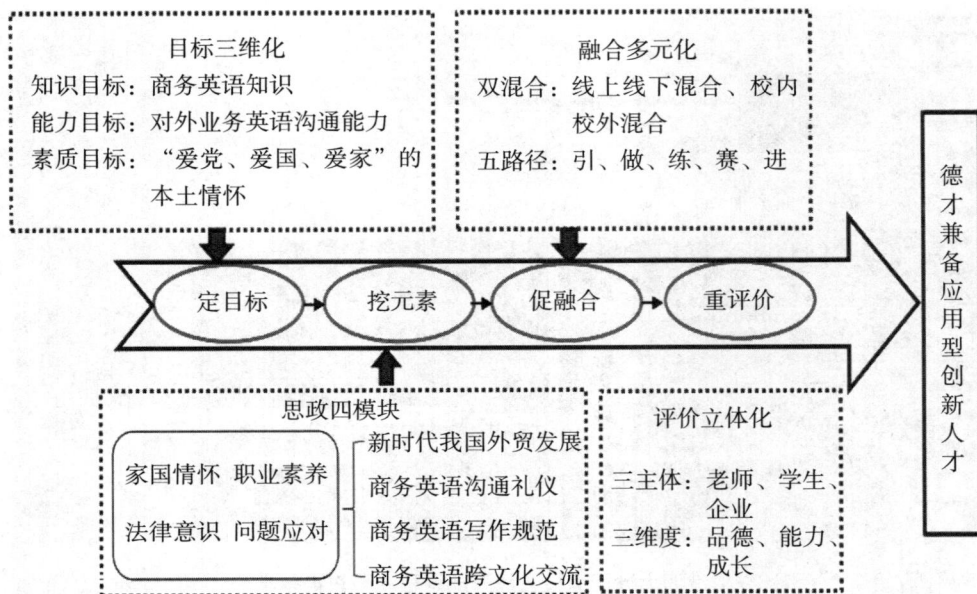

图7 "商务英语"课程思政设计思路

（二）课程思政的实施：定—挖—融—评

1.定：紧扣学校办学定位，牢把高阶三维目标（如图8所示）

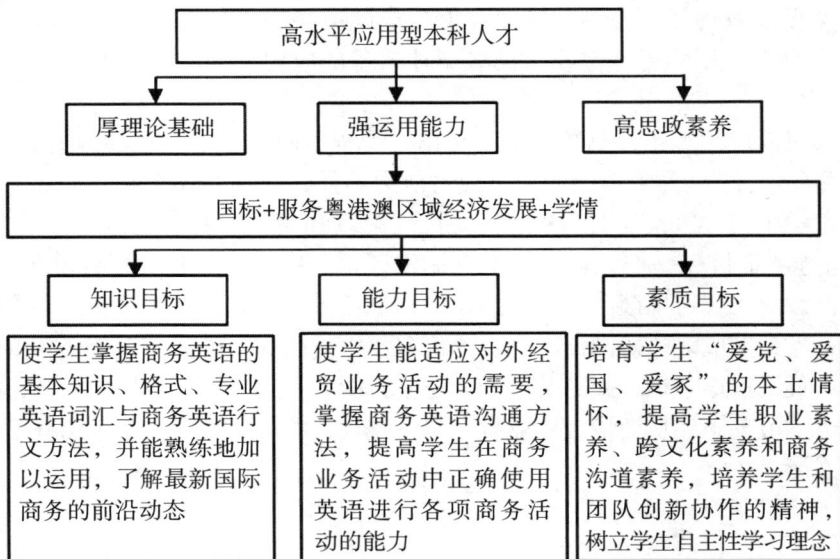

图8 "商务英语"课程思政三维目标图

2.挖：依据德育元素准则，构筑四大思政模块

根据"爱党、爱国、爱家"目标，遵循"思政"与"专业"相长、德育元素系统化等原则，结合商务英语特点，构筑了四大思政模块。课程思政的主要渗透点按照4个思政目标进行4个课程思政模块划分融入，对应4个思政类型，借助语料库教学法、案例研讨法、情景教学法、小组讨论法以及引导式教学法等方式实施课程思政融入（如图9所示）。

图9 "商务英语"思政模块及融入路径图

3.融：多维组合联动课堂，借助五大路径促融

坚持"党建引领"支部与专业双融合，"寓德于教、以赛促教"，重育人，重实践，学思结合，充分运用超星平台、MOOC平台、语料库平台等信息技术器具，线上线下混合、校内校外产教融合多维组合联动，打造立体开放式课堂。通过"引、做、练、赛、进"等五大路径实现"专业教育"与"思政元素"的无缝对接和有机融合，润物细无声，达到固化于制、内化于心、外化于行的"思政融合"育人效果（如图10所示）。

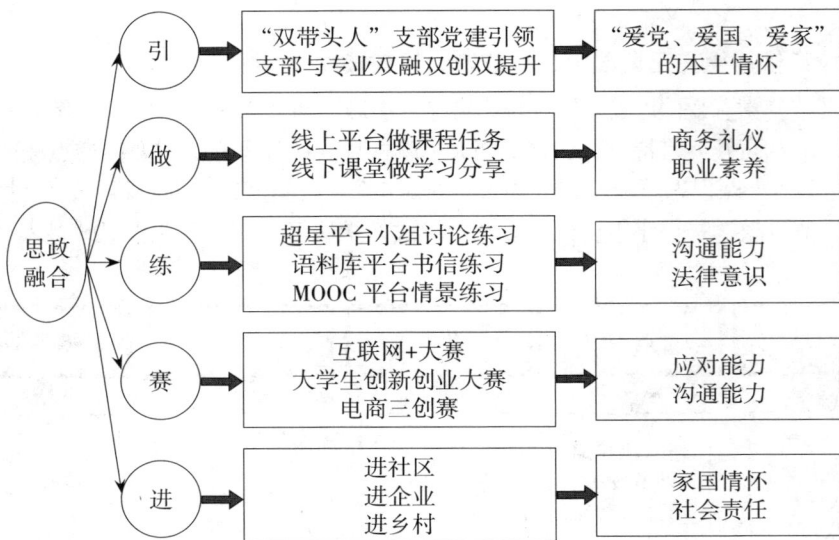

图10 "商务英语"课程思政与专业教学融合图

4.评：重视持续反馈改进，坚持立体化评价

构建"（品德、能力、成长）+（老师、学生、企业）"的立体化课程评价体系，将过程性评价、诊断性评价和总结性评价相结合，将"品德、能力、成长"三元素作为考核内容，综合评价学生的学习态度、理论知识、职业素养和道德品质，培养"德才兼备"的应用型创新人才（如图11所示）。

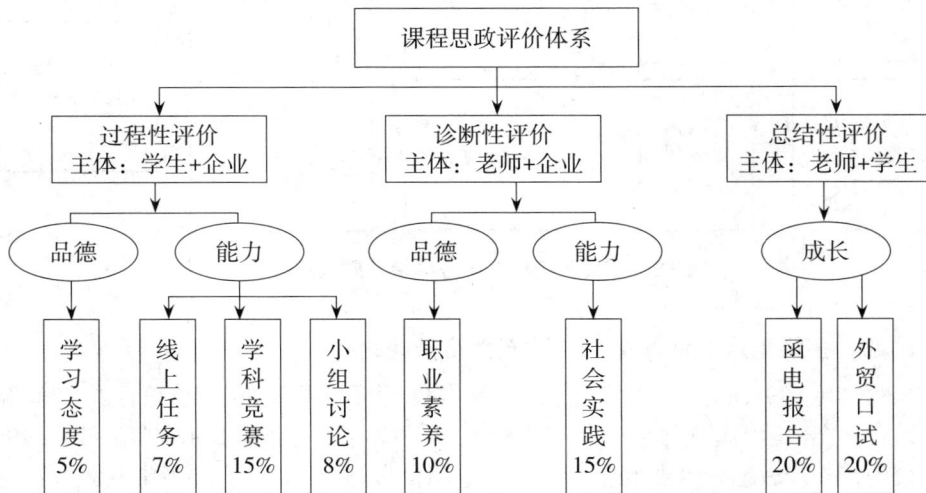

图11 "商务英语"课程思政立体化评价体系图

四、教学实施

教学实施见表1。

表1   教学实施

课程2学分 共16周		每周 1 次课		每次课 3 学时	
教学周次	课时安排	教学进度（章节讲/知识单元）	课程思政点	融入方式与教学方法	思政育人预期成效
1	3	Unit 1 careers 1 商务职业沟通 1. 掌握有关 career 的词汇表述，并区分其意思。 2. 学习关于职位的词汇，并交流分析每个职位的岗位职责和发展前景。 3. 掌握描述职业发展路径的词汇和表述方式	职业素养	采用语料库对比教学法和小组讨论法，开展商务英语语言特点的小型研讨会	1. 让学生掌握商务职业沟通的基本礼仪。 2. 让学生具备良好的专业技能和工匠精神。 3. 提高学生的外贸职业素养和跨文化素养
2	3	Unit 1 careers 2 建立业务关系 1. 掌握有关工作环境，商务活动的专业词汇表达。 2. 建立业务关系书面图	家国情怀	课前在MOOC平台线上观看新时代我国外贸高质量发展视频，课上在超星平台小组分享	1. 让学生关注我国外贸，学习新时代我国外贸发展精神与榜样。 2. 让学生了解中国外贸产品品牌，培养家国情怀。 3. 让学生树立民族自信和文化自信
3	3	Unit 1 careers 3 信息获取 1. 介绍企业的经营范围及主要产品。 2. 介绍企业获取信息的来源。 3. 提及提交人的财务状况和诚信信息	法律意识	线上专题学习有关"企业财务状况和诚信"的案例，线下采取启发式、分组合作讨论的方式	1. 培养学生的契约精神，让学生形成遵守契约、履行责任的意识。 2. 提升学生的诚信意识，使其具有良好的职业道德和敬业精神

课程2学分共16周		每周 1 次课		每次课 3 学时	
教学周次	课时安排	教学进度（章节讲/知识单元）	课程思政点	融入方式与教学方法	思政育人预期成效
4	3	Unit 2 Companies 1 询价 1. 学习与公司相关的专业词汇和基本句式，不同类型的公司、不同行业的词汇表达。 2.熟悉基本的介绍公司的句式表达。 3. 企业获取询盘信息的来源	职业素养	课前在MOOC平台线上观看"企业获取询盘信息的来源"视频，采取启发式、情景教学法	1.提高学生外贸专业业务沟通能力。 2. 培养学生爱岗敬业和做事认真的工匠精神。 3. 提高学生利用商务英语跨文化交流的能力，以及商务沟通素养和写作素养
5	3	Unit 2 Companies 2 询盘 1. 写询盘信的沟通技巧与英语表达。 2. 了解 Tata 与 John Lewis 两家公司的特点，以及两家公司的区别是什么。 3. 两篇阅读文章涉及的 Enquiries 的基本知识与英语术语	问题应对	学生团队通过查阅语料库平台资料，调查询盘的基本知识与英语术语有哪些特征，进行团队PPT分享，采取问题教学法和对比教学方法	1培养学生团队创新协作的精神。 2. 提高学生主动思考，通力协作应对问题的能力
6	3	Unit 3 Selling 1 市场报盘 1.写报盘信的基本格式与用语。 2. 了解销售及市场相关的词汇表达，词汇意思、读音和搭配。 3. 报盘的基本知识与英语术语	职业素养	课前在MOOC平台线上观看"报盘基本知识"视频，课上在超星平台小组分享结合讲授法、情景教学法	1.培养学生报盘时的商务礼仪。 2. 培养学生过硬的专业技能与沟通能力。 3. 向学生内化中国社会主义核心价值观

续表

课程2学分共16周		每周 1 次课		每次课 3 学时	
教学周次	课时安排	教学进度（章节讲/知识单元）	课程思政点	融入方式与教学方法	思政育人预期成效
7	3	Unit 3 Selling 2 企业报盘 1.企业进行报盘的英语写作规范。 2. 阅读文章：*Women on top in new sales industry survey* 掌握文章的中心大意、重难点词汇的用法。写报盘信的沟通技巧	法律意识	线上专题学习有关"企业进行报盘的英语写作规范"案例，线下采取启发式、分组合作讨论的方式	1.强化学生报盘时的诚信意识。 2.让学生掌握报盘的法律效力，树立契约精神和法律意识
8	3	Unit 4 Great Ideas 1 还盘 1. 理解 Great Ideas 的特征及其在全球商业环境中还盘的实际应用。 2.写还盘信的基本格式与用语。 3.还盘的基本知识与英语术语。	职业素养	课前MOOC平台线上观看"还盘基本知识"视频，课上超星平台小组分享结合讲授法、情景教学法	1.提高学生解决外贸还盘业务沟通问题的能力。 2. 向学生内化社会主义核心价值观中的敬业、诚信、友善。 3. 形成 Great Ideas 沟通礼仪和创新素养
9	3	Unit 4 Great Ideas 2 还盘问题的创新沟通 1. 探讨不同领域内的创新案例 *Who needs translators? Safer cycling* 和 *Going for gold*，旨在展示创新如何解决实际问题。 2.企业进行还盘的英语写作规范。 3. 还盘问题的创新沟通技巧	问题应对	学生团队通过查阅语料库平台资料，调查还盘创新案例的基本知识与英语术语有哪些特征，进行团队 PPT 分享，采取问题教学法和对比教学方法	1.培养学生团队创新协作的精神。 2.让学生树立自主性学习理念。 3.提高学生主动思考、通力协作，解决外贸还盘创新沟通问题的能力

课程2学分共16周		每周 1 次课		每次课 3 学时	
教学周次	课时安排	教学进度（章节讲/知识单元）	课程思政点	融入方式与教学方法	思政育人预期成效
10	3	Unit 5 Stress 1 如何描述压力 1.理解并运用英语描述工作中面对压力的处理方法。 2.了解工作压力的主要原因，并能区分不同压力对工作的影响	职业素养	课前MOOC平台线上观看"工作压力"视频，课上超星平台小组分享结合讲授法、引导式教学法	1.让学生树立互相帮助、共同学习的理念，提高学生与人沟通、交流的能力。 2.提升学生的专业学识、培养学生爱岗敬业的工作态度和精益求精、追求卓越的工匠精神
11	3	Unit 5 Stress 2 压力影响下的商务业务达成 1.两篇阅读材料和相关的技能练习与案例研究。 2.写商务合约的基本格式与用语。商务合约的基本知识与英语术语	法律意识	线上专题学习有关"商务合约"案例，线下采取启发式、专题讲座等教学方法	1.培养学生的契约精神，让学生形成遵守契约、履行责任的意识。 2.提升学生诚信、敬业的职业素养。 3.培养学生将诚信教育、法律意识和社会主义核心价值观与外贸行业的职业标准衔接
12	3	Unit 6 Entertaining 1 商务支付方式 1.商务招待和娱乐活动的相关英语表达。 2.协商支付方式英语表达与用语。 3.支付方式的基本知识与英语术语	家国情怀	线上查阅关于"红色金融文化""社会主义金融文化"的相关资料，课堂超星平台进行展示	1.让学生树立正确的金钱观。 2.让学生理解红色金融文化创新的意义。 3.让学生树立制度自信
13	3	Unit 6 Entertaining 2 信用证和信用卡 1.通过阅读材料，学生了解相关信用对商务招待的影响，以及如何在合规的前提下进行有效的商务款待。 2.L/C信用证的开立以及credit card在商务招待中的使用	问题应对	对L/C信用证以及credit card其他支付方式的优劣进行团队分组辩论	1.提升学生的辩证思维和团队合作精神。 2.树立学生的自主性学习理念，提高其主动思考能力

续表

课程2学分 共16周		每周 1 次课		每次课 3 学时	
教学 周次	课时 安排	教学进度 （章节讲/知识单元）	课程 思政点	融入方式与教学 方法	思政育人预期成效
14	3	Unit 7 Conflict 1 有关商务物流方式投诉 1. 围绕商务冲突展开，涉及相关词汇和句式表达的学习。 2. 有关商务物流方式投诉信的基本格式与英语术语。 3. 买卖双方有关包装与运输方式的磋商	家国情怀	课前在MOOC平台线上观看新时代我国外贸海运高质量发展视频，课上在超星平台进行小组分享	1. 让学生了解我国推动外贸海运高质量发展的政策，学习新时代我国外贸发展的精神与榜样。 2. 让学生树立四个自信
15	3	Unit 7 Conflict 2 有关保险的商务投诉索赔 1. 写有关保险方式信的基本格式与英语术语。 2. 买卖双方有关保险方式的磋商	法律意识	线上专题学习有关"外贸保险"案例，线下采取启发式、专题讲座等教学方法	1. 强化学生对保险的诚信意识。 2. 让学生掌握保险的法律效力，树立契约精神和法律意识
16	3	Unit 7 Conflict 3 跨文化沟通 1. 写有关投诉与索赔信的基本格式与英语术语。 2. 买卖双方有关投诉与索赔的磋商	问题应对	课前在MOOC平台线上观看"投诉与索赔"案例视频，课上利用超星平台进行团队分组辩论	1. 培养学生的问题导向意识，以及辩证思维。 2. 提高学生主动思考，通力协作解决问题的能力

下面以具体一堂课为例说明课程思政教学设计样例（见表2）

表2　　　　Unit 1 Careers 商务职业沟通1.2：建立业务关系教学过程

教学 环节	内容	教学活动		课程 思政	设计意图	信息化 手段
		教师	学生			
1.课前 学习	教学平台发布课前线上学习任务：教师提前一周发布作业： 1. 通过哪些渠道可以找到潜在客户？ 2. 如何介绍自己公司的业务范围与产品特色？ 3. 登录教学平台观看线上专题视频。 4. 使用 Corpus 进行专题信件实验	1. 向学生发放课前作业通知和小组任务。 2. 设置课程任务点，通过课程统计数据了解学生视频观看情况。 3. 指导并了解学生使用 Corpus 进行实验的情况	1. 利用 MOOC 平台接收作业通知和小组任务。 2. 将思考的结果发布到课程讨论区与老师和同学进行课前互动交流。 3. 观看专题视频，记录课堂笔记。 4. 使用 Corpus 进行专题信件实验	培养本土情怀和团队创新协作的精神（如中国制造）	1. 激发学生课前思考、动手实验、主动探究的自主学习能动性。 2. 完成线上基础知识学习，借助 Corpus 实验让学生自己发现问题，归纳问题，获取初步知识点，减轻线下课堂的讲授压力	MOOC、微课视频、Corpus

续表

教学环节	内容	教学活动		课程思政	设计意图	信息化手段
		教师	学生			
2. 课堂教学	课堂导入： 1. 线上学习结果分析，提出问题，明确重点、难点。 2. 线上实验等作业结果展示，导入正课。每个小组选出一名代表，进行小组任务成果展示	担任主持人进行点评	各小组代表进行3分钟演讲，展示小组的探究成果，重点展示自己Corpus实验的发现和观看视频的收获	创新精神；团队协作精神；自信演讲能力	以学生为主体，教师为主导，进行探究式学习	Corpus、PPT展示
3. 课堂教学	讲解教学难点：专业术语和地道的专业句式表达	讲授有关Business Relations Establishing的专业术语和地道的专业句式表达；进行归纳和技巧点拨；提问	学生听取老师讲解，做好课堂笔记；理解写作技巧；回答问题或提问	英汉两种语言对比，融合文化比较	这部分为难点，在课堂教学过程中，教师利用10分钟左右的时间进行重点讲授	Corpus、PPT展示、Aliexpress等实际平台
4. 课堂教学	练习和举一反三：用专业术语和地道的专业句式表达进行造句练习	担任主持人进行点评；对句型使用是否准确，术语使用是否正确，英语语法等进行点评	用专业术语和地道的专业句式表述进行造句	英汉两种语言对比，融合文化比较与思维对比	对上一环节的难点部分进行举一反三，发现问题，纠正错误，巩固知识，并将写作知识转化为写作技能	MOOC课程讨论发言区
5. 课堂教学	小组练习： 1. 结合业务建立主题及学生课前线上讨论结果，发布课堂小组练习：小组间互为卖家与买家，完成一封完整的建立业务信函。 2. 各小组将业务信函分享至MOOC讨论区，进行生生讨论、评价等。 3. 老师进行点评与评价	组织学生小组进行建立业务信函书写与讨论。进行点评并提问，引发学生思考	运用所学句子完成一封完整的建立业务信函并进行讨论、互评。分享自己在书写过程中的发现。回答老师或同学的提问	创新精神；团队协作精神；系统思维能力；沟通能力	以学生为主体，教师为主导，进行探究式学习。系统掌握建立业务信函的书写规范，实现对句型的运用，对难点掌握程度进行检验	MOOC课程讨论发言区

教学环节	内容	教学活动		课程思政	设计意图	信息化手段
		教师	学生			
6.课后提升	布置作业、知识延伸：各小组将本组写的建立业务信函、加上合作小组的回信，进行梳理，并再次将这些自己书写的书信与Corpus实验结果进行对比验证，发布到MOOC平台，班级集体讨论评价得出5个模板，借助Aliexpress实现外贸写作运用真实模拟实践，并据此完成小组互评	发布详细的作业要求	各组选取建立业务信函与回信，与Corpus实验结果进行对比验证，发布到MOOC平台；借助Aliexpress实现外贸写作运用真实模拟实践，归纳建立业务写作模板	归纳能力；科研能力；钻研能力	1.借助模板归纳和Corpus实验验证，提升课程的高阶性和挑战度。2.努力达到课程对学生能力目标的要求。3.注重过程性评价	Corpus、MOOC、Aliexpress等实际平台

五、教学评价

（一）评价指标体系构建

1.知识掌握情况

通过课堂提问、作业、单元知识小测等方式，考查学生对商务英语相关知识的理解和掌握程度，占总成绩的30%。

2.能力提升板块

根据学生在商务英语案例分析、小组讨论、角色扮演等教学活动中的表现，评价学生的分析问题、解决问题、外贸英语函电沟通协作等能力，以及相关小组任务的完成度、创新度等，占总成绩的40%。

3.思政表现

观察学生在商务英语课堂教学和课外实践活动中的思想认识、社会责任感等表现，如商务英语案例分析中的价值判断、团队合作、社会责任感的体现等，通过教师评价、学生自评和生生互评等方式进行综合评价，占总成绩的30%。

（二）评价方式

1.过程性评价

在商务英语教学过程中，通过课堂表现、作业完成情况、小组讨论参与度等对学生进行持续评价。教师及时给予学生反馈和指导，帮助学生不断改进和提高。过程性评价占总成绩的60%。

2.终结性评价

在课程结束时，通过商务英语期末考试对学生的知识掌握情况进行综合评价。终结性评价占总成绩的40%。

（三）评价结果反馈与应用

教师及时将评价结果反馈给学生，让学生了解自己在知识、能力和思政等方面的优势和不足，明确努力方向。

根据评价结果，教师对商务英语教学过程进行反思和总结，发现教学中存在的问题和不足之处，及时调整教学内容和教学方法，不断提高教学质量。同时，将评价结果作为学生课程成绩评定、评优评先等的重要依据。

六、教学反思

商务英语课程是国际经济与贸易的专业必修课，旨在提升国际经济与贸易学生的专业素养和商务外贸类英语语言表达和沟通能力。而除了语言载体外，在专业知识层面，海洋货物运输系统作为与物流、运输包装相关的概述内容，在商务英语课程教学领域特别是课程思政融合拓展的空间很大。日后的教学还将继续根据国际经济与贸易专业学生的学习情况和实时教学特别是线上线下混合式创新改革的效果，进一步结合经济社会发展动向，特别是结合当前的AI赋能教学手段创新，继续凝练商务英语课程思政的特色，探索更有效的商务英语课程思政教学内容、思政元素契合路径和多样化的教学实施方法。

编写人："商务英语"课程教学团队